당신의 경험과 지식이 제2의 월급이 된다

퇴사말고 강사

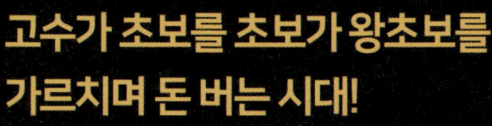

**고수가 초보를 초보가 왕초보를
가르치며 돈 버는 시대!**

방구석에서 노트북 하나로
월 100만 원 더 버는 강사가 될 수 있습니다.

네이버 카페
후기 작성 시 10만원 상당의
「누구나 쉽게 따라하는
온라인 강의 노하우」
전자책 제공!

서문

시간당 2만 원 받던 강사가 월 2000만 원을 벌다

2017년, 내가 받은 강사료는 한 시간에 2만 원이었다. 그로부터 5년 뒤, 시간 당 최고 400만 원을 받는 강사가 된 지금, 매 월 통장에 찍히는 강의 수익을 보면 아직도 감격스럽다.

혹시 당신도 '강의로 돈을 벌고 싶다.'라고 생각 해 본 적이 있는가? 그렇다면 이 책은 당신이 강사가 되는데 필요한 내용이 모두 담겨 있을 것이다.

강의를 하고 싶어 내게 찾아온 수 많은 수강생들 역시 강의로 수익을 내는 데 성공했다. 이들은 특별한 재능을 가지고 있는 사람들이 아닌 지극히 평범한 사람들이다. 강사라는 자격은 누구에게나 동등한 기회가 주어진다. 이 것이 바로 당신이 지금 당장 강사를 해야 하는 이유이기도 하다. 당신이 현재 직장인이던 프리랜서이던, 어떤 학교나 학과를 졸업했던, 나이가 몇이든 상관없다. 만약 당신이 한 분야의 고수라면 초보들에게, 초보라면 왕초보들에게 강의를 하며 돈을 벌 수 있는 방법을 알려 줄 것이다.

또한 이 책은 평범한 직장인, 아르바이트생, 가정주부, 고졸 사업가, 경력 단절 여성, 정년 퇴임한 70대 어르신까지 자신의 경험과 지식을 가지고 강의 하는 8명의 이야기를 담았다. 그리고 무엇보다 이 책은 고군분투하며 살아온 과거의 나에게 해주고 싶은 이야기이기도 하다. 끈기없고 자존감 바닥이던 저자가 12년 째 꾸준히 하고 있는 강사라는 직업의 매력을 알 수 있을 뿐만 아니라 강사로서 짠내나는 이야기와 실패과정이 고스란히 담겨 있다. '이 책의 내용을 좀 더 빨리 알았더라면 좋았을텐데..'하는 마음과 독자들은 내가 겪은 시행착오를 조금이라도 줄이길 바라는 마음으로 책을 집필했다. 이 책을 통해 당신의 경험과 지식이 제2의 월급이 될 수 있도록 도울 것이다. 그리고 무엇보다 이 책을 읽고 각 장의 과제를 완성해 나간다면, 적어도 이 책 값의 30배 이상은 벌 수 있을 것이다.

퇴사 말고 강사, 이젠 당신의 차례다.

저자 소개

손예진

12년차 기업교육 강사이자 130여명의 파트너 강사들과 함께하는 교육컨설팅 회사 에듀이너스 대표이다. 저자는 중소기업 사내강사를 시작으로 현대자동차 국내영업본부 사내강사로 재직했다. 이후 프리랜서 강사를 시작해 시간당 강의료 2만원에서 5년 만에 무려 200배를 받기까지 수 많은 시행착오와 모든 노하우를 유튜브, 블로그, 인스타그램에 기록해왔다.

저자는 12년 간 현업에서 쌓은 경험과 노하우를 바탕으로 예비 강사, 현직 강사, 사내 강사, 교육 사업가들을 전문적으로 코칭하고 있다. 지속 성장하는 강사 커뮤니티 '에듀이너스쿨'을 운영하며 현재는 약 400여명의 강사들에게 실질적인 지식과 배움을 주고 있다.

- 에듀이너스 교육컨설팅 대표
- 에듀이너스쿨 강사 커뮤니티 대표
- 한국HRD협회 전문교수
- 한국서비스진흥협회 교육위원
- 온라인 VOD클래스 운영
  - CLASS 101, 「온라인 강사되기 A to Z, 당신의 경험이 클래스가 된다」
  - 라이프해킹스쿨, 「프리랜서 강사로 살아남는 법」

손예진 저자 SNS

베타 리더 추천사

올해 강사라는 키워드로 만날 수 있는 최고의 책이 되지 않을까 예상한다. 그녀는 코로나19로 인한 위기 속에서도 다양한 온라인 툴을 직접 대면하며 자기 것으로 만들었고 많은 고객을 유치했다. 그리고 이러한 성공 노하우가 책에 친절히 소개되어 있다. 강사 지망생을 비롯하여 활발하게 강의 활동을 하는 현직 강사, 코로나 시대에 강사활동을 하며 고민이 많은 강사까지 모두가 읽어도 좋을 내용들이 담긴 고마운 책이 될 것이다. 강사는 매력적인 직업이다. 하지만 좋은 멘토와 선배를 만나기가 쉽지 않다. 강사들에게 멘토의 역할을 해줄 이 책이 많은 사람에게 읽히길 바라본다.

GO스마일연구소, 큰웃음 고아라 대표강사

지방에서 올라와 서울에 취업을 하면서 뻔하디 뻔한 월급쟁이로 살면 미래가 없다고 생각했다. 당시 롤모델이었던 분의 영향을 받아 강사에 도전했고 직장을 다니면서 강사 생활을 한지도 어느덧 7년차에 접어들었다. 강사가 어떻게 될 수 있는지, 어떤 강의가 좋은 강의인지, 강의 자료는 어떻게 만드는지 등 그 당시 나는 물어볼 곳이 아무도 없었다. 혼자서 맨땅에 헤딩하며 수많은 시행착오를 반복했다. 그때 이 책을 읽었더라면 아마 시행착오를 겪는 시기를 90%는 줄였을 것 같다.

《퇴사 말고 강사》에는 7년차 강사인 지금 내게도 바로 활용 할 수 있는 많은 도움이 되는 꿀팁들이 담겨 있다. 이렇게 퍼줄 수 있을 정도로 많은 내공을 갖고 계신 손예진 강사님의 다 퍼주는 마인드를 책에서도 느낄 수 있다. 강사가 되고 싶은 분들, 강사로서 더 탄탄한 강의를 만들고 싶은 분들께 강력히 추천하는 책이다. 요즘에는 직장을 다니면서 강사로 데뷔를 하는 것도 가능한 시대다. 직장에서 다 펴보지 못한 꿈을 강사라는 직업을 통해 마음껏 펼쳐보길 바라며 강사가 되고자 하시는 독자분들이 사람들에게 성장과 변화를 선물해주는 강사로 성장하기를 기도한다.

박하연 강사

어떤 주제든 적용할 수 있도록 방법론을 일반화하여 제시하는 것이 이 책의 가장 큰 장점이다. 내가 할 수 있는 강의 주제를 발굴하고, 그 주제를 '강의'의 형태로 만들어갈 수 있도록 단계별로 방법을 제시한다. 그 단계는 굉장히 세밀하고 촘촘하게 짜여져 있어, 따라 하기 매우 쉽다. 파워포인트 슬라이드의 순서, 참고 자료 찾는 방법까지 소개하니 남녀노소 누구나 따라 할 수 있다. 실제 강사로 활동하는 이들의 사례도 담았다. 강의를시작하게 된 과정, 진행 방법까지 풍성하게 담겨져 있어 스스로 생각하는 과정이 어렵지 않다. 이미 강의를 하고 있는 강사들에게도 유용하다. 롱런할 수 있는 마인드셋, 강의안의 퀄리티를 높이는 방법 등 강사로 '업의 전환'을 이뤄낼 수 있는 방법이 가득하기에 반드시 읽어보길 바란다.

박혜민, 프리랜서 취업, 진로 강사/코치

보도 섀퍼의 《이기는 습관》을 읽고 떠오르는 분이 바로 손예진 강사님이다. 문제를 성장의 기회로 만드는 분이다. 나만의 콘텐츠를 끊임없이 개발하고 소비자에서 생산자의 마인드로 생각하는 노하우가 그대로 녹아 있는 책이다. 지식 창업에 관심이 있는 분, 이제 강의를 시작하려는 초보 강사님들, 나도 강의를 할 수 있을까라는 두려움을 갖고 있는 분들, 강의가 아니더라도 내 콘텐츠에 대한 고민을 하고 계신 모든 분들께 이 책을 추천한다.

신희솔 강사

'개인의 시대'에 강의를 잘할 수 있는 능력에 대한 갈급함이 컸다. 관련 책들을 찾아보았지만, 팬데믹 이후에 강사의 살아있는 경험을 녹여낸 책을 찾기가 쉽지 않았다. 이 책은 경력 단절, 취업 준비생, 워킹맘, 주부, 취준생 등의 개인에게 강의에 대한동기를 불어넣어줄 책이다. 또한 마음속에 강의에 대한 씨앗을 남몰래 품고 있는 독자에게 싹을 틔울 수 있는든든하고 영양가 만점의 거름이 되어줄 것이다.

이미래 강사

'강사, 나도 한번 해볼까?' 싶다가도 '내가 무슨 강의야…'라는 생각이 드는가?
혹은 강의는 하고 싶은데 무엇부터 시작해야 할지 모르겠는가?
그렇다면, 당신에겐 이 책이 필요하다. 無스펙, 無자본, 無인맥으로 강사를 시작한 저자가 12년 동안 직접 경험하며 터득한 노하우가 담겨 있다. 강사라면 반드시 알아야 할 것들을 모두 배울 수 있다. 이 책의 빈칸을 하나씩 채워가다 보면, 책을 덮을 때쯤에는 당신의 강의 콘텐츠가 완성되어 있을 것이다. 강사를 시작하고 싶은 분들, 강의로 돈 벌고 싶은 분에게 이 책을 강력히 추천한다.

진로&라이프코치, 정경신

강사들의 강사라고 불리는 손예진 대표님의 첫 책이 나온다는 소식을 들었다. 강사들 사이에서 이미 유명한 그가 미래의 강사들에게 어떤 도움이 되는 내용들을 썼을까 궁금증이 가득했다. 책을 한 문장 한 문장 읽어내려가면서 정말 강사라는 분야를 멀게, 막막하게 느끼는 사람들 뿐만 아니라 또 다른 강의를 기획하는 사람들에게 굉장히 유용한 책이 되겠다는 생각이 들었다. 강사계의 바이블이 될 이 책을 강사를 꿈꾸는 사람들에게 무조건적으로 추천하고 이 한 권의 책으로 강사로서 나 자신을 브랜딩할 수 있을 것이다.

아람다움 대표 정아람

이 책에는 내가 가진 흥미, 취미, 경험, 경력을 강의로 만들어 월급 외 수익을 만드는 저자의 모든 노하우가 담겨 있다. 월급 외 수익을 더 벌고 싶은 사람, 강의로 돈을 벌고 싶지만 어떻게 시작해야 할 지 막막한 사람, 이미 강의를 하고 있지만 불안한 분들이라면, 이 책을 통해 자신감을 얻을 수 있을 것이다. 나 또한 이 책과 함께 강사로서 다음 단계를 시작할 수 있게 되었으니 말이다.

함시연

목차

서문 ················· 3
저자 소개 ················· 4
베타 리더 추천사 ················· 5

CHAPTER 01. 퇴사 말고 강사, 나도 할 수 있을까? ················· 10
1.1 퇴사 말고 강사, 당신도 할 수 있다. ················· 12
1.2 지금 당장 강의로 돈을 벌 수 있는 이유 ················· 13
1.3 강의를 시작하는 방법 ················· 14
1.4 강의로 월 천 만원 번 비결 ················· 18
1.5 강의로 월급쟁이를 탈출한 사람들 ················· 25
1.6 나도 강사가 될 수 있을까? ················· 27

CHAPTER 02. 나만의 강의 기획하기 ················· 32
2.1 Who : 누구에게 강의할 것인가 ················· 34
2.2 What : 어떤 주제로 강의할 것인가 ················· 42
2.3 Why : 왜 당신의 강의를 들어야 하는가 ················· 132

CHAPTER 03. 강의 자료 만들기 ················· 138
3.1 팔리는 강의 상품 기획하기 ················· 140
3.2 시간을 절반 이상 줄이는 강의자료 만드는 법 ················· 149
3.3 교육생의 오감을 자극하는 강의자료 ················· 181
3.4 알아두면 쓸모 있는 온라인 강의법 ················· 204

CHAPTER 04. 강의 프로그램 배우기 ········· 260
4.1 강의를 위한 장비 갖추기 ········· 262
4.2 강의 프로그램 다루기(Zoom) ········· 268

CHAPTER 05. 강의 스킬 익히기 ········· 296
5.1 강의를 잘하는 말하기 방법 ········· 298
5.2 강의의 퀄리티를 좌우하는 한 끗 차이 ········· 311

CHAPTER 06. 강사로 월급쟁이 탈출하기 ········· 316
6.1 강사의 몸 값을 결정하는 세 가지 ········· 318
6.2 잘 나가는 강사들의 공통점 ········· 321
6.3 돈이 되는 강의 영업 방법 ········· 329
6.4 매일 강의하지 않아도 강의로 돈 버는 법 ········· 342

CHAPTER 07. 강의로 롱런하는 법 ········· 374
7.1 롱런하는 강사가 되기 위한 10가지 마인드 ········· 376

목차　9

CHAPTER 01

퇴사 말고 강사, 나도 할 수 있을까?

1.1 퇴사 말고 강사, 당신도 할 수 있다.
1.2 지금 당장 강의로 돈을 벌 수 있는 이유
1.3 강의를 시작하는 방법
1.4 강의로 월 천만 원 번 비결
1.5 강의로 월급쟁이를 탈출한 사람들
1.6 나도 강사가 될 수 있을까?

1.1 퇴사 말고 강사, 당신도 할 수 있다.

'저도 강의로 돈 벌 수 있을까요?'
'강의를 해보고 싶은데, 어디서부터 어떻게 해야 할지 막막해요.'
'강사가 되려면 자격증을 따야 하나요?'
'저는 어떤 강의를 할 수 있을까요?'
'온라인 클래스를 열어보고 싶은데, 어떻게 시작해요?'
'직장인이 강사를 하려면 퇴사하고 준비해야 할까요?'

강사가 되고 싶은 분들이 매일 저자를 찾아와 하는 질문이다. 그러나 이 질문들은 강사를 시작할 때 저자가 스스로에게 했던 궁금함이기도 하다.

800명이 넘는 강사 준비생들을 만나며 느낀 점은, 본인이 가진 경험과 지식의 가치를 모르는 분들이 꽤나 많다는 것이다. 이 가치를 깨닫는 순간, 당신의 월급 외 수익을 벌어다주는 '황금알 낳는 강의 콘텐츠'를 만들 수 있다. 만약 경험과 지식이 없다면? 지금부터 쌓으면 된다. 고수가 초보를, 초보가 왕초보를 가르치는 강의로 돈을 벌 수 있기 때문이다.

그리고 이제는 방구석에서 노트북 하나로 시간과 장소의 제약 없이 강의할 수 있는 시대다. 당신이 직장인이라면, 퇴근 후나 주말에 강의를 할 수 있다. 전업주부라면 아이들 어린이집이나 학교에 보내고 강의할 수 있다. 시간을 낼 수 없다면, 사전에 녹화한 강의로 온라인 판매를 할 수 있다. 당신의 경험과 지식 당신이 좋아하는 것, 즐겨하는 것, 잘 하는 것으로 말이다.

퇴사 말고 강사, 당신도 할 수 있다.

1.2 지금 당장 강의로 돈을 벌 수 있는 이유

강의를 해야 하는 첫 번째 이유는 한 분야의 오랜 전문가나 고학력자가 아니더라도 지금 가지고 있는 경험과 지식만으로 당장 시작할 수 있기 때문이다. 저자는 수능 7등급에 거의 반 꼴찌로 전문대에 간신히 입학했다가 결국 중퇴한 고졸이었다. 어린 시절 부모님의 이혼으로 정신적인 충격과 트라우마가 가득했던 가난한 어린 시절을 보냈다. 소위 말하는 無학력, 無스펙, 無인맥이다. 무엇보다 내가 잘하는 게 무엇인지조차 모르는 사람이었다. '과연 나는 잘하는 게 있기는 할까?', '나는 뭘 해도 안 되는 사람'이라며 스스로를 부정적인 낙오자라로 취급했다. 이렇듯 평범하지 않은 유년 시절을 보낸 저자도 지금은 강의로 월 천만 원 이상을 번다. 게다가 이러한 경험과 노하우로 지금까지 800여 명의 강사 지망생을 돕는 멘토가 되었다. 지금은 누구나 자신의 지식과 경험을 팔 수 있는 지식 창업의 시대다. 누군가의 수고를 덜어주고, 시행착오를 줄여주는 경험과 지식으로 당신도 강사가 될 수 있다.

강의를 해야 하는 두 번째 이유는 고정 수익을 만들 수 있기 때문이다. 한 번 완성해 놓은 강의는 최소 몇 년에서 평생 동안 수익을 보장한다. 저자 또한 강의를 하지 않아도 매일 강의로 돈을 벌고 있다. 강의는 황금알을 낳는 거위다. 당신의 지갑을 든든하게 해줄 고정적인 수익 파이프라인이 되어줄 것이다.

세 번째 이유는 무자본으로 시작할 수 있기 때문이다. 흔히 알고 있는 창업은 시설이나 제품 생산 등에 필요한 자본금이 필요하다. 반면에 지식 창업은 돈 한 푼 없이도 시작할 수 있다. 왜냐하면 지식 창업의 핵심 자본은 당신의 지식과 경험이기 때문이다. 물론 경험과 지식을 쌓는 데 드는 비용이나 강의를 하는 데 필요한 기본 장비가 초기 비용으로 필요할 수 있지만 일반적인 창업 비용과 비교하면 거의 들지 않는 수준이다.

네 번째 이유는 강의는 하면 할수록 내공이 쌓이기 때문이다. 직장인은 회사에서 연차가 올라갈수록 직급과 연봉이 오른다. 그러나 승진과 연봉 인상의 끝은 결국 퇴직이다. 강사는 다르다. 강의 경험을 쌓으면 쌓을수록, 그 분야의 전문강사가 될 것이다. 저자가 국내 굴지의 모 기업에서 사내강사 일을 하던 시절이 있었다. 어느 날 가장 존경했던 부서장님이 이사로 취임한 뒤 2년이 채 안돼 소리 소문 없이 퇴직한 것을 가까이서 지켜본적이 있다. 당시 사회초년생이었던 내겐 적잖은 충격이었다. 특히 대기업 계약직으로 입사해 2년뒤 계약 종료를 앞두고 있던 내게 더욱 남일 같지 않았다. 결국 직장인은 자의든 타의든 언젠가는 회사 밖으로 나가야만 한다. 이것은 피하고 싶다고 해서 피할 수 있는 게 아니다. 그러나 내가 가지고 있는 콘텐츠로 강의를 하는 것은 스스로 포기하지만 않는다면 평생 나를 먹여 살리는 수입이 될 수 있다.

또한 강의는 하면 할수록 삶의 경험도 풍부해진다. 5년, 10년을 넘어 20년 동안 꾸준히 강의한다면, 그 분야의 대가이자 전문강사로 인정받는 것은 시간 문제일 것이다. 그 분야의 인정받은 강사라면 시간이 지날수록 강사의 몸값은 당연히 높아질 것이다. 그래서 지금 당장 강사를 시작 해야 한다고 강조하는 것이다. 물론 지금 다니는 회사를 그만두고 강사를 시작하라는 것이 아니다. 본업을 유지하면서도 충분히 할 수 있다.

1.3 강의를 시작하는 방법

강의 방식에 따라 크게 오프라인 강의와 온라인 강의로 나눌 수 있다. 오프라인 강의는 일정 수 이상의 사람들을 특정 장소에 모아 강의를 하는 것이다. 온라인 강의는 최근 2~3년 사이에 붐을 일으킬 정도로 각광 받고 있다. 온라인 강의는 2가지로 나눈다. 첫 번째는 온라인에서 실시간으로 하는 강의. 흔히 알고 있는 Zoom, Cisco Webex, Microsoft Teams, Remote Meeting 등 다양한 온라인 화상 프로그램을 사용해서 강의를 한다. 강의를 듣는 사람은 정해진 시간에 원하는 장소에서 온라인에 접속해 강의에 참여한다. 이 방법의 장점은 강사와 강의를 듣는 사람들 간

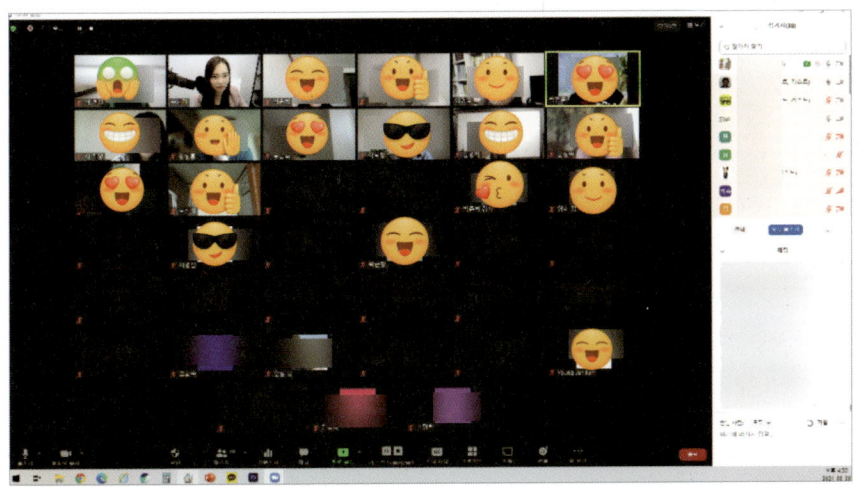

의 양방향 소통이 실시간으로 가능하다는 점이다. 오프라인 강의처럼 직접 눈을 마주치고 소통하는 것은 아니지만, 같은 공간에 있지 않더라도 비디오와 오디오를 적극 활용하거나 실시간으로 협업할 수 있는 도구로 양방향 소통이 충분히 가능하다. 게다가 실시간 설문조사, 소회의실을 통한 조별 활동, 실시간 퀴즈 참여 등도

가능하다. 굳이 단점을 꼽자면, 실시간으로 진행하는 강의다 보니 정해진 시간에 참여가 어려운 고객은 강의를 들을 수 없다는 것이다. 다만 이 점을 보완하는 방법으로 실시간 온라인 강의를 녹화해서 추후에 제공하는 것이다. 이런 단점을 보완하기 위해 실시간 강의를 녹화해서 제공하기도 한다. 그러면 실시간 강의에 참여하지 못하더라도 언제든 강의를 들을 수 있기 때문에 더 많은 고객을 확보할 수 있다.

이러한 녹화 강의가 바로 두 번째 방법이다. 흔히 VOD 강의라고도 한다. VOD란 'Video On Demand'의 약자로 주문형 비디오라고 해석한다. 쉽게 말하면, 강사가 촬영한 강의 영상을 강의 사이트에 업로드하면 고객은 본인이 원하는 장소와 시간에 언제든 강의를 들을 수 있는 방식이다. 인터넷 강의라고 하면 왠지 모르게 딱딱한 분위기에서 강사 혼자서 얘기하는 지루한 강의장이 떠오른다. 그러나 요즘 온라인 강의는 차원이 다르다. 클래스101, 클래스유, 라이프해킹스쿨 등 강의 플랫폼 사이트에 올라와 있는 VOD 강의를 생각해보자. 영상 퀄리티도 좋고 강의를 듣는 사람들의 참여를 유도하고 과제도 내주는 등 녹화 강의 환경이 상당히 변했다는 것을 느낄 것이다. VOD 강의의 장점은 미리 촬영해 놓은 영상을 최소 3년에서 5년 이상 또는 원하는 기간 동안 판매할 수 있다는 것이다. 많은 고객들이 찾는 VOD 강의라면 그 강의 하나로 최소 몇 년은 꾸준히 수익을 낼 수 있다. 저자 또한 클래스101에 '온라인 클래스 강사되기 A to Z, 당신의 경험이 클래스가 된다'라는 온라인 클래스, 라이프해킹스쿨에 '프리랜서 강사로 살아남는법' 클래스를 오픈했다. 저자는 강사들에게 온라인 VOD 강의 런칭을 강력히 추천한다. 그 이유는 VOD클래스 오픈을 기획하고 준비하는 과정 자체가 강사의 콘텐츠를 더 명확하게 할 수 있는 과정이고 강사로서 브랜딩을 하는데 분명한 도움이 되기 때문이다. 최근에는 온라인 강의를 제공하는 업체들이 계속 늘어나고 있으며 매일 수많은 강사가 각자의 콘텐츠를 가지고 녹화 강의를 오픈한다. 플랫폼마다 약간의 차이는 있지만 강의를 오픈하는 데 까다로운 자격 기준이나 절차가 거의 없기 때문에 비교적 어렵지 않게 강사가 될 수 있다.

1.4 강의로 월 천만 원 번 비결

1.4.1 코로나19가 기회가 되다

코로나19가 절정이었을 당시, 영업 시간 제한 등으로 인해 자영업자들은 매일 위기였다. 프리랜서 강사들도 대부분의 오프라인 강의가 취소되어 암흑의 시기를 보냈다. 코로나19로 인해 강사 업계가 얼마나 힘들었는지는 내 주위만 봐도 알 수 있었다. 주변에 소위 잘나가는 프리랜서 강사들이 한두 명씩 회사로 이직을 하거나 투잡을 뛰기 시작했고 저자도 크게 다르지 않았다. 2020년 초, 코로나19가 전 세계적으로 확산된 지 얼마 지나지 않은 무렵, 보름 뒤 오프라인 강의가 예정되어 있던 회사 담당자에게 강의를 취소해야 할 것 같다는 갑작스러운 연락이 왔다. 그리고 약속이나 한 듯 그 달의 모든 강의 스케줄이 줄줄이 취소됐다. 10년째 강의를 하면서도 처음 겪는 일이었다. 눈에 보이지도 않는 바이러스 따위가 내 경제활동에 이렇게 거대한 파장을 일으킬 거라고는 상상도 못했다. 그저 뉴스로만 접했을 뿐 심각하게 생각하지도 않았다. 그런데 모든 강의가 줄지어 취소가 되다니, 청천벽력 같은 일이었다.

그 당시만 해도 나는 이 상황이 오래 가지 않을 거라고 생각했다. 강의는 조만간 재개될 테니 이 참에 좀 쉬는 것도 좋겠다며 휴가를 다녀올 생각이었다. 그러나 그로부터 한 달, 두 달 그리고 세 달이 지나도 강의 의뢰가 단 한 건도 들어오지 않았다. 프리랜서 강사에게 일이 없는 며칠은 휴가지만, 한 달이 넘어가면 그냥 백수다. 그 당시 월 수입이 0원이었다. 이렇게 딱 3개월을 코로나가 잠잠해지길 목이 빠지게 기다리기만 했다. 그러던 어느 날 강의를 취소했던 회사 담당자로부터 연락이 왔다.

'강사님, 아무래도 오프라인 강의는 도저히 힘들 것 같습니다. 혹시 온라인으로도 강의 진행이 가능하신가요?'

담당자의 말은 줌(Zoom)이라는 화상 회의 플랫폼으로 강의를 할 수 있냐는 것이었다. 그 당시에는 줌이라는 단어조차 낯설었던 때였다. 바로 인터넷으로 검색해

봤다. 줌으로 강의를 하는 기업이나 단체가 거의 없었기 때문에 후기가 많지 않았지만 다행히 해외 유튜브 영상과 사이트를 통해 어떤 것인지 감을 잡을 수 있었다. 그리고 온라인 강의를 할 수 있다고 대답했다. '온라인 강의, 뭐 별반 다를 거 있겠어? 내가 강의한 지가 몇 년인데, 까짓 것 한번 해보지 뭐!'라는 근거 없는 자신감을 가지고 말이다. 그러나 그 강의가 평생 잊지 못할 최악의 강의가 될 거라고는 상상도 하지 못했다.

2주가 흘러 드디어 강의 날이 되었다. 거실에서 노트북을 켜고 미리 다운로드해둔 줌에 접속해 교육생 200명을 실시간으로 만나게 되었다. 이때 느꼈던 어색한 분위기는 아직도 생생하다. 오프라인 강의였다면 교육 시작 전부터 교육생들과 간단한 대화를 나누며 편안한 분위기를 만들었을 텐데, 온라인 강의는 오프라인과는 사뭇 다르게 싸늘한 분위기였다. 강사인 나도 어색했지만 교육생들도 낯설고 서툴기는 매한가지였다. 심지어 몇 명은 본인의 오디오 소리가 송출되고 있는지조차 몰라 여러 명의 목소리가 동시에 들리면서 굉장히 어수선했다.

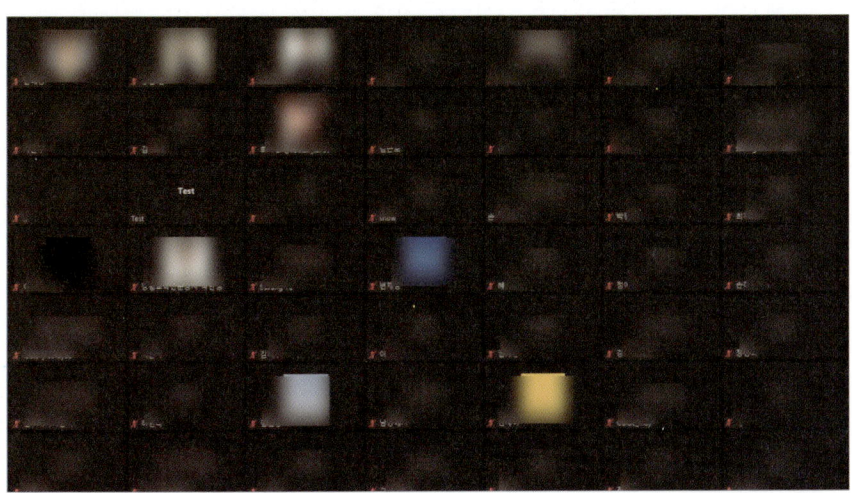

가장 당황스러웠던 것은 200명 중 195명이 비디오를 끄고 참여했다는 것이다. 화면에 나오는 자신의 얼굴이 어색한지 비디오를 끄는 교육생들이 점점 늘어나더니

결국 5명을 제외한 모두가 비디오를 껐다. 시간이 지나자 그나마 있던 5명도 결국 화면을 껐다. 200명 중 단 한 명도 비디오를 켜지 않는 강의장이라니, 오프라인 강의로 비유하면 앞에 앉아 있는 수백 명의 교육생이 모두 얼굴을 가리고 엎드려 있는 것 같은 느낌이다. 상상이 되는가? 시커먼 창에 교육생 이름과 사진만 보였던 차가운 온라인 강의 분위기는 지금까지도 절대 잊지 못하는 장면이다.

그렇다면 온라인 강의는 잘 했을까? 결론부터 말하자면 지난 10년 간 해온 수백 번의 강의 중 최악이었다. 일단 이렇게 반응도, 대답도 없는 강의는 처음이었다. 마치 벽보고 혼자서 얘기하는 듯한 느낌이었다. 손에서 땀이 났고, 강의를 어떻게 마무리했는지조차 잘 기억이 나지 않을 만큼 눈앞이 캄캄했다. 강의를 마치자 강사로서 수치심이 몰려와 창피하기까지 했다.

이날 이후 10년 넘게 강의로 밥벌이했던 나의 근거 없는 자신감을 버리고 온라인 강의를 제대로 배워야겠다고 다짐했다. 다시는 그날의 냉혹하고 차가웠던 분위기를 느끼고 싶지 않았기 때문이다. 이후로 나는 몇 날 며칠을 강의법에 대해 공부했다. 공부하면서 알게 된 사실은 온라인 강의는 오프라인 강의와 완전히 다르게 운영해야 한다는 것이었다. 그것도 모르고 나는 그동안 해온 것처럼 온라인 강의를 진행했으니 최악의 강의가 될 수밖에 없었다. 온라인 강의는 배우면 배울수록 신세계였다. 배운 것을 강의에 접목하기 시작하자 실력도 나날이 쌓여 친한 강사들에게 온라인 강의법을 알려주게 되었고, 이것을 계기로 2시간 분량의 '현직 강사들을 위한 온라인 강의법'이라는 강의를 완성했다.

나는 이 강의를 정식으로 론칭해 판매하기 시작했고 운영하던 유튜브 채널에 '온라인 강의법 시리즈' 영상 콘텐츠를 제작해 업로드하기 시작했다. 이날 이후 수입이 빠르게 늘기 시작하더니 1년이 지나자 강의로 월 천만 원을 버는 놀라운 경험을 하게 됐다. 이때 느낀 것은 딱 한 가지였다. 강사는 본인이 하고 싶은 것이 아닌 교육생에게 필요한 것을 강의해야 한다는 것을 말이다. 이 점을 알고 나서부터 강사로서 많은 것이 바뀌었다. 일단 강의 수익이 많이 늘었다. 2022년 11월에는 순수익으로 18,400,000원을 벌었다. 문득 생각해보니, 첫 직장에서 받았던 월급의 무려 9배 가까이 벌게 된 것이다. 2021년 근로자의 1인당 평균 연봉이 3,828만 원이다.(출처: 국세통계연보) 평균 연봉의 월 수령액이 약 320만 원이라고 가정하면, 나는 상당히 고액의 월급을 강의만으로 벌고 있는 셈이다. 물론 직장인처럼 월급 날이 정해져 있는 것이 아니기 때문에 매달 수입은 다르다. 어느 날은 수입이 적기도 하고 어느 날은 500만 원을 넘게 벌 때도 있지만 고소득인 것은 분명하다. 물론 강사를 하겠다고 한 날부터 바로 월 천만 원을 뚝딱 번 것이 아니다. 수익이 하나도 없어 생활비를 벌기 위해 전전긍긍했던 시절이 있었고, 강의가 하나도 없어 투잡을 해야만 생활비를 벌 수 있던 때도 있었다. 그러나 확실하게 말할 수 있는 것은 무언가 뛰어나고 대단해야만 강의로 고수익을 벌 수 있는 것이 아니라는 것이다.

1.4.2 돈이 되는 강의를 하려면 반드시 알아야 할 3가지

여기까지 읽었다면 이런 생각이 들 것이다. '근데 내가 무슨 강의를 할 수 있지?', '전문가만 할 수 있는 것 아닌가? 과연 그럴까? 이 책을 쓰기 시작한 이유도 바로 이런 편견을 깨고 싶었기 때문이다.

돈이 되는 강의를 하는 첫 번째 비결은 바로 판매자 마인드를 가지는 것이다. 당신은 지금껏 강의를 듣는 교육생이었을 것이다. 때로는 강의에 비용을 지불해서 들어본 적도 있을 것이다. 하지만 강의로 고수익을 올리기 위해서는 구매자가 아닌 판매자의 시선에서 강의를 볼 수 있어야 한다. '사람들이 왜 이 강의에 열광을 하는 거지?', '저 강사에게 무슨 매력이 있는 거지? '내 고객들은 어떤 강의가 필요하지? 이런 마인드 선환을 하지 않으면 평생 물건을 사는 고객으로만 살게 될 것이다. 고객들이 어떤 물건을 찾는지, 어떤 물건이 잘 나가는지, 무엇이 필요한 지를 잘 알아야 성공적인 판매를 할 수 있다. 강의도 마찬가지다. 강의를 판매하는 판매자의 입장에서 고객이 듣고 싶은 것, 필요한 것, 들어야만 하는 것이 무엇인지 알고 그것을 강의 프로그램으로 만들어야 한다. 엠제이 드마코의《부의 추월차선》에서는 돈을 버는 과정을 3가지의 예시로 설명한다. 첫 번째는 인도를 걷는 사람, 두 번째는 서행차선을 걷는 사람, 세 번째는 추월차선을 걷는 사람이다.

인도를 걷는 사람은 재무적인 목표가 없고 부자처럼 보이려고 소비하는 사람을 말한다. 서행차선을 걷는 사람은 자신의 시간을 돈으로 바꾸는 사람이다. 마지막으로 추월차선을 걷는 사람은 시간을 돈보다 중요하게 생각한다. 끊임없이 배우고 자신을 발전시키며 돈은 자신이 영향을 미친 사람의 수만큼 벌 수 있다고 생각한다. 책에서 저자는 뚜벅뚜벅 인도를 걷는 사람과 적당히 달리는 서행차선의 사람을 모두 앞지르는 추월차선에 올라 타야 결국 경제적 자유를 누릴 수 있다고 강조한다. 결국 이 세 가지 중 어떤 길을 선택하느냐는 우리 자신에게 달려 있다. 당신이 이 책을 읽고 있는 이유도, 월급 외 수익을 버는 강사에 관심이 있는 것도, 결국은 추월차선을 걷고자 하기 때문일 것이다. 그렇기 때문에 이제부터는 구매자가 아닌 판매자의 사고를 가지고 당신의 고객에게 귀 기울여야만 한다. 사람들이 왜 당신의 강의를 들어야 하는지 그 이유를 자신이 아닌 고객에게서 찾아야 한다.

두 번째 비결은 당신이 강의로 돈을 벌기로 마음먹었다면, 세상에 자신을 널리 알려야 한다는 것이다. 앞서 말했듯 저자는 처음부터 강의로 고수익을 올린 것은 아니다. 코로나19의 여파로 몇 달 동안 모든 강의가 취소되어 수익이 제로였다. 그런데 어떻게 강의로 월 천만 원을 벌 수 있었을까? 그 비결은 바로 SNS에 나를 알렸기 때문이다. 2019년부터 운영하는 유튜브 채널을 통해 내가 하는 강의의 전문성이 담긴 영상으로 세상에 손예진 강사를 알리기 시작했다. 처음 유튜브를 시작한다고 했을 때 주변에서 '너 관종이야?'라는 말을 많이 들었다. 그 당시만 해도 유튜버라고 하면 나를 드러내기 좋아하고, 사람들의 관심을 좋아하고, 튀는 걸 좋아하는 사람이라는 인식이 강했었다. 그러나 세상에 나를 적극적으로 알리지 않으면 그 누구도 나를 홍보해주지 않는다. 결국 스스로를 세상에 널리 알리겠다는 포부로 유튜브를 시작했다. 덕분에 구독자 500명이 됐을 쯤부터 강의 섭외 연락이 오기 시작했다. 고객들이 원하는 영상 콘텐츠를 올리기 시작하니 검색이 되는 강사가 된 것이다.

인터넷 검색창에 '손예진 강사'를 검색하면 관련 글과 영상이 나온다. 이렇게 온라인으로 '손예진 강사'라는 브랜드와 강의 콘텐츠를 적극적으로 알리자 점점 수입이 늘어나기 시작했다.

특히 2019년부터 꾸준히 운영하고 있는 유튜브는 효자 노릇을 톡톡히 하고 있다. 코로나19가 확산되자 많은 기업과 관공서는 온라인 강의를 잘 하는 실력 있는 강사를 찾기 시작했다. 직원 교육은 필요한데 대면 강의가 불가능해지자 온라인 강의로 대체할 수밖에 없었기 때문이다. 온라인 강의 경험이 없는 강사를 투입하는 것은 리스크가 상당히 크다. 외부 강사에게 강의를 맡기는 것은 단순히 강의료만 지불하는 것이 아니라 교육에 참여하는 수십, 수백 명의 직원 근무 시간도 사용되는 것이기 때문이다. 그리고 외부 강사를 최종적으로 승인하기까지 교육 담당자의 많은 시간과 에너지도 감내해야 하기 때문에 실력 있고 유능한 외부 강사를 섭외하는 것은 그리 간단한 일이 아니다. 그런데 온라인 강의를 한 번도 해보지 않은 강사를 섭외하면 어떻게 될까? 앞서 저자의 사례처럼 최악의 강의를 하게 될 수도 있다. 저자는 유튜브에 '강의 잘하는 법', '지루하지 않게 온라인 강의 하는 법', '온라인에서 교육생과 소통하는 방법' 등을 다룬 영상을 올린 덕분에 많은 강의 섭외 연락을 받을 수 있었다.

유튜브 영상 하나를 완성하는 데 많은 품과 시간이 걸리는데도 불구하고 유튜브를 꾸준히 운영하기로 고집한 이유는 딱 하나였다. 앞으로는 외부 강사를 섭외할 회사나 담당자들이 강사의 이력서나 학력, 강의 커리큘럼만으로는 큰 차별점을 찾기 어려울 것이라고 판단했기 때문이다. 유튜브는 글과 사진이 아닌 영상 채널이다. 따라서 강사의 말투, 목소리, 분위기, 전체적인 느낌, 다루는 내용 등을 영상으로 빠르게 알 수 있다. 짧은 영상만 봐도 강의 스타일을 파악할 수 있기 때문에 외부 강사 섭외 리스크를 최대한 줄일 수 있다. 또한 어떤 분야의 영상을 꾸준히 올린 강사라면, 이 분야의 전문가일 것이라는 인식이 생긴다. 덕분에 내 강의를 필요로 하는 기업과 관공서들이 점점 늘어났고, 동시에 몸값도 날로 올랐다. 지금은 강사 섭외를 할 때 교육 담당자 10명 중 8명은 영상부터 요청한다.

지금도 나는 유튜브와 블로그를 운영하고 인스타그램에는 주 3회 콘텐츠를 올리려고 노력한다. SNS를 운영할수록 점점 나만의 노하우가 늘어나고, 고객들이 내게 어떤 것을 필요로 하는지, 어떤 강의 프로그램을 만들면 좋을지 감을 찾는 데 도움이 된다. 그렇게 노하우를 쌓다 보면 결국 강사료도 오르게 된다. 다시 말하면, 세상에 나를 많이 알릴수록 나의 몸값 또한 오른다. 만약 월 천만 원 이상을 버는 강사가 되고 싶다면, SNS채널을 통해 세상에 당신을 알리자.

돈이 되는 강의를 하는 세 번째 비결은 다양한 강의 방식을 유연하게 운영하는 것이다. 저자는 온라인 강의 비중을 계속 높이기 위해 부단히 노력했다. SNS로 세상에 나를 알려 강의 의뢰가 많아졌다 해도 모든 강의가 오프라인 강의라면 전부 다 소화하지 못 할수도 있다. 오프라인 강의는 이동 시간이라는 물리적 제약이 있기 때문이다. 하루에 많아야 1회, 가까운 지역이면 2회 정도 소화할 수 있다. 게다가 지방 강의일 경우에는 최소 1박 2일 일정을 확보해야지만 강의가 가능하다. 그러나 물리적 제약 없이 시간을 활용할 수 있는 온라인 강의와 오프라인 강의를 모두 할 수 있다면 어떨까? 온라인 강의는 이동 시간이 없기 때문에 하루에 2~3회 강의는 충분히 소화할 수 있다. 하루는 충북 진천에서 오프라인 강의를 마치자마자 강사 휴게실에서 바로 온라인 강의 일정을 소화한 적도 있다. 노트북 하나로 방구석에서 부산, 울산, 포항, 제주 등 전국으로 강의를 다닐 수 있다. 또한 온라인 강의는 실시간 강의뿐만 아니라 녹화 강의도 해당된다. 저자는 현재 강의 비율을 오프라인 강의 40%, 온라인 강의 60% 정도로 유지하고 있다. 이처럼 이동 시간이 없는 온라인 강의 덕분에 더 많은 강의를 하고 더 많은 수익을 벌 수 있게 됐다.

1.5 강의로 월급쟁이를 탈출한 사람들

1.5.1 강의로 성공한 8명의 강사들

다음 Chapter 2에서는 강의로 성공한 8명의 강사님들을 소개할 예정이다. 이들은 평범한 직장인에서부터 알바생, 가정주부, 경력단절 여성, 고졸 사업자, 정년 퇴직한 70대까지 다양한 배경을 가진 사람들이다.

[사례 1] 곽유희(그림 그리는 맘)님: 경력단절 육아맘의 취미로 주부들의 자존감을 높이는 그림 강사가 되다.

[사례 2] 강철진(강철헬스전략)님: 70대 몸짱 유튜버, 50대를 위한 건강관리 강사

가 되다.

[사례 3] 김정은(킴제이)님: 실패했던 강의 경험을 강의 콘텐츠로 만들어 전 세계를 돌아다니며 강의하는 디지털 노마드가 되다.

[사례 4] 고아라(멘토브랜딩)님: 평범한 20대 직장인이 퇴사 후 수백 명의 책 쓰기 강사가 되다.

[사례 5] 정지하(룩말)님: 평생 직업으로 생각했던 간호사를 그만두고 베스트셀러 작가이자 시간 관리 강사가 되다.

[사례 6] 김세영(로비앙)님: 평범한 알바생에서 월 천만 원 버는 타로계의 스타 강사가 되다.

[사례 7] 이용환(세컨드리치)님: 최종 학력 고졸, 20만 원으로 시작해 2년만에 매출 7억 7천을 낸 온라인 사업 노하우로 줄 서서 듣는 스마트스토어 강사가 되다.

[사례 8] 황지원(산타맘)님: 경력단절 여성, 평범한 주부가 인스타그램 매출로 대박을 내 SNS브랜딩 강사가 되다.

저자가 만난 8명의 강사들은 놀랍게도 세 가지의 공통점을 가지고 있었다.

첫 번째는 처음부터 전문 강사가 아니었다는 점이다. 평범한 직장인, 주부, 자영업자, 정년퇴직자, 간호사, 알바생이었던 그들은 본인의 취미, 경험, 경력, 지식, 관심사 그리고 성과로 강의 콘텐츠를 만들어 월급 이상의 수익을 벌고 있다.

두 번째 공통점은 처음부터 모든 자질을 갖추고 시작하지 않았다는 것이다. 일단 강의를 하면서 점차 실력을 높였다. 강의를 하면서 노하우와 사례들이 더 풍부해졌고 강의를 더 잘하기 위해 꾸준히 배우고 노력했다.

세 번째 공통점은 왕초보들을 위한 강의부터 시작했다는 점이다. 이들의 강의 대상은 전문가가 아닌 이제 막 배우기 시작하는 왕초보 수준의 교육생이다. 강사 본인이 직접 왕초보 시절을 경험했기 때문에, 왕초보가 가장 궁금해하는 것, 배우고 싶은 것, 필요로 하는 것이 무엇인지를 누구보다 더 잘 안다. 그리고 이것을 강의 콘텐츠로 만들어 강의하기 시작했다.

앞으로 다룰 8명의 강사 이야기가 당신에게 긍정적인 자극이 되길 바란다. 유독 공감되는 사례가 있다면 그 강사를 더 깊게 알아보자. 그가 운영하는 강의뿐만 아니라 SNS까지 모두 찾아보자. 그리고 그의 성공 비결은 무엇인지 파헤쳐보자. 이것이 강의를 시작하는 당신에게 좋은 힌트가 될 것이다. 8명의 강사 이야기는 대화 형식의 인터뷰로 Chapter 2에 자세히 담았다.

1.6 나도 강사가 될 수 있을까?

누구나 강사가 될 수는 있어도 모두가 살아남는 것은 아니다. 과연 살아남는 강사가 되려면 어떤 것부터 시작해야 할까?

1.6.1 강사는 어떤 사람이 하는 것일까?

강사를 꿈꾸는 많은 사람이 걱정 반, 설렘 반으로 상담을 신청한다.

'강의는 하고 싶은데 제가 과연 무슨 강의를 할 수 있을까요?'
'제가 가진 경력으로도 강의를 시작할 수 있을까?'

용기 있게 상담 신청을 하더라도 이런 걱정들이 있기 마련이다. 왠지 모르게 강사라고 하면 날고 기는 뛰어난 사람들이나 한 분야에 정통한 사람들만 할 수 있을 것이라는 선입견이 있기 때문이다. 나도 강사를 하기 전에는 같은 생각이었다. '남보다 재주나 능력이 뛰어난 사람만이 강사가 되는 것이 아닐까?' 하는 생각 말이다. 그러나 전문가만 강의를 할 수 있다는 편견을 당장 버리자. 자신만의 콘텐츠가 있는 누구나 강사가 될 수 있는 시대다. 다시 말하면, 당신이 가진 사소한 경험과 지식이 강의 콘텐츠가 되고, 이것으로 강사를 시작할 수 있다. 그리고 이 것이 당신의 제2의 월급이 될 것이다. 만약 당신이 해당 강의 분야에 전문가라면 초보를 대상으로 강의할 수 있고, 초보라면 왕초보를 위한 강의를 할 수 있다. 그리고 이것이 바로 전문가가 되는 시작이다.

〈유 퀴즈 온 더 블럭〉이라는 유명 예능 프로그램은 코로나19가 심각해지기 전까지는 두 MC가 길거리를 돌아다니며 우연히 만난 시민들과 함께 토크를 하고 퀴즈를 푸는 프로그램이었다. 프로그램에 등장하는 시민들은 마치 친한 친구, 동료, 선배처럼 느껴졌고 그들의 진심 어린 이야기는 때론 마음에 큰 감동을 주었다.

누구나 강사가 될 수 있다는 것은 〈유 퀴즈 온 더 블럭〉에 나온 시민들의 이야기가 시청자의 심금을 울리는 것과 같은 맥락이다. 대단한 업적을 가진 사람, 수십 년의 경력을 가진 전문가, 유명인이 아니어도 사람들은 나와 비슷한 사람, 친근한 사람, 언니, 오빠, 친구, 부모님 같은 사람이 해주는 얘기가 더 마음에 와닿고 공감이 된다. 다시 말하면, 당신이 엄청난 업적을 이룬 전문가가 아니어도, 책을 쓴 작가가 아니어도, 한 분야에서 오랜 경력을 가진 전문가가 아니어도 당신의 경험, 경력, 기술, 배움, 취미로 강사가 될 수 있다.

1.6.2 스스로 한계를 갖는 4가지 유형

나를 찾아오는 수많은 교육생 중 강의를 하고 싶지만 스스로에게 한계를 두고 걱정하는 사람들이 많다. 그 유형을 4가지로 정리해보았다.

1. 완벽주의 형: '제가 강사를 하려면 좀 더 완벽하게 준비를 해야 할 것 같아요.'

'내가 알고 있는 지식은 아직 부족해. 관련 자격증을 더 공부한 다음에 강의를 하는 게 낫겠지?'
'그래도 석사학위 정도는 따고 나서 강의를 시작해야지.'
'최소 10년 정도는 일해 봐야 후배들에게 강의를 할 수 있지. 아직 부족해.'

혹시 당신도 이런 생각을 하고 있지는 않은가?

완벽하게 준비하고자 하는 마음은 충분히 이해하지만 그 마음이 시작은커녕 아무 것도 못하게 막는 장애물이 되기도 한다. 그 누구도 100% 완벽한 강의를 한다는 것은 불가능하다. 저자도 초보 강사 시절에는 모든 것을 완벽하게 하려는 마음이 컸다. 다시 생각해보면 뭐든 잘 하고 싶었던 것 같다. 완벽한 강의 준비, 완벽한 강의 환경, 완벽한 강의 콘텐츠 그리고 100% 강의 만족도를 늘 기대했다. 그러나 내 마음대로 흘러가지 않는 것이 강의다. 1시간 분량의 강의 자료를 파워포인트로 완성하는 데 꼬박 14일이 걸린 적도 있었다. 초보 강사였기 때문에 오래 걸리기도 했지만, 왠지 더 잘하고 싶고 볼수록 자료가 부실한 것 같고 더 완벽하게 해야겠다는 생각 때문에 더 오래 걸렸다. 10년이 지난 지금, 그때 만든 자료를 보면 부끄럽기 짝이 없다. 아무리 오랜 시간 준비한 자료여도 언젠가는 뒤처지는 자료가 될 것이다.

만약 당신이 완벽주의형에 해당한다면 처음부터 완벽하게 시작하고자 하는 마음을 내려놓는 것부터 연습해보자. 처음엔 누구나 시작할 수 있는 아주 가벼운 콘텐츠로 시작하는 것이다. 그리고 이 콘텐츠는 언제든 바뀔 수 있고, 계속 업데이트해야 한다는 생각도 잊지 않아야 한다. 완벽한 강의가 아닌 완성해가는 강의를 한다면 당신은 강사를 하기에 충분하다.

2. 두려움 형: '저는 잘하는 게 딱히 없고 전문성도 없는데, 그래도 할 수 있나요?'
예비 강사들이 가장 많이 하는 걱정이 바로 이것이다.

'저는 잘하는 것도, 전문성도 없는데 잘할 수 있을까요?'

이 말의 속뜻은 잘하고 싶지만 자신이 없어 두렵다는 것이다. 이 유형인 사람들 대부분은 자신감이 부족하다. 잘해온 경험, 성공 경험도 없고 늘 자신이 부족하다고 생각한다. 만약 당신이 이 유형에 해당한다면 성공이나 합격, 성취를 이뤘던 경험 말고 실패하고 좌절하고 인생에서 가장 힘들었던 경험을 떠올려보자. 그리고 그 경험을 통해 얻게 된 생각이나 다시 그 상황이 온다면 어떻게 할 것인지 적어보자.

자신의 상황을 미리 겪은 강사의 해결 방법, 진정으로 공감해주는 말 한마디, 진솔한 이야기, 이제 시작하는 왕초보들을 위해 이해하기 쉽게 알려주는 내용이 수강생들에게 훨씬 더 도움이 될 수 있다. 어렵게 생각하지 말자. 당신의 작은 이야기가 누군가에게는 큰 힘이 될 것이다.

3. 나 몰라 형: '제가 뭘 잘하는지, 뭘 자신 있어 하는지 잘 모르겠어요.'

'당신의 장점은 무엇입니까?'라는 질문에 꽤나 많은 사람이 오래 고민하거나 대답하지 못한다. 당신의 장점은 무엇인가? 지금 바로 대답해보자. '나 몰라'형은 본인의 장점을 적어보라고 하면 어려워하거나 적을 게 없다고 하는 경우가 많다. 그 이유는 스스로에게 이런 질문을 던진 적이 없었기 때문이다. 내가 뭘 좋아하는지, 내가 뭘 잘하는지, 내가 어떤 성격인지 등 본인에 대해 진지하게 생각하는 시간이 많지 않을 확률이 높다. 이 유형에 해당된다면 뒤에 나오는 2장의 내용을 자세히 읽길 바란다. 2장에서는 내가 뭘 잘하는지, 뭘 잘하고 싶어 하는지, 어떤 것을 자신 있어 하는지, 어떤 메시지를 담은 이야기를 할 것인지 진지하게 고민하게 될 것이다. 당신의 인생을 하나의 커다란 강의 콘텐츠로 바라보는 연습이 필요하다. 내 인생을 크게 바라보면 그동안의 경험이 버릴 것 하나 없이 모두 소중하다는 것을 깨닫게 될 것이다.

특히 잘하는 것보다 즐겨하는 것이 무엇인지 먼저 찾아보는 것이 좋다. 그리고 그 분야에 더 관심을 갖고 공부를 시작해보자. 나 몰라형 사람들은 처음에는 다양한 분야의 강의를 많이 듣고 보고 배우면서 다른 사람의 콘텐츠와 간격을 조금씩 좁혀 나가는 것도 나만의 콘텐츠를 찾는 비교적 쉬운 방법이 될 수 있다.

4. 자신감 부족 형: '대단한 내용도 아닌데 누가 듣기나 할까요?'

자신감 부족 형은 본인만의 콘텐츠가 있음에도 불구하고 콘텐츠에 대한 자신감이 부족해 실천하지 못하는 유형이다. 스스로가 '나는 이것 밖에 안 되는 사람'이라는 한계를 만든다면, 강의도 딱 그 정도 수준밖에 되지 않는다. 스스로 한계를 만들어 그 안에 갇히지 않기를 바란다. 당당하고 자신감 있는 모습이 당신의 전문성을 높여주는 것은 물론이고 듣고 싶고 또 부르고 싶은 강사로 만들어 줄 것이다.

1.6.3 나도 강사가 될 수 있을까?

다음은 강사가 될 수 있는지 여부를 체크할 수 있는 문항이다. 'Yes(그렇다)'에 해당하는 개수를 체크해보자.

1. 언제 어디서든 강의할 수 있는 노트북(컴퓨터)을 가지고 있다.
2. 지금 하고 있는 일 외에 다른 일에도 도전해보고 싶다.
3. 월급 외 부수입을 벌어 보고 싶다는 생각을 한 적이 있다.
4. 강의로 돈을 벌어 보고 싶다는 생각을 한 적이 있다.
5. 강의 경험은 없지만 살면서 한 번쯤은 해보고 싶다고 생각한 적이 있다.
6. 주변 지인들이 나에게 꼭 물어보는 것이 하나쯤은 있다.
7. 나의 경험과 지식을 남에게 알려주는 것이 매력적인 일이라고 생각한다.
8. 누군가의 시간을 덜어줄 무언가를 알려주는 사람이 된다는 것은 가치 있는 일이라고 생각한다.
9. 내가 지금 하고 있는 일이나 커리어를 꿈꾸는 누군가에게 도움을 주고 싶다는 생각을 한 적 있다.

위의 9개 문항 중 당신의 Yes(그렇다)는 몇 개인가? 만약 3개 이상 해당된다면 지금 당장 강사를 시작하기에 이미 충분하다.

CHAPTER 02

나만의 강의 기획하기

2.1 Who : 누구에게 강의할 것인가
2.2 What : 어떤 주제로 강의할 것인가
2.3 Why : 왜 당신의 강의를 들어야 하는가

2.1 Who : 누구에게 강의할 것인가?

Chapter 1에서는 강사가 되기 위해서는 상품을 파는 판매자의 입장이 되어야 한다고 강조했다. 이번 장에서는 당신의 강의를 들을 고객에게 어떤 강의가 필요한지(Who), 어떤 강의를 제공할 수 있는지(What), 왜 고객들이 당신의 강의를 들어야만 하는지(Why)에 대한 내용을 자세히 다뤄보겠다.

Chapter 2에서는 당신의 강의를 들을 고객, 즉 강의 대상(Who)을 정할 것이다. 다시 말해 타깃(Target) 고객을 결정하는 단계다. 강사는 판매자이다. 그리고 강사의 판매 상품은 강의 콘텐츠와 강사이다. 당신은 어떤 고객들에게 필요한가? 또는 어떤 고객들을 대상으로 하고 싶은 강의인가? 강사가 되고 싶어 내게 찾아오는 수백 명의 교육생들에게 가장 먼저 이렇게 묻는다.

'어떤 분들을 대상으로 강의하고 싶으세요?'

놀랍게도 이 질문에 대한 대답은 대부분 비슷하다.

'그냥 다요. 누가 들어도 상관없어요.'
'대상을 딱히 생각해 본 적은 없는 것 같아요.'

이 질문은 강의 상품을 기획하는 데 중요한 질문이다. 이 질문에 대한 답을 고민하는 것부터 강의 기획이 시작된다. 딱히 대상을 구분 짓지 않는, 모두가 들어도 좋은 강의는 모두가 들어도 실패하기 좋은 강의가 될 것이다.

실패하는 강의를 만들지 않기 위해 고객을 정하는 것이다. 누구를 위한 강의인지, 그들에게 어떤 강의가 필요한지, 왜 당신의 강의를 듣는지, 더 나아가서는 강의를 통해 고객이 어떤 목표를 이룰 수 있고 또 어떤 모습으로 변화할 수 있는지 정하는 것이 바로 첫 번째 Who 단계다.

강의라는 상품을 만드는 과정은 자동차를 만드는 과정과 비슷하다. 자동차라는 하나의 상품이 완성되기까지 수많은 과정을 거치지만 가장 첫 번째 과정은 '이 자동차를 누가 탈 것인가?'에 대한 고민에서부터 시작한다. 이것을 마케팅 분야에서는 페르소나(Persona)라고 한다. 페르소나는 쉽게 말해 자동차 회사에서 상품을 기획할 때 이 자동차를 살 예비 구매 고객의 성별, 연령, 거주 지역, 직업 등을 구체화해 특정 인물을 상상해보는 것부터 시작하는 것이다. 예를 들어 '20대 후반 사회 초년생 여성, 연봉은 3,500~4,500만 원 정도, 워라밸을 중시하는 1인 가구 고객'이라는 페르소나를 구체적으로 정한 다음 이들이 선호할 만한 자동차가 무엇일지 기획해 나가는 것이다. 이렇게 구체적인 페르소나를 정해야 자동차의 디자인, 기능, 마케팅 방향을 잡을 수 있다. 그래서 이것을 바이어 페르소나(Buyer Persona) 또는 타깃 오디언스(Target Audience)라고도 한다. 강의도 마찬가지다. 강의 고객, 즉 강의를 들을 대상을 최대한 구체적으로 고민한 다음 그 대상에 맞는 강의를 기획하는 것이 바로 Who 단계에서 해야 하는 것이다. 이 단계를 구체적으로 고민해야 대상에 맞는 강의 주제, 목표, 커리큘럼, 사례, 강의법 등을 완성해 나갈 수 있다. 결국 이 과정을 거쳐야 당신의 고객들이 당신의 강의를 지속적으로 찾게 될 것이다. 나는 이 중요한 개념을 수많은 시행착오를 겪고 수 년이 지나서야 깨달았다. 이 책을 읽는 당신은 이러한 시행착오를 줄이고 빠른시간에 고객들이 찾는 강의를 완성하길 진심으로 바란다.

2.1.1 나만의 강의 고객을 찾는 3P법칙 ① Personality

강의 고객을 찾는 효과적인 방법은 3P법칙을 작성하는 것이다. Personality, Place, Purpose를 의미하는 3P법칙 중 첫 번째인 Personality는 사람의 성격, 인격, 또는 개성으로 해석한다. 강의 고객을 정할 때 나이, 성별, 직업과 직위, 라이프스타일, 결혼 여부와 자녀 수, 연 소득 등의 배경 정보 뿐만 아니라 주 관심사와 고민, 목표 등 구체적으로 생각해보는 것이다. 예를 들면, 강의를 들을 교육생의 대략적인 연령대, 성격, 라이프 스타일, 성별, 직업 등을 작성해 보는 것이다. Personality는 구체적이면 구체적일수록 좋다. 고객을 구체화하면 고객들도 상품을 더 잘 기억하고, 가격 경쟁력을 가지게 돼서 시장에서 치킨게임(어느 한 쪽이 양보하지 않으면 양쪽 모두 파국으로 치닫게 되는 극단적인 게임 이론)을 하지 않고도 나만의 강의 콘텐츠로 우뚝 설 수 있다.

예시를 들어보겠다.

만약 당신이 전자책을 판매하고 있고, 전자책 쓰기 강의를 하고 싶은 사람이라고 가정해보겠다. 강의할 콘텐츠가 정해져 있더라도 Personality를 고민하지 않으면 어떻게 될까? '모두를 위한 전자책 쓰는 방법'이라는 매력적으로 느껴지지 않는 뻔한 전자책 강의를 열게 될 것이다. 그러나 고객의 Personality를 구체적으로 정한다면, 모두를 위한 '전자책 쓰는 방법'이 아닌 고객이 매력적으로 느끼는 전자책 강의를 만들 수 있다. Personality는 내가 가장 잘 알고 있거나 가까운 대상, 나와 같은 처지에 있는 사람을 떠올리면 좀 더 수월하게 작성할 수 있을 것이다. 따라서 위의 예시로 들었던 전자책 강의의 Personality를 구체화하면 아래와 같은 전자책 강의를 정할 수 있을 것이다.

'7년차 육아맘이 알려주는 경력단절 여성들을 위한 전자책 쓰는 법'
'평범한 직장인이 퇴근길 30분에 전자책 쓰는 법'
'주부가 하루 30분 투자해서 전자책 쓰는 법'
'직장인이 점심시간 30분으로 전자책 쓰는 법'
'취업 준비생들을 위한 이력서에 쓰기 좋은 전자책 쓰는 법'

이렇게 Personality를 고민하는 것은 전자책이라는 큰 카테고리에서 나만의 뾰족한 콘텐츠를 만드는 것이다. 그래야 타깃 고객을 좁히게 되고 그들이 공감할 수 있는 사례가 풍부해져 고객들이 필요한 강의라고 느낄 수 있는 것이다. 특히 Personality를 구체화하면 좋은 점 한 가지는, 고객군이 점점 비슷해지기 시작한다는 것이다. 이로 인해 비슷한 고객군들 서로에게 소문을 내줄 수 있다는 장점도 있고 다음 버전의 강의 상품을 만드는 것이 훨씬 수월해진다. 다음은 실제로 강사가 되고 싶어 저자에게 강사 진로 상담을 받은 고객의 이야기다.

[사례] 부동산 강의를 하고 싶은 40대 전업주부 이야기

강사가 되고 싶어 내게 상담 신청을 한 40대 전업 주부가 있었다. 그녀는 결혼하기 전엔 중소기업에서 평범한 사무직원으로 일했고 출산과 동시에 살림과 육아를 병행하면서 회사를 그만두게 되었다. 그렇게 10년이 훌쩍 지났을 무렵 아이들을 어

린이집, 초등학교에 보내고 나면 혼자만의 시간이 부쩍 많아졌다고 한다. 이 시간에 무얼 할까 고민하다가 평소에 부동산에 관심이 많아 유튜브로 부동산을 배우기 시작했다. 또 서점에 가서 부동산 책도 읽고 다양한 전문가들의 강의를 들으며 부동산 투자를 시작했다. 그렇게 몇 년 동안 공부와 투자를 꾸준히 하다 보니 소기의 성과가 나기 시작해 점점 기대 이상의 큰 성과도 냈다. 어느덧 본인만의 노하우가 계속 쌓이면서 주변 지인들에게 소소하게 용돈 벌이를 할 수 있는 부동산 투자부터 소액 투자 방법 등 직접 경험한 이야기들을 알려줄 기회가 생기기 시작했다. 어느새 동네 커뮤니티에서 소문이 나기 시작했고, 작은 스터디 모임을 운영하기도 했다. 그러다 문득 부동산 강의를 제대로 해보고 싶다는 생각이 들어 내게 상담 신청을 한 것이다.

상담자는 내게 처음 이렇게 얘기를 했다.

"강사님, 제가 부동산 쪽에서 조금씩 성과를 내고 노하우를 갖게 되다 보니까 많은 사람들이 저에게 물어봐요. 그리고 저도 부동산 강의를 해보면 좋겠다는 생각도 하고요. 그런데 사실 요즘은 부동산 강의하는 사람들이 정말 많잖아요? 부동산 유튜브 채널에는 굳이 돈을 내지 않아도 알 수 있는 정보들도 많고요.. 제가 그 분들보다 경력이 많지도 않고, 대단한 성과를 이룬 것도 아니고, 딱 이 정도의 경험만 해본 것인데 이것 가지고는 강사로 명함 내밀기도 힘들 것 같기도 해요. 막상 해보려고 하니 자신이 없어지네요. 제가 강의를 할 수 있을까요?" 라고 말이다.

그래서 나는 이렇게 되물었다.

"그럼 상담자님의 부동산 강의가 어떤 분들에게 가장 도움이 됐으면 좋겠어요?"

그러자 그녀는 주저하지 않고 바로 이렇게 답했다.

"저는 저와 같은 전업 주부들이나 경력단절 여성들에게 줄 수 있는 메시지가 많다고 생각해요. 저도 일 그만두고 전업주부 생활하면서 정말 힘들고 지쳐서 그 마음을 너무 잘 알거든요. 저는 그런 분들에게 전업 주부로서 겪는 힘듦을 조금이나마 해소하고 본인들도 할 수 있다는 것을 알려주고 싶어요."

그녀의 말을 듣고 나는 이렇게 답했다.

"그럼 전업 주부, 경력단절 여성들을 위한 부동산 강의를 만들어보는 건 어떨까요? 그분들이 현재 처한 환경, 고민, 바라는 모습을 누구보다 잘 아시잖아요. 전업 주부나 경력단절 여성을 타깃으로 한 부동산 강의는 거의 없잖아요. 그분들을 타깃으로 강의를 시작해보세요. 분명 비슷한 처지에서 고민하고 있는 고객들이 상담자님의 부동산 강의를 듣기 위해 찾아올 겁니다."

결국 그녀는 '남편 월급보다 더 많이 버는 부동산 투자법'이라는 주부들을 위한 부동산 강의를 열었고, 수백 명 주부들의 롤모델이 되었다.

위의 상담자의 사례처럼, 강의 타깃 고객 내가 가장 잘 알고 있는 대상에서부터 좁게 시작하는 것이 좋다. 당신의 고객은 그리 멀리 있지 않다.

Personality를 구체화하기 위해 아래 표를 작성해보자. 기억하자. 내가 가장 잘 알고 있는 대상, 경험했던 대상, 내가 겪었던 대상, 나와 같은 처지에 있을 만한 대상 등을 생각하면 좀 더 쉽게 작성할 수 있다.

- Who. 누구를 위한 강의인가 [Personality]

3P	문항	작성하기
Personality	• 성별은? • 연령대는? • 직업은? • 라이프 스타일은? • 취미? • 특기?	

2.1.2 나만의 강의 고객을 찾는 3P법칙 ② Place

3P의 두 번째는 Place이다. Place는 일반적으로 물리적인 장소로 해석하는데, 이 책에서는 물리적인 공간만을 의미하지 않는다. 흔히 '노는 물'을 생각하면 쉽다. 예

를 들면 당신의 강의 고객이 주로 활동하는 SNS채널은 무엇인지, 주로 보는 유튜브 영상은 무엇이며 주로 어떤 댓글을 많이 달지, 주로 활동하는 커뮤니티는 무엇이고, 주로 어떤 공부를 하는지, 어떤 강의를 많이 듣는지, 강의를 듣는다면 어떤 플랫폼에서 강의를 많이 듣는지 등 말이다.

당신의 강의 고객이 단 한 명이라면 그의 노는 물은 어디인가? 아래 표에 적는 것들은 추후 당신의 강의를 어디서 어떻게 홍보할지 마케팅 용도로 활용할 수 있는 단서가 될 것이다. 한 사람을 떠올리면서 아래 내용을 작성해보자.

- Who. 누구를 위한 강의인가 [Place]

3P	문항	작성하기
Place	• 주로 하는 SNS채널은? • 어떤 유튜브를 많이 볼까? • 어떤 댓글을 많이 달까? • 주로 어떤 SNS을 할까? • 요즘 관심사는? • 주로 듣는 강의는? • 주로 어떤 모임에 참여할까? • 어떤 사람을 만날까? • 주로 어떤 검색을 할까?	

2.1.3 나만의 강의 고객을 찾는 3P법칙 ③ Purpose

3P의 마지막은 Purpose이다. Purpose는 목적을 뜻한다. 즉 고객이 강의를 신청한 이유를 고민해보는 것이다. Purpose를 정하게 되면 강의를 신청한 이유뿐만 아니라 고객이 강의를 듣고 나서 개선하고 싶은 모습이나 이미지, 원하는 환경, 기대하는 것 등을 예상할 수 있다. 이를 통해 강의 콘텐츠를 기획하는 데 가장 실질적인 재료를 쌓을 수 있다. Purpose를 작성할 때의 팁은, 잠재 고객들이 모여 있을 만한 커뮤니티나 SNS등을 활용해서 아래 질문들을 직접 설문으로 받아 보는 것이다. 호랑이를 잡으려면 호랑이 굴에 들어가야 한다. 강사 혼자 오랜 시간 머리를 쥐어짜고 고민하는 것보다 잠재 고객들의 입에서 나온 따끈따끈한 이야기가 가장 좋은

강의 재료가 된다. 저자의 경우, 주로 만나는 고객들은 예비 강사나 현직 강사들이다. 그들을 위한 강의를 기획할 때 사전 설문지를 만들어 그들에게 필요한 교육이 무엇인지 먼저 묻는다. 아래 사진은 2022년 7월 진행된 '강사들을 위한 에듀이너 스쿨 클래스'를 신청한 고객들에게 받았던 설문조사 문항과 결과다. 이런 설문을 통해 고객들에게 정말 필요한 강의, 시간이 아깝지 않은 강의, 만족스러운 강의를 만들 수 있는 힌트를 얻을 수 있다. 이처럼 고객의 Purpose를 제대로 알기 위해서는 고객들에게 직접 듣는 것이 가장 좋다. 아래 표를 작성해보자.

클래스 신청시 추가 정보
클래스 신청 화면에서 고객에게 추가 정보를 받습니다.

☑ **추가 정보 사용**
선택하면 클래스 신청 화면에 노출됩니다.

이번 클래스를 신청한 이유는 무엇인가요?	☑ 필수 입력 정보
이번 클래스에서 기대하는 배움이 있다면?	☑ 필수 입력 정보
'지속 성장하는 강사'가 되기 위해 가장 중요한 것 1가지를 꼽으면?	☑ 필수 입력 정보
'지속 성장하는 강사'가 되기 위해 필요한 교육이 있다면?	☑ 필수 입력 정보
이번 강의는 추후 마케팅 용도로 사용 될 수 있습니다. 미동의 시 참여가 어렵습니다	☑ 필수 입력 정보

+ 입력 정보 추가   버튼을 누르면 입력 정보를 추가할 수 있습니다.

이번 클래스를 신청한 이유는 무엇인가요?	이번 클래스에서 기대하는 배움이 있다면?	'지속 성장하는 강사'가 되기 위해 가장 중요한 것 1가지를 꼽으면?	'지속 성장하는 강사'가 되기 위해 필요한 교육이 있다면?
강의에 퀴즈를 활용하고 싶어요	퀴즈 활용법	강의력, 지속적인 배움	미래지향적인 사고를 키워주는 교육!
재미있는 온라인 비대면 방식을 배우고 싶어요	어떤 상황에서 응용할 수 있는지	끊임없는 배움과 겸손함	강의 스토리텔링
강의 시 활용하기 위해	퀴즈를 조금 더 재미있고 참여도를 높이기 위한 방법을	성장하는 강사 = 강의를 계속 변화시켜 시도하는 강사	새로운 교육 툴, 지루하지않게 강의하는 법, 참여자의 참여를 높
마이스 브레이킹 배우고싶어	강의의 노하우	경험하는 하는것	커뮤니케이션
강의에 활용	퀴즈활용	지속	SNS
퀴즈앱 활용하고 싶어서	퀴즈앱 활용법 익히기	끊임없는 배움	마인드교육
강의의 퀄리티를 높이고 싶어서 수업에 자원하게 활용하고 싶습니다.	재미있는 스몰법들 알고 싶습니다.	움직임	소통과 공감법
아이스브레이킹을 잘 활용하는 강사가 되고싶어서	아이스브레이킹의 다양성과 적절한 사용법을 알고 싶어	즐기지않는 강의	너무 딱딱한 동기부여 메시지
역량강화	다양한 툴	전문성	글쓰기^^
퀴즈앱 사용기법에 대해 관심이 있어요^^	다양한 교육기법	꾸준한 공부	좀더 재미있게 수업할수있는 교육
퀴즈앱에 뭔인지 궁금하서 신청하게되었다	퀴즈앤이행지를라서 확실히 배워가고싶다	배움	발표론점보력
강의내용궁금하서요	온라인에대한친숙함		학습력
퀴즈앤다양한 기능&6개활용	다양한 기능들	수강생들이 쉽게 집중할수있는 게임 (연령대 높여도 쉽게)	강사의 앤탈강의 정도?
미비사용하고 있는데 좀더 적극적으로 이용해보고자	퀴즈앤 프로그램이 궁금해서	강의에서 실질적으로 활용할수 있는 방법	자신의 강의분야에서 더 깊이있는 교육
퀴즈앤 프로그램이 궁금해서	활용하는 강사앤에 녹일수 있다면?	꾸준한 앤탈관리	브런드하기
배우고 싶어요	강의 노하우	배움	청중 마음 사로잡는 방법
퀴즈앤 활용연수 참여	다양한 활용실례	지속적인 자기계발과 진정성	다양면의 새로운 트렌드에 맞춘 교육
좌의는 강의	퀴즈앤 도구 다양한 활용 예시	지속적인 배움	수업가선을위한 교육
강의역량향상을하셔서요	수업집중력높이는법	성실	구클활용수업방법
평소 강의하면서 고민이한 주제에서 신청합니다	새로운방식의 교육방법 기대합니다.	지속적인연구 가 아닐까합니다	효율트렌드,감각
교육	교육	꾸준함	웅기^^
최근 퀴즈앤을 사용해보고 관심이 생겨 신청	실시간 대면강의 활용팁	끊임없는 자기계발	PPT에서 욕심 들어내기
강의를 더재미있게 하고싶어어	즐거움	꾸준한 자기계발과배움	자기계발

40 퇴사 말고 강사

■ Who. 누구를 위한 강의인가 [Purpose]

3P	문항	작성하기
Purpose	• 나의 교육생은 이 강의를 왜 신청할까? • 이 강의를 통해 뭘 개선하고 싶을까? • 이 강의에 대한 사전지식이 얼마나 있을까? • 강의 주제에 대한 지식이 초보 수준이라면 어떤 기대를 할 것인가? • 강의 주제에 대한 지식이 전문가 수준이라면 어떤 기대를 할 것인가? • 이 강의를 통해 이루거나 개선하고 싶은 모습이 있다면? (구체적으로) • 이 강의를 통해 얻어갈 수 있는 것은?	

지금까지 3P법칙을 다뤘다. 3P법칙의 핵심은 모두를 위한 강의가 아닌 특정 고객을 위한 강의를 기획하는 것이다. 근시안적인 관점으로는 모두를 위한 강의, 누구나 들을 수 있는 강의가 더 많은 사람들에게 팔릴 것 같지만 그 반대다. 왜냐하면, 모두를 위한 강의는 모두가 공감하기 어려운 강의가 될 확률이 높기 때문이다. 결국 특정 고객을 정하고 상품을 판매해야 비슷한 고객군이 모일 수 있고, 그들을 위한 또 다른 상품을 제작하는 것이 수월해지며 장기적으로는 고객들에 의해 소문이 이어지면서 더 많이 팔릴 것이다. 그렇기 때문에 강사는 강의 상품을 만드는 판매자의 입장에서 최대한 나의 고객을 떠올리면서 3P법칙을 고민해야 하는 것이다. 결국 단 한 명의 교육생으로부터 당신의 강의가 시작된다.

2.2 What : 어떤 주제로 강의할 것인가

이번에는 강의 주제를 정하는 What이다. 강의 주제를 정하는 것은 강의를 이제 막 시작하는 사람에게는 막연하고 어렵게 느껴질 수 있다. 그러나 너무 어렵게 생각하지 않길 바란다. 결국, 강의 주제는 당신이 가지고 있는 것에서부터 시작하는 것이다. 내가 가진 취미, 경험, 장점, 성과 등 내가 가진 재료로 맛있는 요리를 한다고 생각해보자. 당신의 재료는 그럴만한 충분한 가치가 있다.

2.1.1 취미로 강의 만들기

가장 먼저, 내가 가진 재료 중 '취미'로 강의 주제를 정할 수 있다. 취미를 네이버에 검색해보면 '즐거움을 얻기 위해 좋아하는 일을 지속적으로 하는 것'이라고 나온다. 우리 모두 하나쯤은 취미를 가지고 있다. 당신의 취미는 무엇인가? 나의 경우 운전과 자동차를 좋아한다. 디자인이 잘 나온 차, 성능이 좋은 차, 새로 나온 차, 새로운 모델을 보러 자동차 전시장에 가서 구경하는 것을 상당히 좋아하고 즐거워한다. 누군가는 정리정돈이 취미일 수 있고 또 운동이 취미일 수 있다. 그 외에도 요리, 수영, 집 꾸미기, 쇼핑, 유튜브 보는 것 등 모든 것이 취미가 될 수 있다. 취미는 꼭 잘해야만 하는 것이 아니다. 즐거움을 얻기 위해 내가 지속적으로 하고 있거나 관심 가는 주제, 활동이 강의 콘텐츠의 재료가 될 수 있다.

예를 들어 취미가 골프인 사람이 있다고 가정해보자. 그렇다면 골프에 대해 누구보다 관심이 많고 즐겁게 칠 것이다. 그렇다면 취미 수준으로 좋아하고 즐겨 하는 골프를 강의 콘텐츠로 정하는 것이 가능할까? 물론이다. 이제 막 골프를 배우기 시작하는 '왕초보'를 위한 주제로 강의를 할 수 있다. 예시를 참고하자.

'나에게 딱 맞는 레슨 프로 정하는 방법'
'프로에게 골프 잘 배우는 방법'
'초보자들이 프로에게 레슨을 받을 때 가장 많이 실수하는 것들'

'왕초보를 위한 골프 용어 제대로 알기'
'왕초보가 골프 용품을 살 때 반드시 알아야 하는 것'
'이제 막 골프를 시작한 사람들에게 추천하는 골프채 브랜드'

어떠한가? 이제 막 골프를 시작하거나 배우고 싶은 왕초보들을 위한 강의 주제를 고민하니 좀 더 쉽게 생각이 나지 않는가? 위의 예시처럼, 취미인 골프를 나만의 강의 콘텐츠로 가져온다면 전문가를 뛰어넘는 강의 콘텐츠가 아닌 내가 할 수 있는 수준에서 '왕초보'들을 위한 강의 콘텐츠를 만들 수 있다.

이번 장에서는 자신의 취미를 가지고 강사가 된 두 강사님의 이야기를 소개하겠다. 첫 번째 사례는 자신의 취미로 강의를 시작한 평범한 주부, '그림 그리는 맘(곽유희 강사)'의 이야기다. 곽유희 강사와 저자가 처음 인연을 맺게 된 것은 저자가 운영하는 수업 〈야! 너도 온라인 강의 할 수 있어〉에서 였다. 그녀는 2020년 초에 줌(Zoom)으로 드로잉(그림) 강의를 하기 위해 수업을 신청했었다. 그때 배운 온라인 강의법으로 현재는 수천 명 주부들의 육아, 살림 스트레스를 해소하고 그림 그리기 취미로 삶을 즐기도록 돕는 드로잉 강사가 되었을 뿐만 아니라 다양한 온라인 강의 플랫폼에서 강사로 활발하게 활동하고 있다.

두 번째 사례는 70대 몸짱 유튜버, 강철진 강사의 이야기다. 강철진 강사 또한 저자의 〈온라인 강사 양성 과정〉 수업에서 수강생으로 만났다. 그는 35년간 해온 수학교사 정년 퇴임 후 자신이 즐겨 하고 좋아하는 운동, 건강 관리법을 중장년층에게 알려주는 강사가 되었다. 두 강사와의 인터뷰를 통해 당신의 강의 콘텐츠로 만들 수 있는 취미가 무엇인지 생각해보자.

[사례 1] 그림 그리는 맘, 곽유희 강사

Q 간단한 자기소개와 어떤 강의를 하고 계신지 알려주세요.

A 안녕하세요. 저는 드로잉 강사 '그림 그리는 맘'으로 활동하고 있는 곽유희입니다. 저는 색연필 드로잉, 오일 파스텔, 아이패드 드로잉 강의를 온라인, 오프라인에서 하고 있습니다.

Q 강사를 하기 전에는 어떤 일을 하셨나요? (또는 현재 강사 일과 동시에 하는 일이 있다면 무엇인가요?)

A 드로잉 강의를 한다고 하면 미술 전공을 한 줄 아시지만 저는 대학에서 피아노 전공을 했어요. 첫 직업도 피아노 강사였고요. 대학 다니면서 교수님이 소개해주는 피아노 레슨을 시작하면서 본격적으로 방문 레슨을 하기 시작했고 15년 동안 피아노 레슨을 했습니다. 또 저는 부전공이 플루트여서 단소, 플루트, 리코더 등 학부모들이 원하는 악기 수업을 모두 가르칠 수 있었어요. 덕분에 학부모들 사이에서 아이들 수업으로 인기가 많았고 나름 밥벌이가 괜찮았습니다. 그러다 결혼 후 출산과 동시에 모든 레슨을 그만두게 되었습니다. 그 이후로 거의 10년 넘게 육아에 전념했던 것 같아요. 소위 말하는 경력 단절이 된 거죠.

Q 강사(강의)를 하게 된 계기는 무엇인가요?

A 10년 동안 경력이 단절된 상태였던 저는 아이를 초등학교에 보내면서부터 취미로 화실을 다니기 시작했어요. 10년 넘게 육아만 하는 평범한 주부로 살다

보니 뭔가 내 삶은 없는 느낌이더라고요. 그래서 '그냥 시간을 보내느니 그림이나 그리자'고 생각하고 화실을 다니기 시작했어요. 너무 재미있었어요. 행복했고요. 주말에는 화실에서 10시간씩 있으면서 그림을 그릴 정도였어요.

그러다가 제 실력이 많이 늘었고, 이 실력이 아까운 거예요. 사람들에게 알려줘도 되겠다 싶어서 그 당시 '솜씨당'이라는 플랫폼에 지원해 첫 드로잉 강의를 열게 되었어요. 그때 수강생들과 만나서 색연필로 꽃그림을 그리는 클래스를 진행했어요. 솜씨당에서 계속 오프라인 클래스를 열다가 클래스101에 온라인 클래스 강사로 지원을 했어요.

감사하게도 클래스101에서 수업을 오픈할 수 있게 돼서 색연필로 보태니컬(식물) 그리기 수업을 VOD 온라인 클래스 강의로 열었죠. 그 당시 저 같은 아줌마가 크리에이터로 강의를 한 게 처음이었던 것 같아요. 이후에 솜씨당과 티몬 MD로부터 다양한 강의 오픈 제의를 받았어요. 그래서 솜씨당에서 이틀 동안 촬영해서 색연필로 디저트 그리기 클래스를 열었고요. 그 당시 수강생 평가가 좋아서 연말에 상을 받기도 했어요.

솜씨당과 클래스101에서 클래스 계약이 끝나서 지금은 클래스 유라는 온라인 강의 플랫폼에서 드로잉 강의를 오픈했고 높은 가격에 판매되고 있어요. 지금까지 다양한 온라인, 오프라인 클래스를 운영하고 있는데요, 꾸준히 많은 사람에게 사랑을 받는 비결을 생각해보면, 잘 가르치는 것보다 잘 전달하는 것에 강점이 있는 것 같아요.

Q 미술 전공을 하지 않았는데도 어떻게 그림으로 강의를 하게 되었나요?

A 평범한 주부, 경력 단절 여성으로 살다가 시간을 무의미하게 보내고 싶지 않아서 취미로 화실을 갔잖아요? 그때 그림이 주는 성취감의 힘을 알게 되었어요. 사실 육아나 살림하는 아줌마들은 성취감을 느낄 일이 별로 없어요. 워킹맘도 비슷하고요. 사회적으로도 인정받을 일이 거의 없잖아요. 그런데 정말 아름다운 그림을 몇 달에 걸쳐서 완성할 때 느껴지는 그 성취감이 너무 좋았어요. 내

가 이 작품을 위해 많은 시간을 들여서 결과물을 얻는 그런 성취감이요. 이 성취감을 저와 같은 엄마들이 알았으면 좋겠다는 생각이 들었어요. 그래서 강의를 시작하게 된 것 같아요. 매슬로우 욕구 중 자아실현의 욕구가 맨 위에 있잖아요. 그런데 주부, 육아맘, 워킹맘 모두 자아실현의 욕구가 늘 비어 있는 것 같아요. 자기 인생은 뒤처져 있는 거죠. 그러나 성취하고자 하는 욕구는 누구나 있어요. 저 또한 그랬고요. 다른 분들도 그림을 통해 성취감을 느낄 수 있을 거라고 생각했고 이것을 나와 같은 어려움을 겪었던 엄마들에게 전달하고 싶다는 생각을 했어요. 엄마가 성취감을 느껴야 삶에 활력이 생기고, 또 화를 내지 않거든요. 그것을 전달하고 싶어서 강의를 시작하게 됐어요.

그런데 그림이라고 하면 왠지 어렵고, 장벽이 높을 것 같고, 타고난 능력이 있는 사람만 그려야 할 것 같고, 배우는 데 돈도 많이 들 것 같잖아요. 그런 편견을 깨고 싶었어요. 특히 엄마들에게요. 돈을 많이 들이지 않아도 되고, 그림을 못 그려도 되고, 그냥 아무것도 모르는 상태로 와도 쉽게 배운다는 느낌으로요. '소소한 비용으로 이만한 힐링을 누릴 수 없다'라는 마음으로 강의를 시작했어요. 돈을 벌기 위해 강의했다기보다 주변 엄마들의 고민을 많이 알고 있기 때문에 그 마음을 전해주고 싶었어요.

그리고 2020년 초쯤 코로나19가 터지면서 주부들이 너무나 스트레스를 받았어요. 그래서 더 그림 강의를 해야겠다고 생각했고 무엇보다 제가 너무 즐거웠어요.

15년 전에 피아노 레슨을 할 때도 고객이 원하면 피아노 말고도 플루트, 단소, 리코더 다 알려드렸던 그때 정신이 그대로 있는 것 같아요. 지금도 제 고객이 원하는 것은 뭐든 알려주려고 해요. 그리고 저의 진심을 수업 때 전달하고요. 결국 진심이 통하니 소문도 나고, 결이 비슷한 사람들과 만나게 되고, 또 그런 열정이 있는 수강생들과 연결되는 것 같아요. 제가 열정적으로 알려드리는 만큼 열정적으로 흡수하는 수강생들을 만나게 된 거죠.

Q 강사님에게 강의란 무엇인가요?

A 저는 늘 가족이 먼저예요. 특히 자식한테 피해가 되지 않는 범위에서 간간히 일을 할 수 있어서 저에겐 온라인 강의가 정말 딱이에요. 특히 집에서 할 수 있는 강의라서 일하는 시간을 선택할 수 있잖아요. 아이 학원에 데려다주는 데도 전혀 지장 없고요. 또 출퇴근이 없어서 너무 좋아요. 컴퓨터만 있으면 바로 시작할 수 있으니까 정말 좋고요. 가족한테 소홀해지지 않으면서도 제가 좋아하는 일을 할 수 있어서 좋아요. 또 일을 할 때 가족과의 소통에 제약이 없어야 하는데, 그런 면에서도 강의가 정말 딱인거죠! 요즘도 오프라인 강의 의뢰가 많이 들어오지만 저는 온라인 클래스만 해요. 내 생활을 유지하면서 강의할 수 있기 때문이에요. 그리고 더 좋은 건 제가 방구석에서 강의를 할 때 우리 아이도 같이 공부해요. 엄마가 열정적으로 일하는 모습을 보면서 본인도 열정적으로 공부하는 것 같아요. 그래서 아이한테도 너무 좋고요.

또 방구석에서 혼자 일하는 것 같지만 사실 줌이라는 매체를 통해 사람들과 꾸준히 소통하는 일이라 더 신나고 즐거워요. 아마 아이가 대학 가기 전까지 앞으로도 꾸준히 강의를 할 것 같아요.

Q 처음 강의를 시작할 때 어떤 어려움이 있었나요?

A 1년 반 전쯤 손예진 강사님께 '온라인 강의법'을 일대일로 배웠어요. 그때 배운 수업으로 지금까지 드로잉 클래스를 운영할 수 있게 된 거죠. 처음 강의를 시

작하고 한 달 동안은 무료로 재능기부 강의를 했어요. 처음 강의를 시작했고 분명 시행착오나 잦은 실수가 있을 테니까요. 연습 삼아 한다는 마음으로 무료 강의를 했는데, 그때 여러 어려움이 있었어요. 드로잉 클래스는 카메라 2대를 연결해서 해야 하거든요. 카메라 1대는 그림 그리는 장면을, 나머지 1대는 제 얼굴을 찍어요. 이 카메라 2대를 조작하는 게 여간 어려운 일이 아니더라고요. 그리고 2대를 연결하다 보니 서로 소리가 겹치며 하울링도 생기고, 처음에 얼마나 진땀이 났는지 몰라요.

그리고 수업 중에 기기 다루는 법에 대한 질문이 들어오면 제가 가르쳐 줄 수가 없는 거예요. 예를 들면, 한 수강생이 강사 화면을 고정하는 방법을 PC에서는 할 줄 아는데 모바일에서 하는 방법을 몰랐어요. 제가 알려줘야 하는데 저도 몰라서 난감했죠. 그리고 강의를 할 때 가장 어려웠던 것이 혼자 떠드는 느낌이 드는 것이었어요. 처음에는 다들 음소거 모드로 참여하잖아요. 그때 혼자 막 떠드니까 외롭고 힘들더라고요. 수강생들한테 '말씀 좀 해주세요'라고 해도 얘기를 잘 안 하더라고요.

Q 그런 어려움을 어떻게 극복하셨나요?

A 크고 작은 어려움들이 있었지만, 수업을 하면서 저만의 노하우가 조금씩 쌓이기 시작했어요. 특히 초반에는 수업을 듣는 수강생 중에 컴퓨터 관련 정보를 전문적으로 알려주는 선생님이 한 분 계셨어요. 그분이 제가 많이 안쓰러웠는지 중간중간 많이 알려주었고, 저희 아이도 조금씩 알려줘서 자세한 기능들까지도 다 배우기 시작했어요.

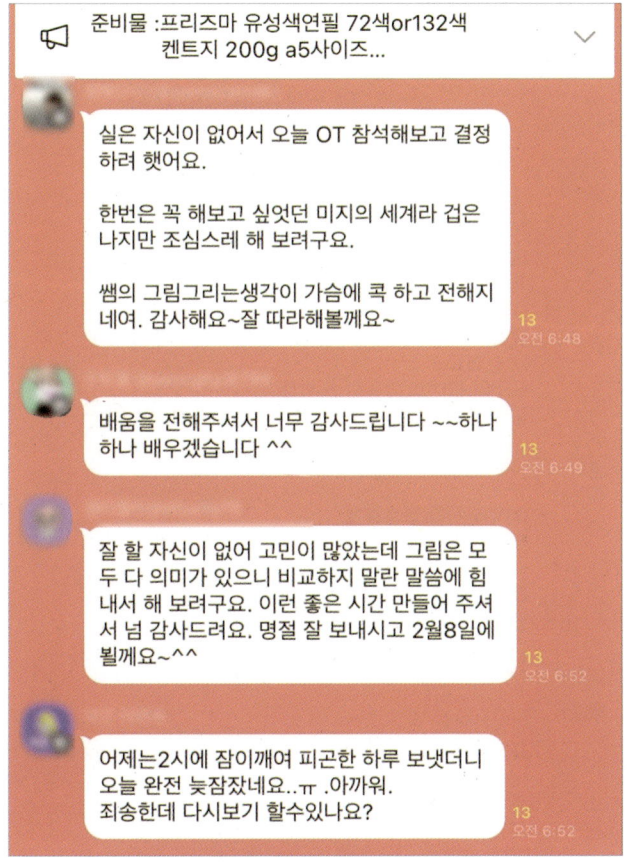

그리고 수업 때 혼자 떠드니 외로운 느낌이 들어서, 수강생들에게 질문을 하기 시작했어요. 이제는 온라인 수업에서도 일대일 수업을 하는 느낌으로 그림 피드백을 주기도 해요. 그만큼 노하우가 많이 쌓인 거죠. 그리고 저는 복습 영상을 제공해요. 온라인 수업 때 잘 따라오는 분들도 있지만, 수준이 제각각인 여러 명이 동시에 강의를 듣기 때문에 혹시 잘 따라오지 못한 분들은 복습 영상으로 연습할 수 있도록 제공해드리고 있어요.

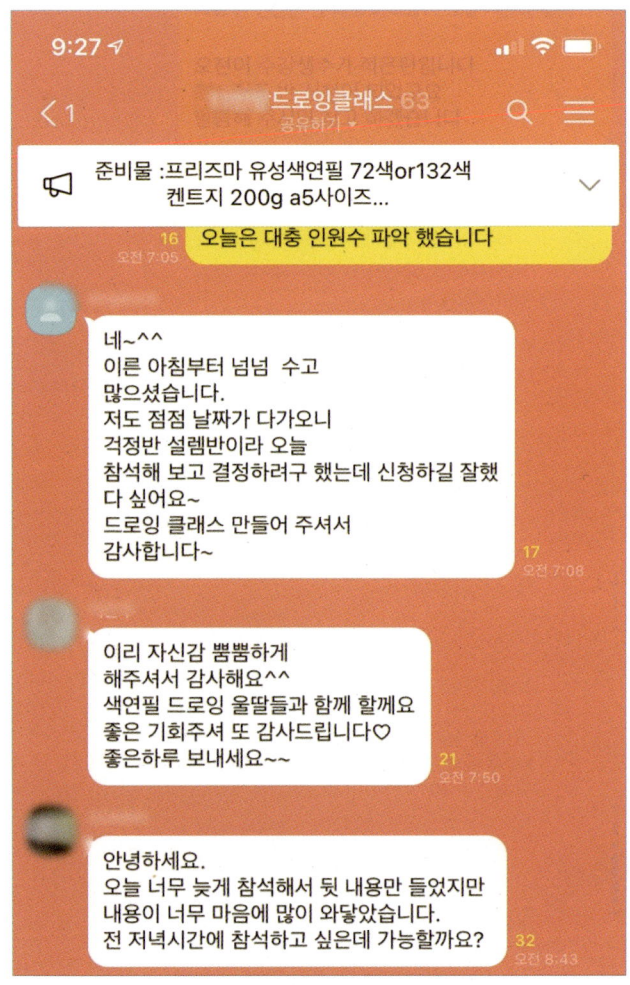

사실, 줌으로 배우는 그림은 진짜 내 실력이라고 느껴요. 화실에 가서 배우는 건 내 실력보다는 선생님의 실력이라고 생각하거든요. 대부분 선생님이 많이 도와주거나 따라 그리니까요. 그런데 각자의 방구석에서 줌으로 미술을 가르칠 때는 핵심을 찔러주지 않으면 알아듣기 어렵기 때문에 핵심을 딱딱 잘 짚어줘야 배운 대로 그림을 잘 그릴 수 있게 돼요.

아이들에게 줌으로 그림 그리는 방법을 알려주면 애들이 그리는 그림 자체가 명화가 돼요. 아이들은 마음껏 표현하거든요. 화실에서 배우면 선생님이 그려주는 게 대부분인데, 온라인에서 배우면 아이들의 진짜 그림이 나오니까 더 제대로 배울 수 있어요.

Q 기억에 남는 수강생이 있나요?

A 대구에 사는 분이었는데 정말 그림을 하나도 모르는 분이셨어요. 정말 기초부터 저와 함께 시작한거죠. 그런데 이 분이 6개월 배우고 본인 전시회를 열었어요. 그래서 이 분이 가장 기억에 남아요.

또 한 명을 꼽자면, 코로나19 때문에 스트레스를 많이 받던 주부 수강생분이 있었어요. 아침에 제 수업을 듣고 나면 애들하고 싸울 일이 없어진다고 하더라고요. 사춘기 아이를 둔 엄마였는데 아이들이 엄마가 부드러워졌다고 얘기한대요. 그리고 본인 그림을 자식들에게 자랑하면서 거실이 어느새 화실이 될 정도로 그림이 가득했던 수강생분이 기억에 남아요. 아들이 엄마 따라 같이 그림을 그렸던 수강생도 기억에 남고요. 방학 기간에는 엄마랑 아이가 함께 수업을 듣는 것도 허용해요. 특히 딸아이들이 엄마를 그렇게 잘 따라하거든요. 내가 주부고 엄마여서 서로 이해할 수 있었던 것 같아요. 그래서 수강생들의 마음을 더 헤아리고 공감할 수 있고요. 수강생들도 아이들과 수업을 같이 듣게 한 것을 정말 고마워했던 것 같아요.

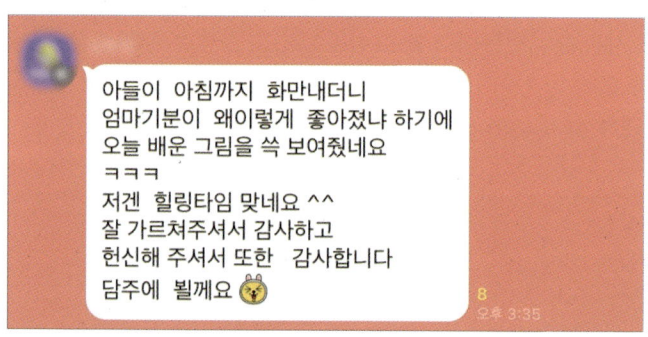

Q 교육생들이 시간과 돈이 아깝지 않다고 느끼는 강의가 되려면 어떤 걸 준비해야 할까요?

A 저는 돈을 받는 강의든, 받지 않는 강의든 늘 똑같아요. 늘 복습 영상도 제공하고요. 그만큼 강사는 교육생에게 최대한 많은 것을 줘야 한다고 생각해요. 최선을 다해 강의를 준비해야 하고요. 또 교육생도 본인의 시간을 허비하지 않으려면 강사에게 배워갈 수 있는 것을 최대한 배워가야 해요. 배우려는 의지가 있어야 하고요. 얼마 전에 수업 태도가 안 좋다고 느껴지는 교육생 한 분이 있었어요. 그래서 제가 "카메라 모두 켜시고 하나라도 더 배워가세요. 우리의 시간은 너무나 소중해요"라고 얘기했었어요. 그랬더니 바로 켜시더라고요. 저는 제 수업 때 모두 비디오를 켜도록 해요. 그림 강의다 보니 본인의 그림을 직접 보여주고 또 피드백을 받아야 배우는 게 있거든요.

Q 강의를 통해 변화된 삶이 있다면 무엇인가요?

A 무엇보다 남편의 태도가 바뀌고 집이 화목해졌어요. 처음에 제가 강의한다고 했을 때 남편이 긴가민가했거든요. 그런데 제가 클래스101 수업을 오픈한 이후부터 달라진 것 같아요. 제가 강의를 꾸준히 하는 걸 보고 저에 대한 태도와 집안일을 하는 태도가 달라진 것 같아요. 제가 행복한 일을 하면서 항상 웃고 있으니까 자연스럽게 집안의 분위기도 바뀌었어요. 원래 남편이 집안일을 거의 안 했거든요. 그런데 제가 강의를 하고 나서부터 남편이 애들 밥도 차리고 요리도 함께 하기 시작했어요.

자기 만족감도 높아졌어요. 자신감도 생기고요. 하루하루가 즐겁고 재미있다고 해야 할까요? 제가 욕심이 많지는 않지만, 조금씩 성장하고 있다는 느낌이 좋아요. 살아있다는 느낌이 들거든요. 무엇보다 끊임없이 공부하면서 얻는 만족감이 가장 큰 것 같아요. 만약 다시 예전으로 돌아가고 싶냐는 질문에 답을 해야 한다면, '절대! Never!'예요. 지금 너무 만족스러운 삶을 살고 있거든요.

Q 강사에 도전하는 분들께 꼭 드리고 싶은 한 마디가 있다면 해주세요.

A 뭐든지 간절하면 다 이루어지게 되는 것 같아요. 저도 너무 간절했어요. 아줌마가 화실에서 10시간씩 그림을 그리고 온다는 건 정말 간절한 마음이 있었기 때문이거든요. 당신도 어떤 주제든, 어떤 종목이든 강의 하실 수 있어요! 엄마들은 더 잘할 수 있어요! 엄마가 못 할 게 뭐 있겠어요. 화이팅!

Q 강사님 홍보 채널 모두 알려주세요!

A 인스타그램 : @artstory_yuhee
유튜브 : 그림그리는 맘
브런치 : https://brunch.co.kr/ @shico73

[사례 2] 70대 몸짱 유튜버 강철진 강사님

Q 강사님 자기소개와 어떤 강의를 하고 계시는지 알려주세요.

A 안녕하세요. 건강 전도사이자 '강철 헬스 전략' 유튜브 채널을 운영하는 강철진입니다. 현재 저는 교육 대상에 따라 세 가지 강의를 하고 있습니다. 시니어를 위한 올바른 운동법을 소개하는 강의와 중고등학생부터 성인까지 대상으로 하는 쉽고 빠른 한글 필기체 강의, 다문화 가정과 외국인을 대상으로 하는 그림을 통해 5시간 만에 한글 읽기 비법 강의입니다.

Q 강사를 하기 전에는 어떤 일을 하셨나요?

A 저는 해병대 전역 후 수학 교사로 35년 동안 근무했습니다. 2015년 명예퇴직 후 지금까지 중년들을 위한 체형 관리 강사로 활동하고 있습니다. 수학 교사로 일하면서 15년 동안 교재 연구에 집중했습니다. 학생들에게 동기 부여가 되도록 먼저 솔선수범하고자 기억법, 명상, 시간 관리, 4시간 수면법, 이미지 트레이닝, 서예, 10가지 이상의 칠판 글씨체 개발에 힘썼습니다. 또한 아이들이 수학을 더 쉽고 재밌게 배우게 하기 위해 자체 개발한 '수학 노래'를 도입하기도 했어요. 그 곡 수가 초등 102곡, 중등 66곡, 고등 226곡으로 모두 합하면 394곡이나 됩니다. 3학년 담임을 맡지 않는 해마다 외국어를 하나씩 공부하기로 학생들과 약속하기도 했습니다. 그 약속을 지키기 위해 영어, 일본어, 중국어, 러시아어, 스페인어, 독일어 그리고 한국어까지(제주도 방언 고수) 7개 국어를 독학으로 배웠습니다.

저는 대금, 키보드, 아코디언, 색소폰, 하모니카, 리코더 등 다양한 악기 연주와 한식 요리, 100m 달리기, 축구, 등산, 보디빌딩 등 여러 취미와 특기를 가지고 있습니다. 이런 취미를 살려, 정년퇴직 후 은평구 불광동에서 헬스클럽 월급 관장을 했습니다. 60대에 머리칼이 희끗희끗한 헬스 트레이너를 본 적이 있나요? 그게 바로 저였습니다. 헬스장 회원들은 대부분 50대 이상이었어요. 헬스장에서 젊은 사람들 눈치 보면서 기구를 잘 사용하지 못하는 노인들을 보면 속상하더라고요. 게다가 제대로 운동 기구를 사용할 줄 모르는 분들이 대부분인 것도 안타까웠고요. 그래서 운동을 하고 싶지만 방법을 잘 몰라서 고민하는 시니어들을 위해 올바른 운동법을 알려드리자는 목표를 세웠습니다. 저는 헬스장 회원들에게 운동법을 알려줄 때 기구가 몸에 어느 부위에 자극을 주는지 바로 알려주기 위해 '가슴', '복근', '등', '팔', '어깨', '다리'라고 쓰여 있는 조끼를 입고 해당 운동기구의 사용법을 알려주기 시작했어요.

그리고 저는 50플러스재단에서 시니어들을 위한 유튜버 스쿨을 수료하면서 저의 채널을 운영하기 시작했습니다. 그 채널이 바로 시니어들을 위한 헬스 유튜브 채널 '강철 헬스 전략'입니다. 이 채널은 헬스클럽에서 소외되는 시니어들이 부상 없이 건강하고 행복하게 운동할 수 있도록 도와주는 채널입니다. 감사하게도 제 유튜브를 보고 다양한 매스컴에서 출연 제의가 들어왔어요. KBS, MBC, SBS, EBS, YTN 등에서 '액티브 시니어 유튜버'를 소개하고 싶다는 제의를 받았습니다.

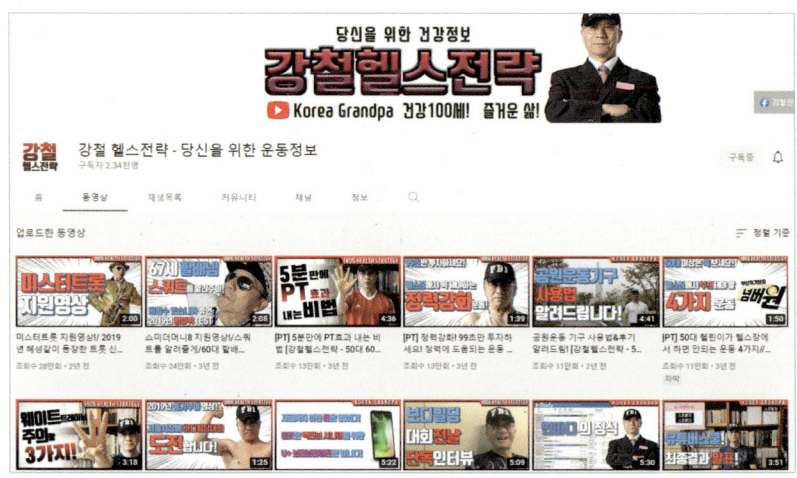

이후 서울시 50플러스재단 홍보 모델이 되기도 했습니다.

저는 중년들을 위한 건강관리 강의를 할 때 꼭 강조하는 것이 있습니다. 바로, '건강이 없는 백세 인생은 의미 없다'입니다. 중장년층 시기에는 신체의 변화가 빠르게 진행되고 여러 질병의 위험이 커질 수 있습니다. 앞으로의 노후 생활에 건강관리는 빠질 수 없는 가장 중요한 부분이라고 생각합니다.

Q 강사(강의)를 하게 된 계기는 무엇인가요?

A 저는 예전부터 강사가 되고 싶었습니다. 그리고 지금은 중년들을 위한 체형관리 강사로 활동하고 있죠. 그러나 처음부터 제 취미였던 체형관리로 강의할 수 있던 건 아니었어요. 고등학교 수학 교사 시절에는 운동과 아예 담을 쌓고

살았습니다. 결국 나이가 드는 만큼 몸무게도 늘었죠. 키 170㎝에 몸무게 88kg, 허리 사이즈 40인치의 비만 체형이 되기 시작했습니다. 어느 순간부터는 살이 너무 쪄서 벨트를 할 수 없을 정도였어요. 그때부터 정말 운동을 해야겠다는 생각이 들어 방학 때 공복으로 학교 운동장을 뛰었습니다. 그 당시 한 달 만에 8kg 남짓 몸무게를 줄였습니다. 그러나 운동을 잠깐이라도 놓으면 금세 예전의 몸으로 돌아가는 것을 보고 빨래판 복근을 만들어보자고 보디빌딩에 도전했습니다. 확고한 목표를 가지고 매일 2시간 이상 꾸준히 운동을 했습니다.

운동하면서 건강 관련 공부도 게을리하지 않았어요. 그래서 생활스포츠지도사 최고령 합격자가 되기도 했습니다. 처음엔 저의 건강 관리를 위해서 시작한 운동이었는데, 지금은 많은 시니어들에게 건강 관리법과 운동법, 체형 관리 전략에 대한 강의를 하게 됐습니다.

Q 처음 강의를 시작할 때 어떤 어려움이 있었나요?

A 처음 강의를 시작할 때 세 가지 어려움을 겪었습니다. 일단 첫 번째는, '긴장'입니다. 두 번째는 '수강생들과 소통이 안 되면 어쩌지?' 하는 걱정들. 세 번째는 '혹시 수강생이 아무도 없으면 어쩌지? 하는 마음이었습니다.

Q 그런 어려움을 어떻게 극복하셨나요?

A 우선 긴장을 극복하기 위해 배움을 놓지 않았습니다. 2021년에는 온라인 강의를 진행하기 위해 손예진 강사님의 '야! 너도 온라인 강의 할 수 있어' 강의를 들었습니다. 50대 이상의 시니어들이 온라인 강의 스킬을 배울 수 있는 수업이었습니다. 마침 50플러스재단에서 강의를 한다는 것을 발견하고는 당장 접수했습니다.

7주 동안 손예진 강사님의 수업을 열심히 들은 덕분에 지금은 모든 어려움을 이겨내고 능숙하게 강의를 하게 되었습니다. 이후 서울시 50플러스 재단에 강사로 지원했고, 중부 캠퍼스, 금천 센터 두 곳에 강사로 최종 합격을 했습니다. 그 당시 손예진 강사님에게 보냈던 메시지 입니다.

강철 헬스전략 - 당신을 위한 운동정보 8개월 전

존경하는 강의의 달인 손강사님! 제가 얼마전 서울시 50플러스 [중부캠퍼스] 와 [금천센터]에 강사 지원을 했었는데요, 오늘 [금천센터]에 최종 합격했어요. [중부캠퍼스]는 지난 11월18일 최종 합격됐구요. 바쁘신 손강사님께 누가 될까봐 한번에 두 결과를 알려드리려고 기다려서, 오늘 [두 군데 최종합격] 소식을 전하옵니다. 제가 좋아하는 문구인데 손강사님께 딱 어울리는 멘트하나 선물합니다........ "나 손예진이가 길이요 진리는 아니다. 그러나 나(손예진)를 만나면 길이보인다!" 라고 외치세요! 제가 증언하겠습니다!

간략히

기관	학기	학부	제목	모집기간	교육기간	강사	수강료	정원	신청
금천센터	2022년 1학기	일할동	전기기능전문요원 양성과정	2022.02.03 ~2022.02.23	2022.03.19 ~2022.05.21	강옥구	150,000원	20	수강신청
금천센터	2022년 50+금빛학교	모음교실	[모음교실] '인지향상 보드게임 (오프라인)'	2022.01.17 ~2022.02.11	2022.02.18 ~2022.03.11	이은경	5,000원	10	수강신청
금천센터	2022년 50+금빛학교	모음교실	[모음교실] '50+감성미술 (오프라인)'	2022.01.17 ~2022.02.10	2022.02.17 ~2022.03.10	성진희	5,000원	10	수강신청
금천센터	2022년 50+금빛학교	모음교실	[모음교실] '행복한 추억의 팝송교실 (오프라인)'	2022.01.17 ~2022.02.10	2022.02.17 ~2022.03.10	김영학	5,000원	15	대기신청
금천센터	2022년 50+금빛학교	모음교실	[모음교실] '50대 이후의 체형관리 전략 (온라인)'	2022.01.17 ~2022.02.09	2022.02.16 ~2022.03.16	강철진	5,000원	15	대기신청
금천센터	2022년 50+금빛학교	모음교실	[모음교실] '삶의 에너지를 높여라 (온라인)'	2022.01.17 ~2022.02.09	2022.02.16 ~2022.03.16	장병식	5,000원	20	수강신청
금천센터	2022년 50+금빛학교	원데이스쿨	[2021 영July 릴레이] 1만 5천 유튜버가 알려주는 유튜브 비법 (온라인 유튜브)	2021.12.27 ~2022.01.23	2022.01.26 ~2022.01.26	이정민	0원	250	신청마감
금천센터	2022년 50+금빛학교	모음교실	[모음교실] 문화재로 역사읽기	2021.12.20 ~2022.01.09	2022.01.10 ~2022.02.07	이순용	5,000원	30	신청마감
금천센터	2022년 50+금빛학교	모음교실	[모음교실] 서울을 여행하며 나만의 SNS 만들기	2021.12.20 ~2022.01.10	2022.01.12 ~2022.02.09	이주하	5,000원	40	신청마감
금천센터	2022년 50+금빛학교	모음교실	[모음교실] 대만 자유여행 예습하기	2021.12.20 ~2022.01.09	2022.01.11 ~2022.02.08	이승은	5,000원	30	신청마감

 강의 전에는 이런 생각을 했습니다. '강의를 앞두고 긴장하지 않는다면 그건 달인이거나 정신 나간 사람이다. 나는 완전 초보이니 긴장하는 건 당연하다. 지금은 긴장할 때이니 지나면 그리워질 이 순간을 즐기자!'라는 마음으로 긴장감을 극복했습니다.

 수강생들과 소통이 잘 안 되지는 않을까 걱정했던 것은 교육생들에게 먼저 마음을 열자, 그리고 100% 진실하자는 두 가지 다짐을 실천해 극복했습니다. '소통이 안 된다면 그건 내 책임이 아니다'라는 생각을 가지고 강의를 시작했더니 교육생과 진심으로 소통을 할 수 있었습니다.

 '수강생이 아무도 없으면 어쩌지?'라는 고민은 누구나 강의를 처음 시작할 때 갖는 고민과 어려움입니다. 저는 이때 단 한 명의 수강생이라도 최선을 다해 강의하면 된다는 마음으로 강의에 임했습니다. 당신도 딱 한 사람을 위한 강

의를 해보자는 마음으로 시작하면 어려움을 극복할 수 있습니다.

개인적으로 이런 방법도 좋아합니다. 북극 펭귄이 구름처럼 몰려 있는 그림을 인쇄해서 컴퓨터 모니터에 붙인 다음 그 펭귄들에게 말을 합니다. 그리고 펭귄들이 내 말을 알아듣고 고개를 끄덕이는 상상을 합니다. 이런 이미지 트레이닝을 해서 그런지는 몰라도 제가 강사가 되고 15명 정원으로 수강생을 받았는데, 이틀 만에 정원이 차서 추가 정원 2명을 받아준 적도 있습니다.

Q 강사님에게 강의란 무엇인가요?

A 제가 생각하는 강의는 내 방에서 지구촌 어디든 내 강의를 전달하는 것입니다. 내 공간, 노트북 한 대만 있으면 전 세계 누구에게든 장소와 시간 제약 없이 강의를 할 수 있는 것은 정말 놀라운 일이라고 생각합니다.

Q 교육생들에게 시간과 돈이 아깝지 않은 강의가 되려면 어떤 걸 준비해야 할까요?

A 먼저 두 가지 준비가 필요하다고 생각합니다. 첫 번째는 강의 주제에 충실한 내용을 준비해야 합니다. 주제에 알맞은 내용이 아니면 돈과 시간이 아까운 강의가 될 수 밖에 없습니다. 두 번째는 강사의 전달력입니다. 강의 내용을

수강생들에게 정확하게 전달하는 스킬이 필요합니다. 그러기 위해서는 연습을 많이 하고 강의 경험을 쌓아야 합니다.

Q 강의를 통해 변화된 삶이 있다면?

A 저는 강의를 통해 말과 행동에 품위를 더하는 삶을 살게 되었습니다!

Q 강사에 도전하는 분들께 꼭 드리고 싶은 한 마디가 있다면 해주세요.

A 강사에 도전하는 분들, 특히 저처럼 은퇴 이후에 강사에 도전하는 분들이 주변에 많습니다. 그런 분들을 위해 꼭 한 마디 전하고 싶습니다.
'내일'은 있어도 '다음'은 없다! 당신도 꼭 도전해보시기 바랍니다!

Q 강사님 홍보 채널 모두 알려주세요!

A 유튜브 : 강철헬스전략
   네이버 블로그 : https://blog.naver.com/uiwe

지금까지 자신의 취미를 강의 콘텐츠로 만들어 강사를 하고 있는 곽유희, 강철진 강사의 사례를 보았다. 이젠 당신의 차례다. 당신의 취미로 강의 주제를 정해보자. 이를 위해 다음 표에 당신이 좋아하면서 즐겁게 지속해온 것을 적어보자. 최근에 관심을 갖게 된 취미가 있다면 그것도 적어보자. 그것이 당신의 강의 콘텐츠의 핵심 재료가 될 것이다.

〈작성해보기〉 나의 취미	작성하기
• 본업 외에 내가 좋아하거나 즐겨하는 것은?	
• 내가 좋아하는 취미가 있다면?	
• 오랫동안 꾸준히 해온 취미가 있다면?	
• 최근 관심을 갖게 된 취미가 있다면?	

2.2.2 경험(Experience)으로 강의 만들기

강의 주제는 당신의 지금까지 해온 경험에서도 찾을 수 있다. 경험의 사전적 의미는 '자신이 실제로 해보거나 겪어 봄. 또는 거기서 얻은 지식이나 기능'이다. 그렇다면, 당신이 실로 해봤거나 겪어본 것, 거기서 얻은 지식은 무엇인가? 예를 들어 당신이 직장생활을 오래 해왔다고 가정해보자. 그렇다면 오랜 직장 생활을 통해 얻게 된 다양한 경험과 지식, 노하우가 있을 것이다. 여기서 중요한 것은 경험은 반드시 결과가 좋고, 성공적이어야만 하는 것이 아니라는 것이다. 어떤 부서에서 근무했는지, 어떤 업무를 맡았는지에 따라 당장 이야기할 수 있는 경험은 무수히 많을 것이다. 이 경험으로도 'OOO 업무를 시작하는 신입 사원들을 위한 강의', 'OOO 기초 업무 지식을 위한 강의', 'OOO 중급 업무를 위한 강의' 등 다양한 강의 주제를 정할 수 있다. 이 뿐만 아니라 'OO 업종에 취업하는 노하우', 'A 직무에 합격하는 면접 노하우', '면접에 실패했을 때 멘탈 관리하는 법', '선배에게 예쁨 받는 팁', '동료 직원들과 편가르지 않고 순탄하게 회사 생활하는 법', '회사 생활하면서 자기계발하기' 등 다양한 강의를 만들 수 있다.

어떠한가? 당신의 작고 사소한 경험도 강의 주제가 될 수 있다는 것에 감이 오지 않는가? 꼭 성공적이거나 대단한 경험이 아니어도 된다는 것을 다시 한번 강조하고 싶다. 실패나 시행착오를 겪은 경험일수록 오히려 교육생에게 실질적인 도움과 공감을 줄 수 있다. 결국 더 듣고 싶고, 주변에 추천해주고 싶은 강의가 될 것이다.

이번엔 또 다른 예시를 들어보겠다. 치킨집 창업을 했다가 3년만에 폐업한 경험이 있다고 가정해보자. 이 경험으로 어떤 강의 콘텐츠를 만들 수 있을까?

- 치킨집 창업을 고민하는 예비 사장님을 위한 강의
- 치킨집 창업할 때 반드시 알아야 할 OOO
- 망하지 않는 치킨집 운영 노하우
- 망한 치킨집 사장이 알려주는 창업할 때 반드시 알아야 할 OOO
- 우리 가게에 오래 남을 알바생 뽑는 방법
- 초보 사장님들을 위한 알바생 관리 꿀팁
- 초보 사장님들을 위한 멘탈 관리법

치킨집을 창업하고 폐업했던 경험은 이처럼 다양한 강의 콘텐츠를 만들 수 있다. 결국 당신의 경험으로 만들어진 강의를 듣는 고객의 입장에서 생각해보자. 고객들은 당신의 강의를 듣는 이유가 본인의 시간을 절약하고 실패나 시행착오를 줄이고 싶어 강의 신청을 했을 것이다. 이왕이면 좀 더 잘 하고 싶고, 실패하고 싶지 않기 때문에 신청하는 것이다. 그렇기 때문에 당신의 사소한 경험도 누군가에게는

2장. 나만의 강의 기획하기

듣고 싶은 강의가 될 수 있다. 그리고 누군가에게 시행착오를 줄이며 성공으로 가는 지름길이 되어줄 것이다. 내가 생각하기에 별것 아닌 것 같던 그 경험이 누군가에게는 인생에서 잊지 못할 강의가 될 수 있다. 그러니 당신의 경험은 강의 주제를 정하는 데 중요한 재료가 된다.

저자의 경우 2019년 10월부터 유튜브 채널을 운영했다. 유튜브를 시작한 이유는 더 많은 사람에게 '강사 손예진'을 알리기 위함이었다. 그렇기 때문에 유튜브에 올리는 영상은 나의 강의 콘텐츠와도 분명한 연관이 있어야 했다. 처음 유튜브를 시작 할 때 어떤 콘텐츠로 영상을 올릴까 고민을 하면서 내가 가지고 있는 경험을 적기 시작했다. 내가 그동안 했던 모든 경험을 총망라하는 내용들을 적기 시작하자 어느새 A4용지 3장을 훌쩍 넘겼다. 대부분의 경험은 그 당시 8년이라는 시간 동안 해온 'CS 강사'에 관한 경험이었다. 고객을 응대하는 직원들 교육을 오래 해오면서 나름의 경험들이 차곡차곡 쌓였다. 강사로서 수많은 경험과 노하우뿐만 아니라 다양한 시행착오와 실패담을 가지고 있었다. 이때 적은 내용들을 토대로 유튜브 촬영을 시작했다. 내가 판단하기에 사소한 것이라고 생각하는 것들도 모두 촬영하기 시작했다. 무엇보다 내가 경험했던 내용이기 때문에 오랜 시간이 걸리지 않고 바로 촬영을 할 수 있었다. 그때 만든 유튜브 영상이 바로 이것이다.

- CS 강사란 무엇인가?

- CS 강사가 하는 일은?
- CS 강사는 사내강사, 프리랜서 강사 중 무엇이 나을까?
- CS 강사, 아카데미 수료는 필수인가?
- CS 강사, 자격증 꼭 따야 하나?
- CS 강사 가방엔 뭐가 들어 있을까?
- CS 강사가 실제 강의하는 장면 / 강사 소개 방법
- CS 강사가 소개하는 강의 아이스 브레이킹

만약 다른 직업에 대한 얘기를 해야 했다면, 많은 시간과 에너지가 필요하기 때문에 유튜브 운영을 꾸준히 하기가 어려웠을 것이다. 그러나 내가 늘 해왔고, 익숙하고, 또 누군가에게 잘 알려줄 자신이 있는 경험을 하나씩 얘기하기 시작했더니 몇십 개의 유튜브 영상을 빠른 시간에 완성할 수 있었다. 그리고 내 콘텐츠를 보는 구독자도 점점 늘어 10명, 100명, 1,000명, 5,000명이 됐다. 무엇보다 놀라웠던 것은 구독자가 500명이 됐을 즈음부터 유튜브 영상을 보고 기업이나 공공기관에서 강의 섭외 연락이 오기 시작했다는 것이다. 게다가 CS 강사에 대해 궁금한 점이 있는 구독자들의 개인적인 연락도 쇄도하기 시작했다. 다음은 유튜브 운영 초기부터 지금까지 구독자들에게 받은 인스타그램 메시지와 이메일 문의다.

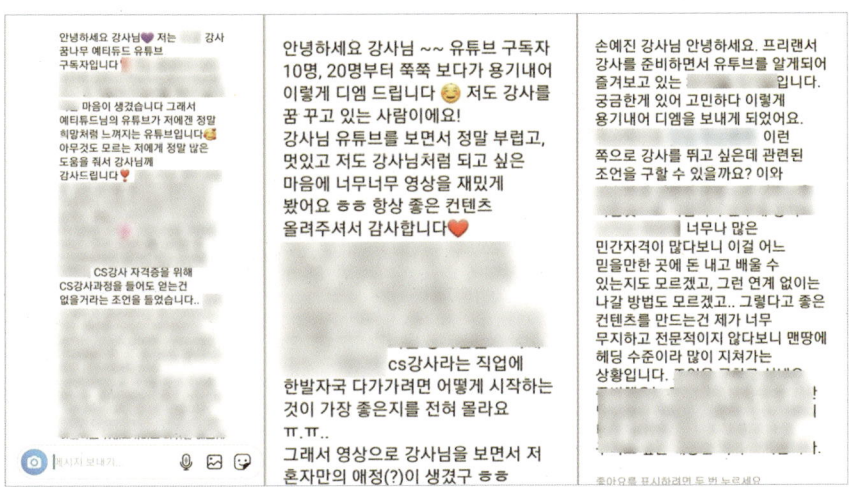

2장. 나만의 강의 기획하기

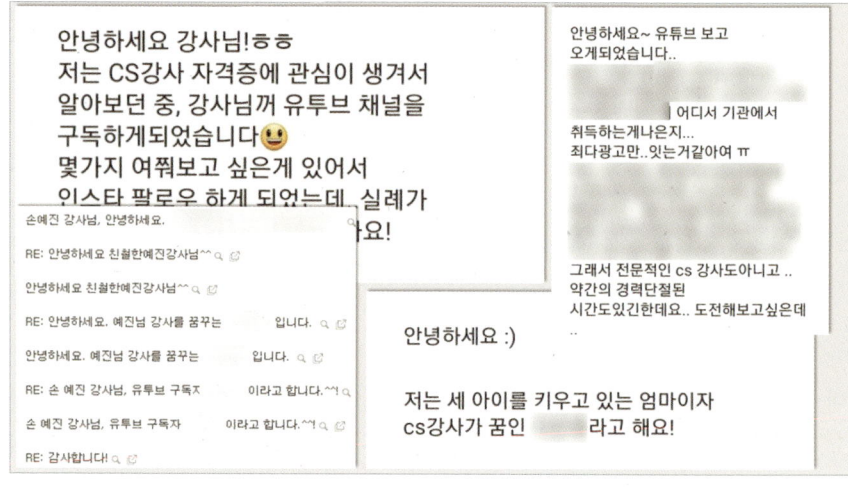

CS 강사를 꿈꾸는 사람들에게 이렇게 많은 연락이 오는 게 너무나 신기했다. 그 중 기억에 남는 구독자가 있다. 사내 강사(회사에서 직원들을 위한 교육 업무를 하는 강사) 면접을 앞두고 있는 분이었는데, 내게 보낸 메일에 합격하고 싶은 절실한 마음이 가득 담겨 있어 직접 만나서 도와주고 싶다는 생각이 들었다. 그래서 해당 구독자를 실제로 만나 대기업 사내 강사 면접에 합격했던 나의 경험을 토대로 무료로 강의 면접 컨설팅을 해주었다. 아래 사진은 그때 구독자와의 첫 만남을 브이로그로 담은 영상의 섬네일이다.

그렇게 한 달 정도 흘렀을까, 코칭했던 구독자에게 연락이 왔다. 대기업 CS 강사 면접에서 수십 대 1의 경쟁률을 뚫고 최종 1인으로 합격했다는것이다. 그때의 기쁨은 내가 합격한 때보다 10배는 더 컸다. 취업턱을 쏘겠다는 구독자의 연락을 받고 맛있는 점심을 대접 받았고, 지금도 꾸준한 인연을 이어 오고 있다. 저자의 사례처럼 경험이 누군가에게 도움을 준다는 건 강사가 얻을 수 있는 최고의 시간이다. 지금도

강사가 되고 싶어서 저자를 찾아오는 수백명의 사람들이 있다. 그리고 그들을 만나면서 알게 된 사실이 하나 있다. 그것은 바로 '모두에게는 각자만의 특별한 경험이 있다'는 것이다. 그리고 그 경험을 타인에게 알려주는 순간부터 나만의 강의 콘텐츠가 된다. 내가 어떤 경험을 해왔는지, 그 경험을 통해 어떤 결과를 얻고 무엇을 느꼈는지, 나와 비슷한 길을 가고자 하는 사람들에게 어떤 것을 제시해줄 수 있는지 등 모든 경험이 강의 콘텐츠가 될 수 있다. 단, 여기서 중요한 것은 당신의 경험과 교육생이 필요하고 원하는 것이 중복되는 교집합의 지점이 당신을 먹여 살리는 강의 콘텐츠가 될 것이라는 것이다.

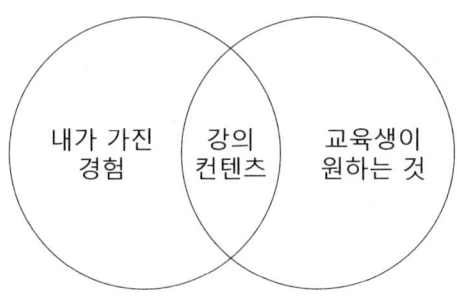

앞서 소개한 저자의 사례처럼 CS 강사라는 직업이 궁금하거나 해보고 싶은 고객들이 원하는 것과 내가 가지고 있는 경험이 겹치는 교집합을 찾았고, 그 덕분에 '사내 CS 강사 취업 교육', '현직 강사들을 위한 강의 스킬 UP 과정', '나만의 온라인 클래스 론칭하기 프로그램', '강사들에게 필요한 브랜딩 교육', '프리랜서 강사들을 위한 강사 독립 스쿨' 등을 주력 강의 콘텐츠로 만들 수 있었다. 그리고 이 콘텐츠들은 월 천만 원 강의 수익의 기틀이 되어준 고마운 강의 콘텐츠가 되었다.

경험을 생각해내기가 어렵다면, 주변에서 당신에게 알려달라고 묻는 것들이 무엇인지 생각해보자. 브랜든 버처드의 책 《백만장자 메신저》(위선주 옮김, 리더스북, 2018)에서는 '사람들이 당신에게 자주 묻는 그것이 바로 당신의 콘텐츠다'라고 말한다. 사람들이 당신에게 묻는 것이 무엇인지, 사람들이 어떤 이슈를 다룰 때 당신에게 질문하는지 생각해보고 적절한 조언과 서비스를 제공할 수 있다면 그 것이 콘텐츠가 될 수 있다고 말한다.

저자는 2023년이 된 올해, 강사라는 업을 12년째 하고 있다. 30대 중반이 넘어가는 친구들은 회사에서 대리, 과장을 달기 시작했다. 중간관리자 직급이 될수록 회사에서 브리핑이나 프레젠테이션을 하는 일이 늘어난다. 친구들은 이때 가장 먼저 나를 떠올린다. 그리고 이렇게 연락이 온다. '회사에서 발표를 하게 됐는데, 처음에 청중들의 이목을 집중시키려면 어떻게 해야 할까?', '강의를 시작할 때 자기소개는 어떻게 하는 게 좋을까?', '사람들 앞에만 서면 너무 긴장되는데 긴장을 푸는 방법이 있을까?'라고 말이다.

이처럼 주변 지인들이 당신에게 자주 묻는 게 있다면 그것이 당신의 강의 주제가 될 것이다. 연년생 육아법, 천만 원으로 결혼 준비하기, 이혼할 때 알아야 할 법률상식, 연애 오래 잘하는 법, 여자친구에게 예쁨 받는 애인이 되는 팁, 빠르고 확실하게 10kg 빼는 법, 요요 없이 건강한 다이어트 하는 방법, 워킹맘의 육아법, 아이들 눈높이에 맞게 잘 노는 법, 아빠 육아법 등 당신의 모든 경험이 강의 주제가 될 수 있다.

경험을 가지고 강의 주제를 정했다면 구체적인 커리큘럼을 정해야 한다. 커리큘럼을 정하기 전에 먼저 큰 강의 주제를 생각해보자. 아래 표에 있는 문항에 답을 적다 보면 강의 주제의 윤곽이 그려질 것이다. 사람들이 듣고 싶어 하는 건 생각보다 멀리 있지 않다. 당신의 경험이 누군가의 시간을 절약해주고 도움이 된다면, 고객은 분명 시간과 비용을 투자해서 당신의 강의를 듣고 싶을 것이다.

〈작성해보기〉 나의 경험을 정리하는 질문	작성하기
1. 당신이 지금까지 해온 경험을 생각나는 대로 적어보세요.	
2. 그중 특별하게 기억에 남는 경험이 있다면? 그 이유는?	

3. 내 경험 중에 비슷한 처지에 있는 사람들을 돕고 싶은 주제가 있다면?	
4. 내가 경험한 것은 아니지만 앞으로 더 알아가고 싶은 주제가 있다면?	
5. 3, 4번 주제를 더 알아가기 위해 참고할 만한 도서, 자료, 사람, 콘텐츠가 있다면?	

다음은 자신의 다양한 경험으로 강의를 하고 있는 강사의 이야기다. 무대 공포증을 이겨내고 전 세계의 무대에서 자신만의 강의를 하는 킴제이 강사를 만나 인터뷰했다. 당신의 경험을 토대로 강의하는 모습을 상상하면서 읽어보길 바란다.

[사례 3] 디지털 노마드 킴제이(김정은) 강사

Q 강사님 자기소개와 어떤 강의를 하고 계신지 소개해주세요.

A 안녕하세요! 지구별 노마드 킴제이입니다. 저는 미국과 한국을 오가면서 한국 브랜드를 해외에 마케팅하는 일을 하고 있습니다. 2021년 여름부터 10개월 동안 미국 5개 도시에 살면서 온라인으로만 일을 하고 있어요. 뉴욕, 샌프란시스코, 하와이 등 제가 있는 곳 어디서든 온라인으로 사람들을 만나 강의를 하고 있습니다. 또한 다양한 브랜드사의 마케팅을 컨설팅하면서 마케팅 담당자, 대표들을 대상으로 강의를 하고 있어요. 아는 것을 이야기했더니 그것이 또 다른 직업이 되고, 강의를 통해 만난 브랜드들과 협업도 하고 정말 강의 하나로 이것저것 하면서 다양한 요리를 맛보는 기분으로 살아요!

저는 사실 무대 공포증이 심했어요. 발표나 강의를 할 때 무대에 오르는 게 쉽지 않았죠. 그럼에도 불구하고 눈 딱 감고 일단 해보자는 마음으로 강의를 한 덕분에 어느새 3,000개가 넘는 브랜드사를 대상으로 강의와 컨설팅을 하고 있습니다. 그리고 지금은 많은 분들이 저처럼 나만의 강의를 오픈할 수 있도록 강의 노하우 특강도 하고 있습니다.

Q 강사를 하기 전에는 어떤 일을 하셨나요? 또는 현재 강사 일과 동시에 하고 있는 일이 있다면 무엇인가요?

A 저는 현재 마케터와 강사 업무를 병행하고 있습니다. 여러 마케터에게 제가 배운 마케팅 인사이트를 전하고 싶었어요. 그래서 아무런 연고 없이 코엑스에 연락해 제가 강의할 수 있는 것들을 정리해 보냈어요. 다행히 담당자분이 긍정적으로 봐준 덕분에 코엑스에서 부스를 지원받아 강의가 끝나면 제 부스에서 바로 마케팅 컨설팅을 할 수 있게 설계해주었어요. 그렇게 제가 강의할 수 있는 장소들을 하나씩 찾아 적극적인 영업을 하다 보니 저를 알아봐주고 기회

를 주는 감사한 고객사들이 늘더라고요. 덕분에 지금까지 120회 이상 강의를 할 수 있었습니다.

그 당시 다니던 회사의 매출이 점점 탄탄해져서 적극적인 지원을 받을 수 있었어요. 12명의 팀원들과의 세미나를 통해 마케팅이 필요한 담당자들에게 강의 콘텐츠를
영업했어요. 강의에서 만난 분들은 업무를 하다가 고민되는 게 있으면 제게 연락해 이것저것 물어보곤 했어요. '마케팅 콘셉트 고민이 있는데 어떻게 생각하는지 묻고 싶다', '마케팅 관련 도움을 받을 수 있는 회사를 소개해줄 수 있냐' 등 여러 질문을 받았고, 대화하다가 제 일에 더 관심을 보이며 같이 해보고 싶다는 의견을 주더니 덜컥 계약금을 보내는 경우도 있었어요. 영업을 직접적으로 하지 않았는데도 말이죠. 천천히 저를 알아가되 마음이 확고해지면 몇 천만 원의 계약금도 주저하지 않는다는 걸 알게 됐어요. 그때 강의를 하면서 저절로 브랜딩이 되고 있다는 것을 깨달았습니다. 그동안 아는 것을 말로 뱉어내지 않으면 진정한 앎이 아니라는 생각으로 연습하고, 뱉어내고, 울고, 쏟아냈었는데 그 말들이 차곡차곡 쌓여 고객들이 저를 찾아오는 길이 되었습니다.

Q 강의를 하게 된 계기는 무엇인가요?

A 저는 2018년부터 꾸준히 오프라인 강의를 했어요. 그 당시만 해도 온라인 강의 자체가 낯설었죠. 온라인 강의를 한다 해도 오프라인만큼 강의를 전할 수 없다는 판단이 있었거든요. 그런데 코로나19가 터지고 전 세계적으로 사회적 거리 두기가 강화되면서 오프라인 강의가 모두 금지되기 시작했어요. 사실, 처음에는 온라인 강의에 대한 확신이 없어서 하지 말까 고민했었는데, 이왕 하는 거 연습한다는 마음으로 해보자며 진행했었어요.

당시에 200여 명이 참여했고, 강의 중간에 채팅이나 개인 메시지로 질문을 잘 전달해줘서 생각했던 것보다 흐름을 파악하기가 수월했어요. 그때는 온라인 강의 초창기라 카메라 켜는 게 어색한 분들도 있었지만 마지막까지 이탈 인원은 15%밖에 되지 않더라고요. 이때를 계기로 오히려 온라인 강의는 오프라인보다 많은 분이 자유롭게 의견을 준다는 점을 알게 됐어요. 그 뒤로는 매월 200여 명을 모집하는 세미나를 온라인으로 진행했습니다. 온라인에서 더 집중할 수 있도록 댓글 이벤트, 무료 컨설팅 이벤트를 하니 세미나 후 컨설팅 문의가 많아지기 시작했어요. 오프라인 강의는 강의 후 들어오는 컨설팅 문의가 20% 수준이었다면, 온라인은 82%까지 상승하더라고요. 의도치 않은 상황으로 강의 방식을 바꿔야 했지만 오히려 그곳에 길이 있음을 깨닫게 된 거죠. 퇴사 후 미국으로 가게 됐을 때도 '킴제이 강의 노하우'라는 클래스를 열어 온라인 강의를 했어요. 뉴욕에 있든, 샌프란시스코에 있든 제가 전 세계 어디에 있더라도 강의할 수 있다는 것이 '나는 어디에 있어도 일을 할 수 있는 사람'이라는 자신감으로 이어졌습니다.

Q 강사님에게 강의란?

A 한국에서 꾸준히 마케팅 강의를 해온 경험이 있었지만, 처음 미국에 갔을 때는 어디서부터 무엇을 해야 할지 마음 잡기가 쉽지 않았습니다. 내 '경험'이 콘텐츠가 되고 강의가 될 수 있도록 고민을 정말 많이 했죠. 그리고 2022년 1월에 '딱 두 달 동안 혼자 10번만 강의해보자'고 다짐했어요. 그동안 했던 마케팅 강의는 사실 회사라는 울타리 안에서 기대 이상의 것들도 할 수 있었지만, 막상 퇴사하고 오니 내 이름 석자를 내세워 직접 기획하고 모집할 자신이 없더라고요. 그래도 10번만 해보고 판단하자는 생각으로 1인 기업, 디지털 노마드를 대상으로 '킴제이 강의 노하우' 홍보를 시작했습니다. 결과는 놀라웠어요. 강의 신청자가 5명에서 12명이 되고 결국 200명이 되더니, 2개월 동안 10번만 해보자던 목표를 5주 만에 달성하게 됐죠. 결론적으로 456명에게 제 강의를 테스트해 볼 수 있었습니다. 마케팅 경험뿐만 아니라 무대 공포증이 있던 저의 경험이 누군가에게 도움을 주는 강의가 된다는 생각을 하게 되었어요. 이때 너무 설레서 울컥하더라고요. 방구석에서도 강의를 할 수 있다는 건 전 세계 어디서든 강의할 수 있다는 뜻이에요. 내가 어디에서 무엇을 하고 사는 지는 상관없어요. 하고 싶은 일을 이뤄내는 정말 멋진 일이라고 생각합니다.

Q 처음 강의를 시작할 때 어떤 어려움이 있었나요?

A 강의를 한다는 것과 무대에 오른다는 것 자체가 제게는 엄청난 결심과 고난이었어요. 끝나고 나면 '해냈다'는 생각과 동시에 온몸과 정신이 두들겨 맞은 것 같은 피로감에 몸이 짓눌렸습니다. 그런데 신기하게도 경험이 쌓이면 쌓일수록 떨렸던 마음이 진정되더라고요. 그제서야 제 앞에 있는 사람들이 보이기 시작했고 강의 흐름에 집중하지 못하는 눈빛들을 마주하게 되었습니다. 하루는 강의 끝나고 설문조사를 받았는데 '전문 강사가 될 수 없는 사람이다', '기억에 남는 한마디가 없다' 등 날 선 피드백들이 거침없이 적혀 있었어요. 그때까지 강의라는 것이 개인의 도전이 아니라 사람들과의 소통과 교류라는 것을 몰랐던 것 같아요. 그런 피드백을 봤을 때 처음에는 얼굴이 화끈거리고 다른 사람들도 봤을까 봐 부끄러웠습니다. 다음 날에는 내가 얼마나 열심히 준비한 건데 알지도 못하면서 그렇게 적냐며 부정하고 화도 냈습니다. 사람들 앞에서 말하는 연습을 하기 위해서 매월 평균 3회 정도의 강의를 잡고 기획해뒀는데, 이제 강의가 제게 너무 두려운 일이 된 거죠. 그러나 이미 하겠다고 말해버린 상황이라서 더 괴로웠고, 잠도 못 자고 '내가 왜 이걸 한다고 했지' 생각하면서 새벽마다 괴로워했던 기억이 있어요. 그때는 정말 스스로 멱살 잡고 힘겨운 마음으로 노트북을 켜서 강의를 준비했던 것 같아요.

'상대방이 나를 어떻게 생각할까', '내 수준이 들통나는 건 아닐까' 가늠되지 않는 반응과 피드백들이 가장 두려웠어요. 사람들 앞에 서니까 눈앞이 정말 뿌옇게 차오르고, 곧 눈물이 터져 나올 것처럼 숨이 차올라 말을 하기 어려워 강의가 잠시 중단된 적도 있었습니다. 마케팅 업무와 병행하면서 별도의 강의자료를 만들고 기획해야 했기 때문에 시간도, 마음의 여유도, 나를 위로할 틈도 없었지만 지금 돌이켜 보면 무섭다고 뒤돌아서지 않고 그 길을 건너 준 제 자신에게 너무나도 고맙습니다. 마이클 싱어는 《상처받지 않는 영혼》(이균형 옮김, 라이팅하우스, 2014)에서 심리적 한계를 넘어가는 것이 실제로 사람을 다치게 하지는 못한다는 사실을 깨닫게 될 것이라고 이야기합니다. 그 죽을 것만 같은 시간도 결국 한두 줄 에피소드로 적히는 과거가 된다는 것 자체가 제게 큰 용기를 주었어요.

Q 그런 어려움을 어떻게 극복하셨나요?

A 피하지 않고 일단 했습니다. 나중에는 강의 생각만 하면 구토가 나올 정도였지만 상황이 바뀌려면 제가 바뀌어야 한다는 걸 알았어요. 그간의 모든 피드백을 두고 사람들이 어떤 점을 좋아하고 어떤 점을 비판했는지 객관적으로 살펴보았습니다. 쭉 나열해보니 저는 제 말만 하는 사람이더라고요. 예전에 큰 마케팅 콘퍼런스에서 연사로 오른 적이 있었는데, 3일 전 리허설 때 제 차례가 되자 대표님이 '응, 해봐' 하더니 바로 핸드폰만 보더라고요. 섭섭한 마음에 "대표님, 저 지금 리허설하는데 핸드폰 하시는 거예요?"라고 하니 "응, 네가 무슨 말을 하는지 잘 모르겠어. 안 들리니까 안 듣는 거야"라고 했어요. 그때는 정말 너무하다고 생각했는데, 결국 대표님의 말이 맞았던 거죠. 저는 들리지 않는 말을 뿜어내는 고장 난 수도꼭지였던 거예요.

 일단 제 두려움은 '상대방이 나를 어떻게 생각할까? 내 강의 콘텐츠를 좋아할까?'였기 때문에 그들이 알고 싶은 게 무엇인지 명확히 파악하는 것이 우선이었습니다. 그래서 강의를 하기 전에 참여자들에게 무조건 사전 질문을 보냈어요. 예를 들어, '킴제이 강의 노하우' 강의라면 구글 설문조사에 지금 어떤 일을 하는지(참여자의 배경 조사), 왜 이 강의를 신청하게 되었는지(니즈 파악), 궁금한 점 3가지, 말 잘하는 사람은 어떤 특징을 가지고 있는지(참여자들의 예상 목표)

등을 물어보았습니다. 직접 링크 전달이 어려울 경우에는 섭외 담당자에게 설문조사 링크 전달을 부탁했어요. 최대한 담당자들이 번거롭지 않게 바로 복사해서 붙여 넣을 수 있도록 보냈어요. 간혹 사전 질문 반응이 없으면 참여자 몇 명에게 무작위로 전화해 물어보기도 했어요. 그렇게 사람들이 무엇을 궁금해하고 필요로 하는지 알아보니까 정말 신기하게도 어떤 말을 해야 할지 윤곽이 잡히더라고요. 사람들이 쓴 단어와 문장을 그대로 제가 활용하면서 무의식적으로 집중할 수 있도록 설계했어요. 강의가 끝나고 나서도 오늘 강의 중 좋았던 점, 개선이 필요한 점, 어떤 사람에게 강의를 추천하고 싶은지를 꼭 물었습니다. 강의 종료 후에 링크를 보내면 답변율이 낮아서 강의가 끝날 무렵 QnA를 진행하며 동시에 설문조사지에 답변할 수 있도록 진행했습니다.

이렇게 1년을 꾸준히 해보고 나니까 '필요한 내용을 알려줘서 집중이 잘 된다', '생생한 사례들을 소개해서 시간이 금방 갔다' 등 교육생들의 긍정적인 피드백을 받을 수 있었어요. 상대의 거절이나 부정이 제 존재 자체를 거부하는 게 아니라 제 일시적인 아이디어나 얼핏 본 형태가 서로의 마음과 안 맞았던 것뿐이라는 것도 알게 되었어요. 나의 수준을 사람들이 판단할 수 있지만 한다 안 한다는 제 판단이니까 못할 것 같다고 돌아서지 말고 하고 싶은 일이니까 그냥 하면 결국 내 방식으로 흔적을 남기게 되는 것 같아요.

Q 교육생들에게 시간과 돈이 아깝지 않은 강의가 되려면 어떤 걸 준비해야 할까요?

A 자신의 경험이 바탕이 되는 콘텐츠를 전달해야 한다고 생각합니다. 세상의 모든 지식은 구글, 네이버에서 검색이 됩니다. 그럼에도 불구하고 결제를 하고 강의를 신청하는 건 강의를 전하는 강사의 매력이 궁금해서라고 생각해요. 요리 강의도 블로그에서 봤던 내용으로 구성하는 것보다 직접 해봤기에 알 수 있는 작은 팁들을 알려주면 그런 소소한 경험도 누군가에게는 인사이트가 되기도 하잖아요. 우리 모두의 경험과 삶은 자신만의 독특한 색으로 구성되어 있으니 자신감을 가지고 나의 그릇에 지적 허영심 한 스푼만 넣어 준비하면 어떨까요?

지적 허영심은 사람들이 알고자 하는 지적인 영역인데, 발표할 때 자주 쓰는 툴, 강의 자료를 3배 더 빠르게 만들 수 있게 도와주는 무료 툴 등 경험에 지식 하나를 더하는 것을 추천합니다. 만약 나만의 경험과 견해를 찾기 어렵다면 반대로 기존 시장에서 반응 좋은 지식을 살펴보고 거기에 당신의 생각이나 경험담을 더해보는 것도 추천해요. 온라인 강의 시장에 나와 있는 주제와 목차를 살펴보고 당신이 관심 있는 키워드를 유튜브에 조회해서 조회수 필터를 사용해 사람들이 많이 본 콘텐츠부터 찾아보는 것도 방법이고요. 좋아하는 유튜버의 콘텐츠를 보고 영감을 얻어 나만의 해석으로 풀어보는 것도 좋죠. 우리 얼굴이 다 다르게 생긴 것처럼 각자의 생각도 독특해서 결과물은 당신만의 색을 띱니다.

내 강의가 돈을 내고 들을 만한 강의인지 판단하기 어려우면 5명 정도 모아서 무료 강의를 한 다음 피드백을 받아보세요.

Q 강의를 통해 변화된 삶이 있다면 무엇인가요?

A 120회 넘게 강의를 하면서 모든 강의가 제게 변화를 주었는데요. 지금 생각해보면 가장 큰 변화는 '지구별 노마드 킴제이'를 통해 세상을 여행하듯 살아보는 운전대를 쥐게 되었다는 것입니다. 사람들 앞에서 한 시간 이상 나의 이야기를 한다는 것이 목과 마음을 옥죄어 와도, 화장실에서 울면서 춤을 추다 올라가도 결국 해냈다는 결과물을 얻었거든요. 미치겠다, 죽겠다 싶었는데 저는 지금 신나게 잘 살고 있어요. 작은 성공들이 발끝부터 빈틈없이 차곡차곡 차올라서 흔들리지 않아요. 물론 또 다른 난관과 저의 한계에 부딪쳐 부끄럽고 괴로울 수 있겠지만, 결국 그 시간도 흘러가도록 굳건히 걸어갈 저라는 것도 알아요. 그리고 그 힘겨웠던 시간 덕분에 다른 사람의 강의를 코칭하고 있잖아요? 강의 재수강률 83%를 찍었던 날 밤, 부족하다고 스스로 자책했던 날들이 참 고마웠습니다. 덕분에 저는 경험과 지식이 풍부한 사람이 되어 누군가의 강의를 돕고 있으니까요.

미국에 와서도 그간의 실패로 얻은 강의 노하우로 강의를 기획해서 돈을 벌었습니다. 하와이 호놀룰루섬에서 지낼 때는 요가를 한 뒤 30분 수영하고 숙소에 와서 한국에 계시는 분들에게 강의를 했는데요. 한국과 캐나다, 베트남 교민들에게 제 이야기를 전하면 제 이야기가 저 세상 끝까지 닿는 것 같았습니다.

 방구석에서 우리의 말을 전한다는 것은 세상 어디든 갈 수 있다는 말이니까요, 우리 또 즐겁게 강의 콘텐츠 만들며 이야기 나눠봐요.

Q 강사에 도전하는 분들께 꼭 하고 싶은 한 마디가 있다면 해주세요.

A 이 책을 지금까지 읽은 분이라면 결국 해내는 사람, 잘 될 사람이라고 확신합니다. 결국 잘 될 우리들! 멋져요!

Q 강사님 홍보 채널 모두 알려주세요!

A 인스타그램 : kimj_do
팟캐스트 : 아이두미 킴제이의 노마드미

2.2.3 지식(Knowledge)과 배움(Learning)으로 강의 만들기

강의 주제를 정하는 세 번째 재료는 '지식과 배움'이다. 네이버 어학사전에 지식을 검색해보면 '어떤 대상에 대하여 배우거나 실천을 통하여 알게 된 명확한 인식이나 이해. 알고 있는 내용이나 사물'이라고 정의한다. 또한 배움은 '새로운 지식이나 교양을 얻는 것, 새로운 기술을 익히는 것, 남의 행동, 태도를 본받아 따르는 것'으로 해석한다. 이처럼 어떤 특정 주제, 분야에 대해 명확하게 인식한 것, 알고 있는 내용이나 기술이 강의 콘텐츠가 될 수 있는 것이다. 앞 장에서 다룬 경험과 다른 점은, 경험은 행동적으로 또는 시간적으로 누적된 행동이라면, 지식과 배움은 경험을 통해 습득한 정보와 지식을 말한다.

저자의 경우에도 온라인 강의 기술을 배우기 전에는 오프라인 강의와 크게 다른 게 있을까 싶었지만 배우면 배울수록 상당히 다른 점이 많다는 것을 알게 됐다. 그때 Zoom, Webex, Teams 등 다양한 화상 프로그램을 다루는 기술을 꼼꼼하게 배웠다.

새로운 기술을 배우는 데 걸리는 시간은 딱 2주였다. 그리고 쌓은 지식과 배움에 나만의 경험들을 계속 더했다. 결국, 2주 동안 배운 온라인 강의법을 영상으로 만들어 유튜브 채널에 하나씩 올리기 시작했다. 다음은 그 당시 업로드했던 유튜브 영상들이다.

- 비대면 온라인 강의 사용 장비 소개
- Zoom 강사가 반드시 알아야 할 5가지
- 제스처 하나로 강의에 몰입시키는 Zoom 강의 노하우
- Zoom 강의 노하우, 재밌는 강의 VS 지루한 강의
- Zoom 반값 할인 받는 법
- 쌍방향 온라인 수업을 위한 설문조사 기능
- 초보 온라인 강사도 바로 써먹는 QR코드 활용법

영상 콘텐츠를 올리는 것에서 그치지 않았다. 나처럼 온라인 강의를 어려워하는 주변 강사들에게 '강의를 해야겠다'고 생각했다. 그리고 2020년 10월, '해피캠퍼스'라는 강의 플랫폼에 〈야! 너도 온라인 강의 할 수 있어!〉라는 주제의 실시간 온라인 강의를 오픈했다.

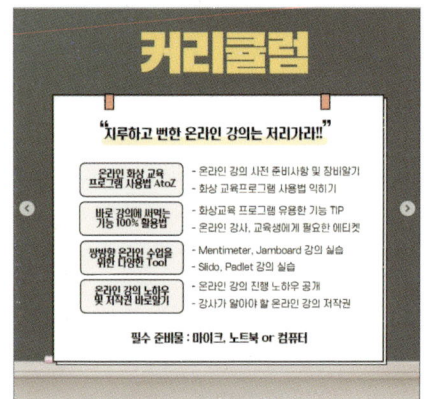
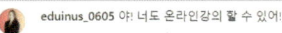

그리고 바로 인스타그램과 유튜브, 블로그에 홍보하기 시작했다. 늘 고객들이 먼저 불러주는 강의를 해왔고, 고객들이 정해 놓은 일정에 맞춰 강의를 하던 것과는 다르게 내가 주최하는 첫 강의였다. 그 당시 심정은 '5명만 신청해도 진짜 감사할 것 같다'는 마음이었다. 결과는 어땠을까?

놀랍게도 20명 정원이 일주일만에 마감되었다. 게다가 해피캠퍼스의 인기 클래스가 되어서 메인 페이지에 홍보가 될 정도였다.

강의를 신청한 교육생들 대부분은 오프라인 강의가 취소돼서 온라인 강의로 발빠르게 전환하고 싶어 하는 현직 강사, 교사, 교수였다. 나는 유경험자였기 때문에 오프라인 강의만 하다가 온라인 강의로 전환할 때 걱정되는 것들과 어려움을 누

구보다 잘 헤아릴 수 있었고, 덕분에 성공적으로 강의를 할 수 있었다. 게다가 강의를 들은 교육생들이 주변에 입소문을 내주기 시작해 신청자들이 계속 늘어났고, 이후에도 4차까지 강의를 진행할 수 있었다. 현재는 교육생들의 피드백을 반영해 개인별 맞춤 일대일 과정으로 진행하고 있다.

새로운 배움과 지식을 토대로 왕초보들을 위한 온라인 강의법을 강의하다 보니 심화 과정에 대한 문의도 많이 오기 시작했다. 그래서 온라인 강의를 할 때 가장 어려워하는 부분인 교육생들과의 라포 형성, 아이스 브레이킹 도구 등을 알려주는 심화 과정을 열게 되었고, 현재는 '온택트(비대면을 일컫는 'Untact'와 온라인을 통한 외부와의 연결 'On'을 더한 개념) 스팟 기법' 과정, 메타버스 플랫폼인 게더타운(Gather. town)과 ZEP, 제페토, 이프랜드 등에서 가상 교육장을 만들어 강의하는 법을 강의하고 있다. 내가 배운 지식과 기술을 강의 콘텐츠화한 덕분에 기업, 공공기관, 개인 강의로 2020년부터 매우 바쁜 강의 스케줄을 소화하고 있다.

만약 새롭게 알게 된 지식과 배움을 나만 알고 있었다면 어땠을까? 내가 필요해서 배운 것일지라도 이것을 강의로 판매한 덕분에 수백 명의 고객을 만날 수 있었다.

'고작 2주 동안 배운 지식으로 어떻게 강의를 한다는 거지? 전문가도 아닌데?' 이런 생각을 하는 독자도 있을 것이다. 그러나 앞에서 강조했듯 해당 분야의 오랜 전문가여야만 강의를 할 수 있는 것이 아니다. 물론 주제나 분야에 따라 배우는 데 훨씬 오래 걸리는 것도 있을 것이다. 그러나 2주 동안 충분히 배울 수 있는 수준의 콘텐츠였고, 또 배우는 것으로 끝내지 않고 직접 경험하고 시행착오를 겪었기 때문에 사람들에게 필요한 강의를 판매할 수 있었다.

고작 2주 동안 배운 지식으로 강의를 만들어 판매한 저자의 사례를 읽어보니 어떤 생각이 드는가? 그래도 막상 하려면 어려울 것 같다고 생각하는 독자도 있겠지만 '내가 당장 배워서 강의할 수 있는게 뭐가 있을까?'라고 고민하는 독자도 있을 것이다. 당신도 짧은 시간에 지식을 쌓고 배우는 것만으로도 강의를 만들 수 있다. 단, 꼭 잊지 말아야 할 것이 있다. 바로, 고객들이 필요로 하고 궁금해하는 것이 무엇인지부터 알아야 한다는 것이다. 이 내용은 Chapter 2-1장에서 자세히 다뤘으니 참고 바란다. 고객들이 무엇을 궁금해하는지 알고, 강의 주제를 정했다면, 열린 마음을 가져야 한다. 누구보다 발 빠르게, 최선을 다해 배워야 한다. 그래야만 사람들이 찾는 강의를 완성할 수 있다. 다음은 20대 후반의 평범한 직장인에서 본인이 경험했던 지식과 배움을 가지고 책 쓰기 강사가 된 고아라님의 이야기다.

[사례 4] 책 쓰는 방법을 배워 책 출판 코치가 된 고아라 강사

Q 강사님 자기소개와 어떤 강의를 하고 있는지 알려주세요.

A 안녕하세요. 《밀레니얼 세대가 돈 버는 법》의 저자 고아라입니다. '순간랩'이라는 커뮤니티에서 '인세 받는 출간 작가 되기' 원데이 특강과 정규 코스를 운영하고 있습니다. 또한 글 쓰기, 책 쓰기에 어려움이 있는 분들에게 도움이 되는 유튜브 채널 '고아라TV'를 운영하고 있습니다.

Q 강사를 하기 전에는 어떤 일을 하셨나요? 현재 강사 일과 동시에 하고 있는 일이 있다면 무엇인가요?

A 막연하게 창업을 꿈꾸던 평범한 직장인이었습니다. 직장을 다니면서 고민이 참 많았어요. 회사에서 배운 것으로 창업을 하자니 회사 일이 적성에 맞지 않는다고 느꼈졌죠. 새로운 아이템을 구상해도 사업화하기가 참 어렵더라고요. 특히 여자로서 스물아홉은 고민이 많은 시기였어요. 이대로 회사에서 정신없이 일만 하다가는 30대가 되어도 이곳에서 변함없이 지쳐있겠구나, 싶었어요. 제가 꿈꾸는 30대는 사업가가 된 커리어 우먼의 모습이었거든요. 그러려면 적어도 20대에는 다양한 도전을 해봐야 하는데, 스물아홉이라는 때가 제게 마지막으로 남은 시간이라 생각했어요. 그래서 2018년 3월, 제 자신을 새로운 세상으로 던졌습니다. '사람이 절벽에 몰리면 뭐라도 하겠지!' 하고요.

Q 강사를 하게 된 계기는 무엇인가요?

A 회사를 나오고 첫 6개월 간은 방황했어요. 사업 경험이 전무했던 제가 규모 있는 사업, 돈이 되는 사업 아이템에만 몰두하고 있었거든요. 아이러니하게도

그런 사업 아이템을 고르기 위해 자주 찾은 것은 누군가가 자신의 노하우와 경험을 알려주는 '강의'였어요. 사소한 일 같지만 저는 엄청난 결과를 얻었어요. 제 자신의 강점을 파악한 덕분에 멈춰 있던 한걸음을 내딛을 수 있었거든요. 저처럼 본인의 강점을 찾고 싶은 분들이 계시다면, 제 책《밀레니얼 세대가 돈 버는 법》에서 이 공식을 더 구체화시킨 가이드를 참고하시길 추천드려요. 저는 2주간 저의 장점과 핵심 코어를 찾으면서 첫 번째로 저 스스로에 대해 아는 것이 별로 없었다는 것을 느꼈어요. 그래서 '내가 아직 이만큼이라는 것을 인정하고 여기서부터 시작해보자! 그리고 강점화할 만한 것을 공부해보자'는 생각이 들었어요. 그 당시 대학 전공이었던 중국어와 창업에 관심이 많아서, 중국 청년 창업가들의 자료를 번역하고 정리하는 시간을 보냈습니다. 그리고 얼마 지나지 않아 문득 이런 생각이 스쳤습니다. '쌓이는 자료로 책을 출판해도 되겠는데? 이런 생각을 할 수 있었던 이유는, 당시에 강의를 정말 많이 듣고 책도 많이 읽었었거든요. 많이 접해보니까 전자책을 출판하는 방법에

대한 대략적인 감을 잡을 수 있었던 것 같아요.

그래서 정말 과감하게 혼자서 출판을 결심을 하게 됐어요. 바로 실행에 옮겼습니다. 그리고 전자책을 작업하던 어느 날, 두 번째 아이디어가 번뜩였어요. '누군가는 전자책을 쓰는 과정과 방법들을 궁금해하지 않을까? 이것으로 강의를 해볼까?'라는 생각이 든 거예요. 재밌겠다는 느낌을 떨칠 수가 없어서, 그 자리에서 바로 홍보 포스터를 만들었습니다. 강의 주제는 '외국어 공부하면서 전자책 만들기'였어요. 유튜브에서 보고 배운 대로 제 온라인 강의 첫 포스터를 몇 시간만에 만들었어요. 그리고 공고를 올렸습니다. 수강료는 공간 대여비를 포함해서 딱 만 원만 받았어요. 거의 무료 강의였던 셈이죠.

많은 인원이 모이진 않았지만 첫 강의라 그런지 정말 떨리더라고요. 그래도 제가 쌓아온 지식과 정보를 잘 나눠주는 강의를 해보자는 마음이었기에 참여하신 분들이 모두 만족하는 강의를 할 수 있었어요.

혹시나 이 책을 보는 독자들 중에 강의를 해보고는 싶은데 두렵고 막막하시다면 먼저 다른 사람의 소규모 강의를 많이 들어보면서 본인에게 맞는 강의 결을 찾아보는 걸 추천해요. 사실 모든 강사가 외향적이고 적극적이면서 긴장을 안 하지는 않잖아요. 강사들 중에는 내향적이지만 자신만의 스타일로 강의를 이끌어가는 분들이 정말 많거든요. 처음부터 수강생을 많이 모아서 돈을 많이 벌겠다는 목표를 갖는 것보다 단 한 명이 오더라도 강의 연습을 해보고 교육생들의 피드백을 적극 반영하면서 강의를 계속 업그레이드해야 합니다. 저 또한 그랬거든요. 경험이 쌓이고 쌓이면 실력이 되더라고요.

Q 강사님에게 강의란 무엇인가요?

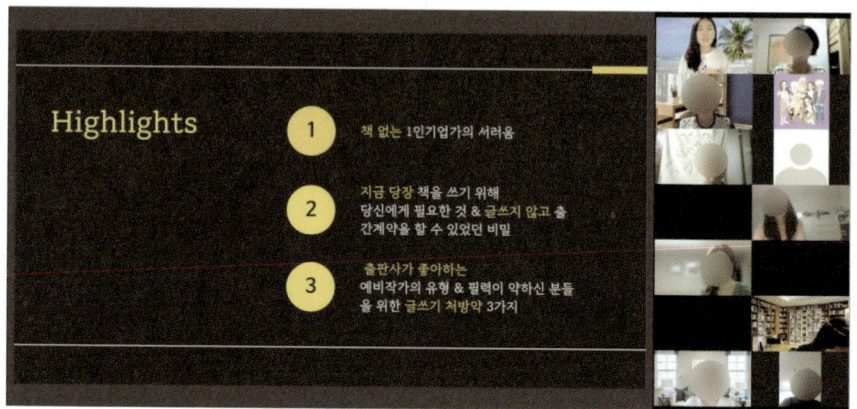

A 저의 영향력을 더욱 크게 만들어 주는 고마운 존재예요. 코로나19 전에는 오프라인 강의가 대부분이었기 때문에 장소와 시간이 맞지 않으면 듣고 싶은 강의도 놓치는 경우가 많았거든요. 하지만 온라인 강의는 장소와 시간의 제약이 거의 없잖아요. 제 강의를 듣는 교육생들 중에는 미국, 프랑스 등 해외에 살고 있는 분도 계십니다. 지방에 사시는 분도 많고요. 저 또한 어떤 장소에 있든 노트북 한 대만 있으면 바로 강의를 할 수 있으니 강의 덕분에 저의 삶이 더 즐거워졌고, 이 삶에 감사하며 더 큰 영향력을 갖게 된 것 같아요.

 이제는 온라인으로 수업 듣는 것이 정말 자연스럽잖아요. 그래서 강사들에게도 새로운 기회의 장이 열린 것 같아요. 강의 시장이 오프라인에서 온라인의 영역까지 확장되었으니까요. 그리고 교육을 듣는 사람 입장에서도 오프라인 강의보다 덜 부담되고 강의 시간이나 공간에 큰 제약이 없기 때문에 자신에게 필요하다는 생각이 들면 크게 고민하지 않고 신청하는 것 같아요. 이런 점이 이제 막 시작하는 강사들에게는 더할 나위 없이 열린 기회인거죠. 그러니 여러분도 꼭 강의를 시작하셨으면 좋겠습니다.

Q 처음 강의를 시작할 때 어떤 어려움이 있었나요?

A 가장 처음 느낀 어려움은 수강생 모객이었어요. 저의 첫 강의는 '온오프믹스'라는 플랫폼에서 시작했어요. 그런데 아무도 제 강의를 신청하지 않더라고요. 그때 "내가 뭐 그렇지. 이럴 줄 알았어"라며 제 자신을 많이 깎아 내렸던 것 같아요. 아무렇지 않은 척하려 했지만 많이 속상했거든요. 그날 지인을 만나서 푸념 섞인 하소연을 했어요. 그런데 프리랜서 영어 강사였던 지인이 바로 강사 단톡방에 제 강의 링크를 공유해주는 게 아니겠어요? 정말 감사하게도 그 덕분에 한두 명씩 신청자가 생기기 시작했고 무려 8명의 수강생을 첫 강의에서 만나게 됐어요. 그때 정말 하늘을 날아갈 것만 같았어요.

 강의를 하면서는 수강생들이 어떤 질문을 할지 모른다는 두려움이 있었어요. 그때 제가 가장 많이 받았던 질문이 '아직 책이 나온 것도 아니고 전문가도 아닌데 어떻게 강의를 할 수 있었냐'라는 질문이었는데요, 이런 질문을 예상하지 못한 건 아니지만 막상 받으니 또 긴장되는 건 사실이더라고요. 그리고 첫 강의 때는 경험이 없어서 공간 대관, 노트북 세팅 등 모든 게 두려웠던 것 같아요. 첫 강의가 끝나고 나니까 폭풍우가 몰아치고 간 기분이 들 정도였어요.

Q 그런 어려움을 어떻게 극복하셨나요?

A 앞에서도 말했지만 제가 강의를 할 때 가장 많이 받았던 질문이 '아직 책이 나온 것도 아니고 전문가도 아닌데 어떻게 강의를 할 수 있었냐'라는 질문이었잖아요? 이 질문을 들었을 때 오히려 더 당당한 마음을 가지려고 노력했던 것 같아요. 왜냐하면 저는 그동안 저의 경험과 배움을 통해 실제로 출판을 하는 방법을 알고 있었고, 곧 전자책 출판을 앞두고 있던 시기였거든요. 그리고 이런 생각을 했어요. '내가 아는 선에서 정보를 알려드리는 강의지, 엄청 대단한 걸 만들자고 내세우는 강의가 아니야. 내가 갖고 있는 지식과 배움을 알려주는 강의니까 괜찮아!'라고요.

 무엇보다 제 수준을 인정하고 거기에 맞는 조건을 걸었습니다. 일단 처음 하는 강의다 보니 아직 서툰 점이 많다는 것을 인정했어요. 수업에서 받는 질문도 제가 아는 만큼만 대답해드리고, 모르는 질문이 나오면 알아보고 말씀드리겠다고 했습니다. 그리고 수강생들이 실제로 책을 낼 수 있도록 한 달간 코칭을 해드리겠다고 선포했습니다. 모두가 좋아하셨어요. 저도 경험과 사례가 필요하기도 했고요. 수강생들에게는 공짜로 책을 내보는 경험을 해보는 것만으로도 알찬 강의였죠.

Q 교육생들의 시간과 돈이 아깝지 않은 강의가 되려면 어떤 걸 준비해야 할까요?

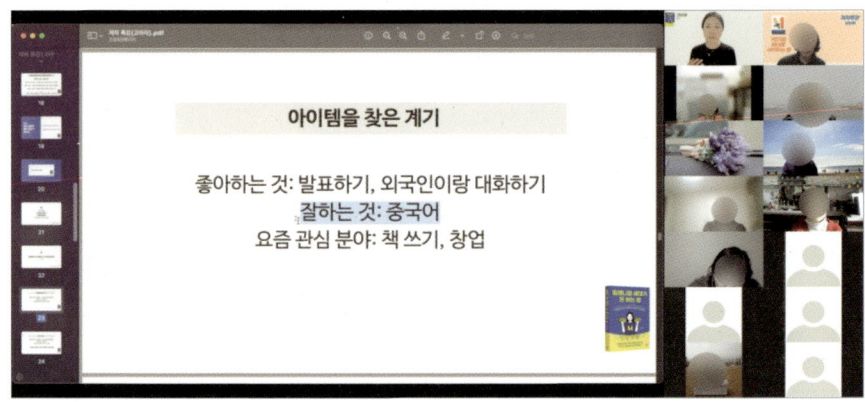

A 이제 막 시작하시는 강사분들에게 꼭 당부하고 싶은 것이 하나 있습니다. '수강생의 니즈를 사전에 반드시 파악하라'는 겁니다. 온라인이든 오프라인이든 내 강의를 신청한 사람들에게 사전 질문지를 돌려보는 거예요. 보통은 네이버나 구글 설문지 양식을 많이 사용하고, 사용법은 유튜브에 정보가 나와 있으니 참고하시면 쉽게 만들 수 있어요. 사전 설문지 질문은 '강의 주제에 대해 평소 어떤 생각을 가지고 있는지', '고민은 무엇인지', '이 강의에서 기대하는 점이나 알고 싶은 점은 무엇인지' 등이 좋아요. 이런 정보를 반드시 파악해야 하는 이유는, 강사가 알려주고 싶은 내용만 전달하는 것을 사전에 막을 수 있기 때문이에요. 그리고 수강생 입장에서도 실제 자신이 고민하고 있는 부분을 해결해야만 도움을 받았다고 생각하기 때문이에요. 모든 수강생의 고민과 니즈를 모두 충족하기보다는 설문 결과에서 공통적으로 나오는 답변, 특히 고민들을 강의에서 다루고 같이 풀어주면 훨씬 만족도 높은 수업을 진행할 수 있습니다.

그리고 이 책을 읽는 독자들에게만 하나 더 드리고 싶은 꿀팁이 있는데요. 바로, 강의를 잘하는 강사의 강의를 들을 때 사전에 어떤 서비스를 받는지 보는 거예요. 맛있는 음식을 많이 먹어 봐야 요리도 잘할 수 있듯이, 실제로 서비스를 받아 봐야 주는 방법도 익힐 수 있거든요. 어때요? 제가 드리는 꿀팁은 어렵지 않아요. 당장 실행할 수 있는 꿀팁이거든요. 제가 알려드리는 방법이 여러분에게 도움이 되었으면 좋겠습니다.

Q 강의를 통해 변화된 삶이 있나요?

A 강의를 통해 성장한 점이 정말 많은데요, 그중 세 가지를 꼽고 싶네요. 우선 첫 번째는, 제 장점을 객관적으로 알게 됐다는 겁니다. 강의를 하다 보면 수강생들로부터 다양한 피드백을 받습니다. 보석 같은 피드백도 간혹 발견하는데요. '어려운 개념을 쉽게 설명해준다', '체계적으로 잘 알려준다'는 피드백이 기억이 남습니다. 미처 몰랐던 나의 장점과 강사로서의 강점을 수강생을 통해서 발견하게 되더라고요. 덕분에 저의 장점을 살려서 강의기획서나 사업제안서 등을 쓰며 좋은 성과를 낼 수 있었던 것 같아요.

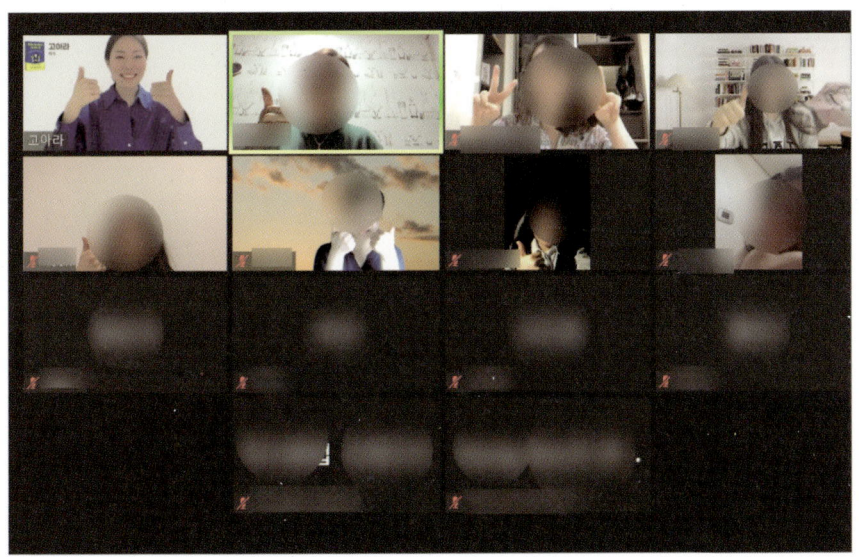

두 번째는, 도전을 더 즐기게 됐다는 점입니다. 처음에는 책 쓰기나 출판에 대해서만 강의를 했거든요. 그런데 점차 외부 강의 섭외가 늘면서 주최 측에서 원하는 방향에 맞춰 강의 범위를 점점 넓히게 됐어요. 시민기자단을 위한 글쓰기 강의, 진로 체험이 필요한 청소년들을 위한 글쓰기 강의처럼 같은 글쓰기 강의 주제여도 대상에 따라 범위를 넓혀 가기도 하고요. 또 퍼스널 브랜딩을 위한 글쓰기, 그림책 만들기 수업과 같이 다양한 목적에 따라 글쓰기 강의 주제 영역을 넓혔어요.

글쓰기 말고 새롭게 시작한 강의는 유튜브 크리에이터들을 위한 수업이에요. 제 유튜브 채널을 운영하기 위해 다양한 분들의 강의도 배우고 지식을 쌓으면서 저만의 유튜브 크리에이터 수업과 글쓰기 수업을 접목해서 강의 범위를 점점 확대하게 되더라고요. 물론 처음 해보는 영역이라서 낯설고, 매번 새롭게 강의안을 기획해야 하는 부담감이 있긴 했지만 하면 할수록 강의 실력이 업그레이드되고 커리어 역시 풍부해지는 게 느껴지더라고요.

세 번째는, 전자책 쓰는 법 강의를 하다 보니 저만의 책을 쓰게 됐고, 현재는 정식 작가가 되었다는 점이에요. 손예진 작가님이 운영하는 예티튜드 유튜브 채널 코너 '전국강사자랑'에 출연해서 이렇게 얘기한 적이 있어요. "강사가 책을 쓰면 정말 좋다"고요. 강사는 자신의 경험과 노하우뿐만 아니라 배움과 지식을 수강생이 잘 소화할 수 있도록 기승전결에 맞게 강의안을 기획하잖아요. 결국 이렇게 강의를 계속하다 보면 사례가 늘고 내용을 더 폭넓게 다루면서 대상에 따라, 목적에 따라, 주제에 따라 다양한 강의 콘텐츠를 갖게 되지요. 강사들은 경험이 쌓이면 쌓일수록 컴퓨터에 저장된 예전 기록들을 살펴보면서 생각보다 쓸 만한 기록이 많다는 것을 알게 될 거예요.

저도 그동안 강의를 계속 해오면서 쌓인 기록들로 책 출간을 수월하게 진행할 수 있었어요. 당신도 꾸준하게 활동하면서 기록들을 쌓아가면 분명 작가가 되는 데 큰 영향을 줄 것입니다. 강의를 계속하면서 기록하다 보면, 그 내용들로 결국 당신의 책을 출간하게 되는 날이 올 거예요. 그때 저를 찾아오신다면 꼭 도움을 드릴게요.

Q 강사에 도전하는 분들께 꼭 하고 싶은 한 마디가 있다면 해주세요.

A '어떤 배움, 지식, 경험이든 강의를 통해서 경력으로 만들 수 있습니다!'
저는 독자들에게 책에 사인해드릴 때 꼭 쓰는 문구가 있는데요, '경험이 경력이 되도록!'입니다. 처음은 뭐든지 낯설고 어설픈 법이에요. 그럼에도 이 책을 통해 각자의 경험, 배움 그리고 지식 등을 가지고 강의를 하고자 하는 당신이라면, 좀 더 안정적으로 출발할 수 있을 거라고 생각해요. 아주 작고 사소한 강의 주제도 괜찮으니, 일단 용기를 가지시면 좋겠습니다. 막연하게 창업을 꿈꾸던 평범한 직장이었던 제가 '한번 해보지 뭐!'라는 마음으로 첫 강의를 했던 것처럼 말이죠. 세상엔 당신의 경험과 배움을 필요로 하는 사람들이 분명 존재해요. '나는 부족해, 내가 무슨 강의를 해', '내가 강의를 하면 누가 듣기나 할까?'라는 혼자만의 생각을 떨치시고 가볍고 즐거운 마음으로 시작해보시면 좋겠습니다. 그 여정 속에서 즐겁게 항해하고 있는 다른 강사들을 만나게 될 거에요! 저 또한 당신의 강의를 만나기를 기다리고 있겠습니다. 진심으로 응원할게요!

Q 강사님 홍보 채널 모두 알려주세요!

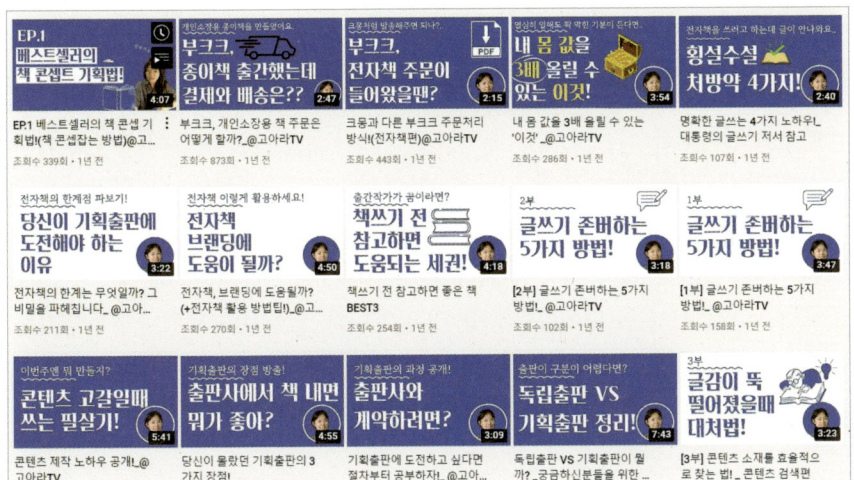

A 인스타그램: @mentorbranding
유튜브: 고아라TV

지금까지 지식과 배움으로 강의를 시작한 책쓰기 코치 고아라 강사의 이야기를 보았다. 이제 당신의 지식과 배움을 적어볼 차례다. 당신이 최근에 새롭게 배웠거나 오랫동안 배워온 것은 무엇인가? 아래 표에 있는 질문에 당신의 생각을 적어보자.

〈작성해보기〉 나의 지식과 배움을 정리하는 질문	작성하기
1. 오랫동안 꾸준히 배워온 지식이나 기술은?	
2. 최근 새롭게 배우는 것이 있다면 무엇인가요?	
3. 요즘 나에게 필요한 지식과 배움이 있다면?	
4. 다른 사람들이 잘할 수 있도록 내가 더 배워서 알려주고 싶은 주제가 있다면?	
5. 2~4번 주제를 더 알아가기 위해 참고할 만한 도서, 자료, 사람, 콘텐츠가 있다면?	

2.2.4 장점(Advantage)으로 강의 만들기

네이버 어학사전에서는 '장점'을 좋거나 잘하거나 긍정적인 점으로 정의한다. 다시 말하면 내가 좋아하는 분야나 잘하는 분야, 즐거워하는 분야 모든 것이 나의 장점이 될 수 있다. 장점을 얘기하면 흔히 혼동하는 것이 바로 '강점(Strength)'이다. 강점은 '남들보다 우세하거나 뛰어난 점'이다. 그러나 강의 콘텐츠를 만드는 재료가 반드시 남들보다 꼭 뛰어나야 하는 것은 아니다. 남들보다 뛰어나지 않더라도, 우월하지 않아도 충분히 좋은 강의 재료가 될 수 있다.

저자를 찾아오는 수많은 예비강사들에게 이렇게 묻는다.

'OOO님의 장점은 무엇인가요?'

놀랍게도 대부분은 질문에 대답하지 못하거나 머뭇거린다. 왜 그럴까? 나의 장점을 생각해 볼 겨를이 없었거나 장점인지도 깨닫지 못하고 있거나 대단한 행동만이 장점이라고 생각하기 때문이 아닐까? 만약 본인의 장점을 바로 떠올리기 어렵다면 과거 이력서에 썼던 장점을 생각해보는 것도 좋다. 아르바이트나 회사 취업을 위해 작성했던 이력서의 내용을 떠올려보자. 또 다른 방법은 가까운 지인들에게 물어보는 것이다. 본인의 장점은 말하기 어려워도 타인의 장점은 비교적 쉽게 발견할 수 있다. 이처럼 주변의 도움을 받아도 좋다. 스스로 생각하는 장점, 남들이 생각하는 나의 장점 모두 강의 콘텐츠로 만들 수 있기 때문이다.

예를 들어 당신이 사진을 잘 찍는다는 장점이 있다고 가정해보자. 이 장점으로 어떤 강의 콘텐츠를 만들 수 있을까?

- 사진 잘 찍는 법
- 인스타 감성 사진 잘 찍는 법
- 백 점짜리 남친 되는 여친 사진 찍는 법
- 졸업 사진 잘 찍는 법
- 풍경 사진 잘 찍는 법
- 공간 사진 잘 찍는 법
- 커피 사진 잘 찍는 법
- 인물 사진 잘 찍는 법

이처럼 꼭 남보다 우세하거나 뛰어난 강점이 아니더라도 당신이 잘하는 것, 좋아하는 것이 강의 콘텐츠가 될 수 있다. 이번에 소개하는 정지하 강사는 11년 간 간호사로 근무하며 시간 관리를 잘한다는 장점을 발견하고 시간 관리 전문 강사가 된 사례이다. 그는 시간 관리가 필요한 사람들과 커뮤니티를 꾸준히 운영하면서 2021년 11월에 《시간을 선택하는 기술, 블럭식스》를 출간했다. 지금은 기업과 관공서, 개인을 대상으로 시간 관리 강의를 활발하게 하고 있다. 정지하 강사와의 대화를 보며 당신의 장점을 떠올려보기 바란다.

[사례 5] 자신의 장점으로 자기계발 분야 강사가 된 정지하 강사

Q 강사님 자기소개와 어떤 강의를 하고 있는지 알려주세요.

A "만약 내가 지금처럼 5년을 더 산다면?" 이런 질문을 스스로에게 해본 적이 있나요? 제 강의에 참여하는 수강생들과 인생의 방향성에 대해 고민해보는 강의를 하고 있는 《시간을 선택하는 기술, 블럭식스》의 저자 정지하입니다.

저는 '시간 관리'에 대한 강의를 주로 하고 있는데, 제 강의는 '시간은 관리하는 것이 아니라 '선택' 하는 것이다'라는 명제에서 출발해요. 한정된 시간과 에너지 안에서 우선순위를 선택하는 힘을 기르는 법을 다룹니다. 중요한 것 중에서 더 중요한 것을 고르도록 도와 드리지요. '오늘 업무는 어떤 것부터 처리하는 것이 좋을까?', '돌발 상황에서도 내가 선택한 업무를 우선해서 할 수 있는 방법은 무엇일까?', '퇴근 후 저녁에는 어떤 가치 있는 일을 할 수 있을까?', '나는 어떻게 살아야 할까?'에 대한 질문을 던지고 해답을 찾아가는 실질적인 가이드 역할을 합니다. 왜냐하면 모두가 하고 싶은 것을 하면서 살아야 하고, 또 방법을 알면 그렇게 살 수 있다고 생각하기 때문입니다.

앞에서 말한 내용을 기본으로 다양한 수강생의 니즈에 맞추어 강의를 진행합니다. 사회초년생, 관리자급 임원, 퇴직을 앞둔 사람, 육아휴직 앞둔 사람 등 저마다 다른 고민들을 가진 수강생들이 각자가 원하는 삶을 선택할 수 있도록 돕는 강의를 진행하고 있습니다.

Q 강사를 하기 전에는 어떤 일을 하셨나요? 현재 강사 일과 동시에 하고 계시는 일이 있다면 무엇인가요?

A 강의 경력이 전혀 없거나 자신의 업을 강의로 연결하고 싶은 분들께 저의 성장 곡선이 작은 도움이 될지도 모르겠습니다. 제가 강사로 성장하게 된 흐름은 다음과 같습니다.

11년 간 3차 병원 간호사로 근무 → 자기계발 유튜브 채널 '룩말' 운영 → 시간관리 커뮤니티 운영 → 자체 강의 제작 및 모집 → 출판 → 기업/기관/대학교 출강

 퇴사를 할 때는 제 핵심 경력인 11년간의 간호사 경력 즉, 임상간호사와 환자안전 프로세스 전문가 경력이 다른 일에 연결될 수 있을 것이라 생각하지 못했습니다. 하지만 지난 모든 경험이 제가 강사로 성장하는 데 많은 도움을 주고 있습니다.

 간호사로서 수많은 환자를 대한 경험은 교육생분들의 마음에 공감하고 따뜻하게 의사소통하는 데 도움이 되었습니다. 환자안전 프로세스 전문가 경력은 제 핵심 콘텐츠인 블록 식스를 만들고 교육 커리큘럼을 기획하는 것의 근본이

되었습니다. 또한 유튜버 경력은 제 생각이나 활동을 영상으로 남기는 것에 심리적, 시간적 부담이 없게 큰 도움을 주고 있습니다.

Q 강사를 하게 된 계기는 무엇인가요?

A 유튜브 덕분에 강의를 할 수 있게 되었어요. 유튜브에 제 장점인 '미니멀 라이프'와 '시간 관리' 관련 콘텐츠를 꾸준히 올렸거든요.

많은 콘텐츠를 올리다 보니 '함께' 하고 싶은 마음이 생겼습니다. 그래서 처음엔 구독자 4명을 모아서 함께 플래너를 쓰고 실천하는 모임을 만들었습니다. 이때는 제가 뭔가를 알려주기보다는 '같이 해보자'라는 쪽에 더 가까웠어요. 그렇게 몇 개월이 지나자 저도 콘텐츠가 조금씩 쌓이면서 알려줄 수 있는 부분이 점점 늘어났습니다. 함께하는 크루들도 저에게 무언가를 배우기를 바랐고요. 그렇게 1년 정도 시간이 흘렀을 때 저의 커뮤니티에 함께 해주시는 크루들에게 제공할 수 있는 시간 관리 커리큘럼이 생겼고, 그것을 온라인 강의로 만들게 되었습니다. 이렇게 자연스럽게 강의를 시작하게 되었습니다.

커뮤니티를 만들고, 사람들이 필요로 하는 부분을 즉각적으로 파악해 그것을 해결해주고 싶다는 마음 덕분에 콘텐츠를 쌓을 수 있었습니다. 2년 정도 지나서는 제 책을 출판하게 되었고, 감사하게도 시간 관리 분야 베스트셀러가 되기도 했습니다. 책이 나오기 전에는 유튜브, 인스타그램을 통해 저를 아는 분들만 찾아왔었는데, 책을 출간한 이후에는 강사로서 본격적인 커리어를 쌓기 시작했습니다.

2장. 나만의 강의 기획하기

책이 나온 지 8개월 정도가 된 지금은 유튜버, 작가라는 타이틀만큼 '강사'라는 타이틀도 익숙해졌고 월 5~10건 정도의 외부 출강 의뢰를 받고 있습니다. 앞으로 계속 강의를 하면서 강의의 질, 인지도 등을 조금씩 높여 강의 스케줄, 강의료 등을 조절하는 강사로 성장하고 싶습니다.

Q 강사님에게 강의란 무엇인가요?

A '슈퍼 커뮤니케이션의 장'이라고 생각합니다. 오프라인 강의도 물론 재미있지만, 온라인 강의를 잘 활용하면 오프라인의 몇 십 배 이상의 소통을 이끌어낼 수 있다고 생각합니다. 저는 온라인 채팅을 적극적으로 활용합니다. 빠른 속도로 올라가는 채팅창을 보고 있으면 짜릿하기까지 합니다. 저는 오히려 오프라인 수강생들에게 대답을 이끌어내는 것보다 채팅으로 호응을 이끌어내는 게 훨씬 쉽더라구요.

온라인 강의 채팅의 장점은 수업에 대한 반응을 실시간으로 볼 수 있다는 것입니다. 오프라인 강의 같은 경우에는 수강생의 눈빛, 끄덕임, 간간이 나오는 대답 정도로 수업에 잘 따라오고 있는지 짐작할 수 있습니다. 그러나 온라인 채팅은 수업 중 실시간으로 올릴 수 있어요. 수업 중 수강생들이 하는 생각을 바로바로 알아챌 수 있지요. 지금 잘 이해하고 있는지, 어떤 부분에서 많이 웃으시는지, 어떤 부분이 이해가 가지 않는지를 바로 알 수 있어요. 게다가 이러한 소통 과정이 함께하는 모든 수강생들에게 보여지니 집중력도 덩달아 높아지고요.

한 가지 팁을 알려드리자면, 채팅창을 이용한 아이스 브레이킹을 하는 거예요. 가볍게 '여러분, 소리 잘 들리나요?', '오늘 점심은 뭐 드셨어요?', '지금 어느 지역에서 접속해 계세요?'와 같은 질문을 던져 채팅으로 답변하게 하거나, 쉬운 퀴즈를 내서 맞추게 하는 것이 도움이 됩니다. 그리고 수업 중간중간 채팅을 확인하면서 관련된 내용을 읽고 공감해주는 것만으로도 슈퍼 커뮤니케이션 강사가 될 수 있답니다.

채팅창이 활발하면 참여자도 즐겁고, 강사도 행복하고, 강의를 의뢰한 담당자분들도 긍정적으로 생각해서 '또 의뢰하고 싶은 강사'로 기억될 수 있답니다.

Q 처음 강의를 시작할 때 어떤 어려움이 있었나요?

A 저를 인스타, 유튜브로 알고 찾아오는 사람들이 아니라 저를 아예 모르는 사람들에게 강의를 했던 첫 날이 떠오릅니다. 책이 출판되고 처음으로 들어온 강의가 농림축산식품부 공무원분들을 위한 강의였어요. 정말 많이 긴장했던 기억이 납니다. 제가 주로 만났던 수강생은 20~30대 여성분들이었는데, 공무원들 대부분은 30~50대 남성이었습니다. '내 강의가 저분들에게 가 닿을까?' 걱정이 되었습니다. 아직 다양한 사람들에게 강의한 경험이 충분하지 않았기 때문입니다. 요즘도 마찬가지입니다. 제가 강의해본 적 없는 수강생 집단의 강의 의뢰가 오면 늘 긴장되는 마음입니다.

Q 그런 어려움을 어떻게 극복하셨나요?

A 수업 전 교육생들을 이해하고 그들에게 도움이 되는 예시를 넣을 수 있도록

사전조사를 하는 데 많은 시간을 쏟습니다. 제가 사전조사를 하는 4가지 단계를 알려드릴게요.

- 1단계: 강의를 의뢰한 담당자에게 최대한 많은 질문을 합니다. 질문을 통해 교육 목적부터 교육생들의 연령, 직급, 업무와 관계된 라이프 스타일 등에 대한 정보를 얻습니다. 담당자는 교육생들과 가장 밀접하게 연관되어 있기 때문에 많은 힌트를 얻을 수 있습니다.
- 2단계: 온라인 조사를 합니다. 유튜브에서 해당 직업군의 사람이 올린 영상을 찾아보거나, 블로그 등을 참고합니다. 또한, 네이버 지식IN을 통해 해당 직업군의 사람들은 어떤 고민을 하는지 찾아보는 것도 매우 도움이 됩니다. 그 해당 직업군만 특별히 사용하는 단어도 발견할 수 있는데요, 이런 것을 강의에서 언급하면 수강생들이 더 쉽게 강사에게 공감하고 집중합니다.
- 3단계: 주변 지인 중 관련 직업을 가지고 있는 사람이 있다면 강의 콘텐츠와 관련된 해당 직업군의 고민, 의견 등을 들어볼 수 있습니다.
- 4단계: 강의를 진행한 후 적용하는 방법입니다. 1~3단계를 적용하여 강의를 한 후, 강의 업그레이드를 합니다. 강의 중 어떤 부분에서 공감, 끄덕임, 웃음 등 반응이 좋았는지 기억하고 강화합니다. 또한, 강의 후 질문이 나왔다면 그 부분을 반영해서 해당 직업군의 강의를 업그레이드합니다.

위 4단계의 방법이 강의 대상에 따른 맞춤형 강의를 고민하는 당신들에게 도움이 되었으면 합니다.

Q 교육생들의 시간과 돈이 아깝지 않은 강의가 되려면 어떤 걸 준비해야 할까요?

A 저의 경우 출강하는 강의가 크게 2가지로 나뉘어요. 저 또는 저의 콘텐츠를 알고 자발적으로 강의를 신청하는 경우가 있고, 그렇지 않은 경우가 있어요. 기업이나 관공서에서 의뢰 받는 경우가 이에 속합니다. 이 두 강의는 강의를 시작할 때부터 차이가 있습니다. 자발적으로 제 강의를 신청하신 분은 '왜 이 강의가 나에게 필요한지' 이미 잘 알고 있습니다. 후자의 경우는 전혀 그렇지 않지요. 자발적으로 강의를 신청한 경우에는 정해진 시간 안에 가능한 한 많은 내용을 드리려고 합니다. 그러나 그렇지 않은 경우는 많은 것을 드리려 하기

보다는 하나라도 제대로 드릴 수 있도록 커리큘럼을 구성하고, 초반에 이 강의를 들어야 하는 이유와 이 강의를 잘 들으면 얻게 될 이점을 어필합니다. 수강생이 강의에 관심을 가지게 하는 시간이 꼭 필요합니다.

이 부분을 업그레이드하기 위해 저는 스토리텔링, 마케팅 관련 책을 많이 읽습니다. 무엇을 파는 능력은 강사에게도 필요합니다. 교육생들에게는 강의를 듣는 시간이 본인의 시간과 집중력을 강사에게 지불하는 것과 같기 때문이지요. 책에서 얻는 아이디어를 강의에 적용하다 보면, 자신에게 맞는 스토리텔링 기법을 찾고 계속 업그레이드할 수 있을 거라 생각합니다.

Q 강의를 통해 변화된 삶이 있나요?

A 3가지로 정리해 볼 수 있을 것 같아요. 첫째는 풍성해지는 강의 포트폴리오입니다. 작년까지는 제가 스스로 기획해서 오픈하는 강의가 더 많았는데, 책이 출간된 후부터는 기관, 공기업, 대학교 등에 출강하는 횟수가 더 많아졌습니다. 그리고 얼마 전에는 온라인 강의 플랫폼인 클래스101에 온라인 클래스를 오픈하기도 했습니다. 이것 또한 방구석에서 촬영한 결과물이지요. 강사 커리어 측면에서 보면 더욱 공신력 있는 포트폴리오가 쌓이고 있어요. 이런 경력을 바탕으로 앞으로 더 좋은 기회들을 만나게 될 것이라 생각합니다.

둘째, 제 강의 콘텐츠가 더 단단해지고 있다는 것입니다. 출강 강의를 하면서 제가 얻는 이점은 제 콘텐츠가 저를 아직 모르는 분들에게도 공감 받을 수 있다는 것을 증명하고, 자신감을 쌓아간다는 점이에요. 다양한 라이프 스타일을 가진 분들을 만나고, 시간 관리를 넘어 인생의 가치에 대해 함께 생각해 보는 시간을 가진다는 것이 저에게는 매우 큰 자산입니다.

셋째, 전국 각지에서 강의를 하며 덤으로 얻게 된 행복은 강의 후 짧게라도 그 지역의 명소를 들러 미니 여행을 즐긴다는 것이에요.

Q 강사에 도전하는 분들께 꼭 하고 싶은 한 마디가 있다면 해주세요.

A 제가 시간 관리 작가, 강사로 성장한 첫 걸음은 저와 함께하고 싶은 사람들을 모았던 것이에요. 나를 불러주기를 기다리는 방법도 있지만, 내가 사람들을 부르는 방법이 있어요. 요즘은 이 방법이 더 빠르고 쉽다고 생각합니다. 사람들을 모으는 방법은 제가 적용했던 3단계의 사이클을 참고하시면 도움이 될 거예요.

- 1단계: 내 콘텐츠를 SNS를 통해 세상에 계속 알리고 이야기합니다.
- 2단계: 내 콘텐츠에 관심이 있는 사람들을 직접 모아서 작은 강의를 열어봅니다. 단 1명이 와도 한다는 생각으로 열어보세요. 저도 처음 크루를 모을 때 정원 4명으로 공지를 했고, 단 1명이 와도 하겠다는 마음으로 시작했습니다. 1기에 딱 4명으로 시작한 시간 관리 온라인모임 '타임블럭랜드'는 현재 누적 크루 300명, 한 달 활동 크루 100명 내외인 온라인 모임으로 성장했습니다.
- 3단계: 강의하는 모습과 일부 내용을 SNS에 계속 기록하세요.

이 3단계 사이클을 꾸준히 돌리다 보면 누군가 나를 불러주는 날이 반드시 옵니다. 이것이 강사의 퍼스널 브랜딩입니다. '무엇을' 강의하느냐도 중요하지만 이제는 같은 내용이라면 어떤 캐릭터의 강사가 강의를 하는지도 선택에 매우 중요한 부분이랍니다. 오늘 당장 1, 2, 3 단계 사이클 중 하나를 실천해보세요!

Q 강사님 홍보 채널 모두 알려주세요!

A 유튜브 : 룩말
   인스타 : @lookmal_time

지금까지 자신의 장점을 극대화해 강의를 하는 정지하 강사님의 이야기를 보았다. 이제 당신의 장점을 아래 표에 작성해보자.

〈작성해보기〉 나의 장점 찾기 질문	작성하기
1. 내가 생각하는 나의 장점 3가지는?	
2. 주변에서 듣는 나의 장점이 있다면?	
3. 위의 장점 중에서 강의 콘텐츠 주제로 잡고 싶은 것이 있다면?	
4. 나의 장점을 강의 콘텐츠화하기 위해 노력해야 할 것은?	

2.2.5 흥미(Interest)로 강의 만들기

흥미는 '흥을 느끼는 재미, 어떤 대상에 마음이 끌린다는 감정을 수반하는 관심'이다. 당신은 평소 어떤 것에 관심이 있는가? 재밌어하는 것이 있는가? 최근 흥미롭게 눈여겨본 것이 있는가? 유튜브에서 자주 찾아보는 영상은 어떤 것이 있는가? 인스타그램이나 네이버 블로그에서 자주 보는 글은 무엇인가? 사람은 각자의 관심사가 다르고 흥미도 다르다. 이번에는 자신의 관심과 흥미를 가지고 타로 강사가 된 김세영(로비앙)님의 이야기를 보자. 결혼식장에서 식 진행을 하는 평범한 직장인이었던 김세영 강사는 평소에 관심이 가고 흥미가 있었던 타로를 배우기 시작했다. 그리고 현재는 타로로 10가지 이상의 수익 파이프라인을 만들며 월 천만 원 이상을 버는 전문 타로 강사가 되었다.

[사례 6] 김세영(로비앙) 강사

Q 강사님 소개와 어떤 강의를 하고 계신지 알려주세요!

A 안녕하세요! 저는 타로 상담, 교육, 유튜브, 전자책 등 타로 하나로 10가지 이상의 영역에서 활발하게 활동하며 강의 수익으로 월 천만 원 이상 버는 타로 마스터 로비앙이라고 합니다. 제가 경험했던 모든 것을 강의에 녹여 타로 취미반, 강사반, 창업반 그리고 타로 유튜버 반을 운영하며 타로로 할 수 있는 길을 제시하는 강의를 하고 있습니다.

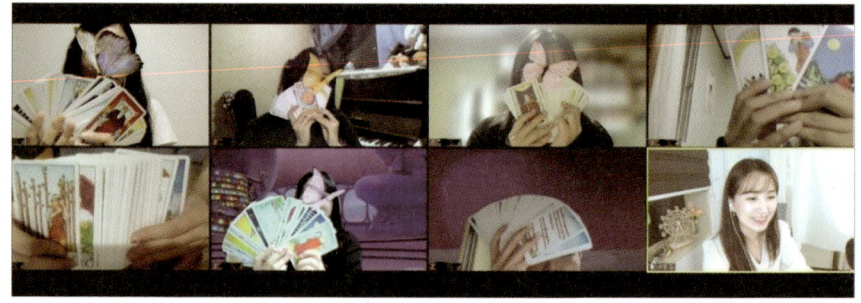

Q 강사를 하기 전에 어떤 일을 하셨나요? 현재 강사 일과 동시에 하고 있는 일이 있다면 무엇인가요?

A 저는 일명 알바몬이라고 할 수 있는 프로 알바생이었어요. 어렸을 때부터 직접적인 경험을 좋아해서 하고 싶은 것은 다 했던 것 같아요. 춤추고 노래하는 것도 좋아해서 걸그룹 연습생도 했었고요. 또 웨딩 업계에서 고객 상담 및 식 진행을 하는 평범한 일을 했어요.

Q 강사를 하게 된 계기는 무엇인가요?

A 처음 타로를 배우기 시작한 것은 타로에 관심이 있었기 때문이에요. 흥미롭게 생각하는 주제다 보니 먼저 찾게 되고 배우고 싶어지더라고요. 그때 배운 타로로 결혼식장에 상담 온 고객들에게 간단한 타로 상담을 해드리기도 했어요. 저는 타로를 처음 시작할 때부터 강의를 염두하고 배웠어요. 제가 워낙 사람들 앞에서 말하는 걸 좋아하고 또 말하기에 재능이 있다고 생각했거든요. 그리고 무엇보다 타로를 배울 때 선생님과 소통이 어려웠기 때문에 제가 타로 강의를 하는 것을 상상하면서 강의의 방향성까지 고민하며 배웠던 것 같아요.

Q 강사님에게 강의란?

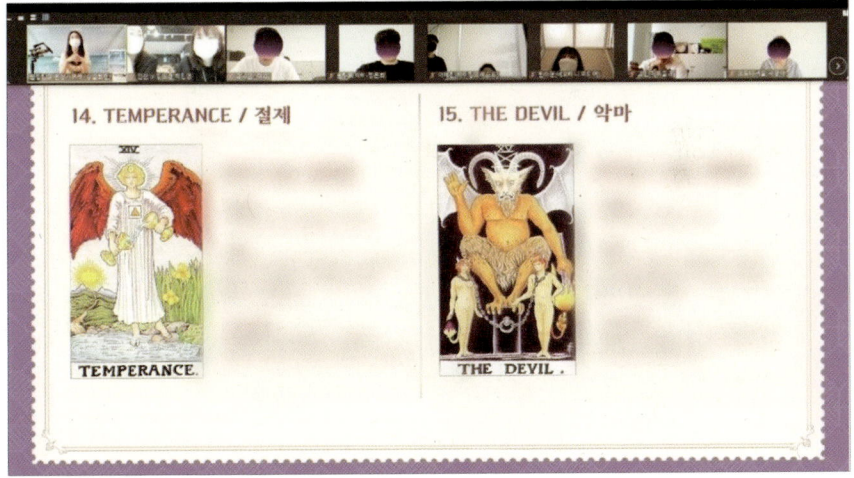

A Amazing! 강의는 굉장히 놀라운 것이에요. 시공간을 넘어 제가 좋아하는 강의를 할 수 있다는 것은 이 시대에 태어난 게 감사할 정도로 아주 경이로운 일이에요. 좋아하는 일을 제약 없이 할 수 있다는 것도 좋은데 특히 온라인 강의는 출퇴근 없이 제 시간과 에너지를 또 다른 좋은 곳에 쓸 수 있다는 것이 가장 좋습니다. 멀리 해외에 계시는 분들과도 언제든 소통할 수 있고 이 밖에도 정말 다양한 장점이 많아 사랑할 수밖에 없는 것이 강의입니다.

Q 처음 강의를 시작할 때 어떤 어려움이 있었나요?

A 처음 강의를 오픈하고 약 2주 정도는 아무도 강의 신청을 하지 않았어요. 머리로는 '난 아직 인지도도 없고, 나만의 인사이트라고 내세울 게 없는데 덜컥 강의를 신청하는 사람이 어딨겠어. 실망하지 말자'라고 했지만 속상했어요. 약 한 달쯤 지나자 2명의 수강생이 신청을 해서 강의가 잡혔죠. 신청자가 있다는 기쁨도 잠시, 첫 강의라 너무 긴장이 되고 또 시간 내에 강의를 못 끝내면 어쩌지? 혹은 너무 일찍 끝나서 시간이 텅 비면 어떡하지? 같은 걱정들이 쏟아지기 시작했어요. 그렇게 여러 어려움과 긴장 속에서 첫 강의가 시작되었죠. 걱정과 달리 반응도 좋고 재밌다는 칭찬도 받았지만, 하고 싶은 얘기가 너무 많았던 나머지 45분이라는 시간을 훌쩍 넘겨버렸습니다. 그래도 시간 가는 줄 몰랐다며 끝까지 자리를 지켜준 수강생들 덕분에 제 첫 강의는 무사히 마무리되었습니다. 아직도 그때의 기억이 새록새록하고 첫 강의를 신청했던 두 수강생의 이름이 아직도 기억이 나요! 너무나도 감사하고 뜻깊은 경험이었어요.

Q 어려움을 어떻게 극복하셨나요?

A 예전에는 무조건 일목요연하게 정리하여 말하거나 장황하게 설명하는 게 이해를 돕는 거라 생각했어요. 그런데 강의를 거듭하다 보니 간결하지만 확! 와닿는 비유만큼 이해도를 높여주는 건 없더라고요. 또 제가 타로 상담을 하면서 실제로 겪었던 에피소드를 강의에 잘 녹여 이야기하듯 풀어 나갔더니 강의가 한결 매끄러워졌고, 수강생들의 반응 역시 점점 좋아졌어요. 강의를 하면 할수록 실력이 업그레이드되고 지루하지 않은 분위기로 진행할 수 있었어요.

저는 타로 상담을 하는 지금도 내담자의 입장을 직접 경험해보기 위해 주기적으로 다른 상담사 선생님께 내담자의 입장으로 상담을 받아보고 있어요. 강의 역시 마찬가지로 수강생의 입장으로 여러 강사들에게 다양한 것들을 습득하는 것이 중요한 것 같아요. 좋은 건 갈고 닦아서 내 것으로 만드는 것이죠. 제가 수강생일 때 불편했던 점들도 잘 기억해서 제 강의에서 잘못된 언어를 사용하지는 않았는지, 적절치 못한 태도를 보이지는 않았는지 한 번 더 돌아보는 일도 꾸준히 하고 있어요.

Q 교육생들의 시간과 돈이 아깝지 않은 강의가 되려면 어떤 걸 준비해야 할까요?

A 수강생들의 니즈 파악이 가장 중요하다고 생각해요. 니즈를 정확히 파악한 후 정해진 시간 안에 핵심을 전달해서 수강생들의 니즈를 저격해야 하죠. 긴 강의든 짧은 강의든 기승전결이 자연스러운 강의를 구성해야 하고요. 거기에 적당한 유머 센스까지 겸비한다면 모두가 만족하는 강의가 될 것 같습니다.

Q 강의를 통해 변화된 삶이 있나요?

A 이 질문을 받고, 답변을 하는 지금도 가슴이 콩닥콩닥 하네요. 강의는 저에게 그런 분야예요. 내가 살아 있음을 느끼게 해주고 나의 재능, 가치를 일깨워준 거대한 일이죠. 또 많은 이에게 새로운 길을 제시해주고 미처 짚지 못한 부분들을 일깨워주는 아주 값진 일이에요. 타로를 만나 제 인생은 180도 바뀌었지만 아마 그중 7할은 강의라는 분야가 차지하고 있지 않을까 싶네요. 저는 훗날 꼭 타로가 아니더라도 다른 주제로도 꾸준히 강의하는 강사로 살아가고 있을 거예요. 여러 교육생을 만나고 강의를 거듭할수록 저 역시 배우고 성장하는 중이거든요.

Q 강사에 도전하는 분들께 꼭 하고 싶은 한 마디가 있다면 해주세요.

A '당신도 강의할 수 있어요!'라는 말이 진부하게 들릴 수 있지만 사실이라는 걸 느끼게 될 거예요. 내 이야기가 필요한 사람은 어디에라도 존재해요. '누가 이런 정보를 모르겠어?', '이게 어떻게 강의가 될 수 있겠어. 너무 허접해'라고 생

각하는 그 정보가 누군가에겐 간절하고 크나큰 보탬이 될 수 있다는 걸 당신이 꼭 알게 되었으면 좋겠어요. 나의 이야기를 들어줄 사람들이 차곡차곡 모여 당신의 강의 길을 밝게 비춰주고 함께 해줄 거예요. 그러니 이제 고민 말고 강사가 되기 위해 해야 할 일을 찾아 움직이세요! 강사가 돼서 우리 꼭 만나요. 저도 더 멋지게 성장해 나갈게요. 우리 함께 화이팅!

Q 강사님 홍보 채널 모두 알려주세요!

A 인스타그램 : @rovian_tarot
유튜브 : 로비앙타로

〈작성해보기〉 나의 지식과 배움을 정리하는 질문	작성하기
1. 최근 내가 흥미나 관심을 갖고 있는 것이 있다면?	
2. 나의 흥미를 강의 콘텐츠로 만들기 위해 해야 할 것은?	

2.2.6 성과(Performance)로 강의 만들기

흔히 우리가 말하는 성과를 퍼포먼스(Performance)라고 한다. 기간에 상관없이 어떤 분야에서 이루어낸 성공적인 결실이다. 앞서 다뤘던 경험(Experience)은 이루어 낸 결실과 상관없이 그 분야에서 쌓아온 시간으로 정의한다면, 성과(Performance)는 기간에 상관없이 성공적으로 이루어낸 결과를 얘기한다는 점이 다르다. 그러므로 당신의 성과로 강의를 하려면 반드시 그 분야에서 얻은 성공적인 결과, 잘 해낸 무언가가 있어야 한다. 당신이 어떤 분야에서 특정 성과를 이룬 경력이 있다면 강사로서 신뢰성을 높이고 전문성에 힘을 더하는 요인이 될 것이다.

예를 들어, 당신이 다이어트로 몸무게 10Kg 감량에 성공했다고 가정해보자. 이것은 몸무게 감량을 성공적으로 해낸 결과이기 때문에 성과이다. 이러한 성과가 있다면 당신은 몸무게를 감량하고 싶은 사람들을 위한 강의를 할 수 있다. 게다가 다이어트에 성공한 뒤 바디 프로필 대회에 나가서 상을 탔다고 가정해보자. 이것 또한 마찬가지로 성과를 이룬 것이다. 이렇게 다이어트로 성과를 내기 시작하면, 주변 사람들이 당신에게 이런 질문을 할 것이다. "나도 살 빼야 되는데 뭐부터 해야 돼?', '나 이번 달부터 헬스장 다니려는데, 어떤 기구부터 써야 돼?', '나 이번에 바디 프로필 찍고 싶은데 언제부터 운동을 시작하면 좋을까? 식단은 어떻게 조절하면 돼?'라고 말이다. 또 어디서 바디 프로필을 찍었는지, 바디 프로필 대회는 어디서 어떻게 신청하는 것인지, 입고 나간 복장은 무엇인지 등 수십 가지의 질문을 받을 것이다. 이것이 바로 성과가 강의 콘텐츠가 되는 과정이다. 위의 사례는 바디 프로필 대회에서 수상한 예를 들었지만, 꼭 상을 받지 않아도 대회를 나간 것만으로도 성과가 되고 바디 프로필을 찍을 수 있는 몸을 만든 것만으로도 성과가 된다. 결과적으로 몸무게로든 보여지는 몸으로든 무엇이든 이뤄낸 것이 바로 성과인 것이다.

다음은 성과를 강의로 만든 두 명의 강사를 소개하겠다. 이들의 공통점은 자신의 분야에서 성과를 내고 강의를 시작한 것이다. 산타맘이라고 불리는 황지원 강사님은 인스타그램 공동구매 마켓 사업을 시작해 팔로워 12만명, 3일에 1억 5천 매출 성과를 내는 수만 명의 주부들의 롤모델이 된 SNS 브랜딩 강사다. 두 번째로 소개하는 이용환(세컨드 리치)강사는 20대에 20만원으로 시작한 스마트스토어 사업으로 연 매출 7억 7천만원의 성과를 내고 현재는 온라인 사업을 꿈꾸는 수 많은 사장님들의 강사이다. 두 강사님의 이야기를 통해 당신의 성과를 점검해보자.

[사례 7] 인스타그램 공동구매 매출 성과를 내고 주부들의 롤모델이 된 황지원(산타맘) 강사

Q 강사님 자기소개와 어떤 강의를 하고 있는지 알려주세요.

A SNS를 통한 온라인 수익화를 배우고 싶은 개인과 기업들에게 SNS 운영 방식, 효과적인 마케팅 방식을 알려주는 강의를 하고 있습니다.

Q 강사를 하기 전에 어떤 일을 하셨나요? 현재 강사 일과 동시에 하고 있는 일이 있다면 무엇인가요?

A 저는 강사를 하기 전에 여러 직업을 거쳤는데요, 대표적으로 몇 가지 꼽자면 고등학교 물리교사, 외국계 기업 사무직으로 근무했습니다 현재는 11개의 직업을 가지고 있는 N잡러로서 SNS에서 공동 구매라는 형태로 물건을 판매하고, 자사 브랜드를 론칭하여 상품 기획, 개발, 유통, 영업 등 다양한 영역에서 활동 중 입니다.

Q 강사를 하게 된 계기는 무엇인가요?

A SNS를 통해 제품을 판매하면서 소기의 성과를 빠른 시간 안에 달성할 수 있었습니다. 그래서 온라인 시장에 대한 확신이 들었고, 온라인 공동 구매를 배우려는 사람들이 점점 늘기 시작했어요. 처음에는 한두 명에게 알려주기 시작했는데, 그들이 성과를 내면서 더 많은 사람이 찾는 강의를 할 수 있게 되었습니다. 누군가에게 제가 성과를 냈던 분야에 대해 알려줄 수 있다는 것이 굉장히 큰 보람으로 느껴져서 본격적으로 책을 집필하고 강의를 시작하게 되었습니다.

Q 강사님에게 강의란?

A 강의를 시작할 무렵이 코로나19가 시작된 시기와 맞물려서 저는 오프라인 강의보다 온라인 강의를 더 많이 진행하게 되었습니다. 온라인 강의는 공간의 제약 없이 집에서도 손쉽게 양질의 강의를 전달할 수 있어요. 덕분에 수강생들도 온라인 강의에 대한 만족도가 매우 높았습니다 사회적 거리 두기가 완화되면서 오프라인 활동이 늘어나고 있기는 하지만 여전히 온라인과 오프라인을 병행하면서 다양한 분들에게 강의를 할 수 있어 감사한 하루들입니다.

Q 처음 강의를 시작할 때 어떤 어려움이 있었나요?

A 막상 강의를 하면 신나게 주어진 시간을 활용하지만 강의를 준비하거나 수강생을 모집할 때는 어떻게 하면 좀 더 업그레이드된 강의를 제공할 수 있을까 매 순간 고민이 듭니다. 특히 제가 진행하는 거의 모든 수업을 다 들으시는 수강생들도 많아서 강의마다 새로운 내용을 업데이트해야 한다는 부담감도 있는 것 같아요.

Q 위의 어려움을 어떻게 극복하셨나요?

A 결국 콘텐츠의 만족도는 수강생들의 만족에 달린 것이기 때문에 강의가 끝나면 그들의 피드백을 듣고자 노력하는 편입니다. 강의를 마치고 나서 후기를 요청하거나 개선할 부분에 대한 수강생들의 솔직한 의견을 경청하고 있습니다.

Q 교육생들의 시간과 돈이 아깝지 않은 강의가 되려면 어떤 걸 준비해야 할까요?

A 강의 경력이 쌓이면서 이제는 구체적 사례나 예시에 집중하는 편입니다. 원론적이고 학문적인 이야기보다는 구체적으로 수강생들이 강의 내용을 어떻게 접목할 수 있을지에 대한 고민을 하면서 사례 중심의 수업을 진행하고자 합니다. 그래서 강사는 최신 사례, 뉴스, 정보들을 매 순간 체크하려고 노력해야 하는 것 같아요.

Q 강의를 통해 변화된 삶이 있나요?

A 수 년 동안 진행해온 강의에 문득 오랜만에 찾아오는 인연들이 있습니다. 언젠가 들었던 제 강의로 자신의 삶을 변화시킬 수 있었고 덕분에 성장했다며 감사의 마음을 표현하는 분들을 보면 제 노하우를 알려드리는 기회가 더욱 값지게 느껴집니다. 그런 분들이 있어 더욱 열심히 강의를 해야겠다는 생각이 들고 더 성장하기 위해 노력하고 있습니다.

Q 강사에 도전하는 분들께 꼭 하고 싶은 한 마디가 있다면 해주세요.

A 강의는 누군가를 도울 수 있는 중요한 영역입니다. 뿐만 아니라 알려주려 할수록 나 자신의 노하우는 더 축적되어 누구도 뺏어갈 수 없는 나만의 무기가 되는 것 같아요. 타인을 도우며 스스로 성장하기를 원한다면 강사에 도전해보세요.

Q 강사님 홍보 채널 모두 알려주세요!

A 저서: 《나는 매일 인스타그램으로 돈 번다》 / 〈이렇게 했더니 인스타마켓으로 6억 벌었어요!〉

유튜브: 산타맘TV
인스타그램: @santamom_insta
틱톡: @santamom_tictok

[사례 8] 20만 원으로 시작해 매출 7억 7천만 원 달성 후 온라인 창업 강사가 된 이용환(세컨드리치) 강사

Q 강사님 자기소개와 어떤 강의를 하고 있는지 알려주세요.

A 안녕하세요. 본업보다 많이 버는 부업의 첫 걸음, 세컨드리치 강사 이용환입니다. 저는 스마트스토어 강의를 하고 있고 마케팅 대행사를 운영한 경험을 바탕으로 소상공인 사장님들의 성공적인 온라인 사업을 위한 마케팅 강의도 진행하고 있습니다.

Q 강사를 하기 전에 어떤 일을 하셨나요? 현재 강사 일과 동시에 하고 계시는 일이 있다면 무엇인가요?

A 예전에는 마케팅 대행사에서 일을 했습니다. 현재는 본업인 스마트스토어, 마케팅 대행업을 운영 하고 있습니다. 그 외에도 많은 사람들이 본업보다 많이 버는 부업을 할 수 있도록 도와주는 '세컨드리치' 네이버 카페, 유튜브, 인스타그램을 운영하고 있습니다.

Q 강사를 하게 된 계기는 무엇인가요?

A 저는 2년 3개월 만에 자본금 20만 원으로 네이버 스마트스토어 매출 7억 7,297만 원의 성과를 이루었습니다. 이러한 성과를 내기까지 노하우들이 쌓이면서 주위에서 강의를 해보는 건 어떻겠냐는 권유를 많이 받았습니다. 그래서 본업인 네이버 스마트스토어와 마케팅 대행업을 운영하면서 지금까지 꾸준히 온라인, 오프라인 강의를 진행하고 있습니다. 처음에는 전문 강사가 아니다 보니 강의 준비에 정말 많은 시간이 걸렸는데요. 수많은 수강생들을 만나면서 강의 경험과 노하우가 쌓이다 보니 지금은 수강생마다 각자에게 맞는 방법으로 강의를 진행하게 되었습니다. 그 덕분에 지금까지 수강생들의 실질적인 수익을 올리는 데 필요한 〈스마트스토어 실전 포커싱〉 강의를 6기까지 운영하고 있습니다.

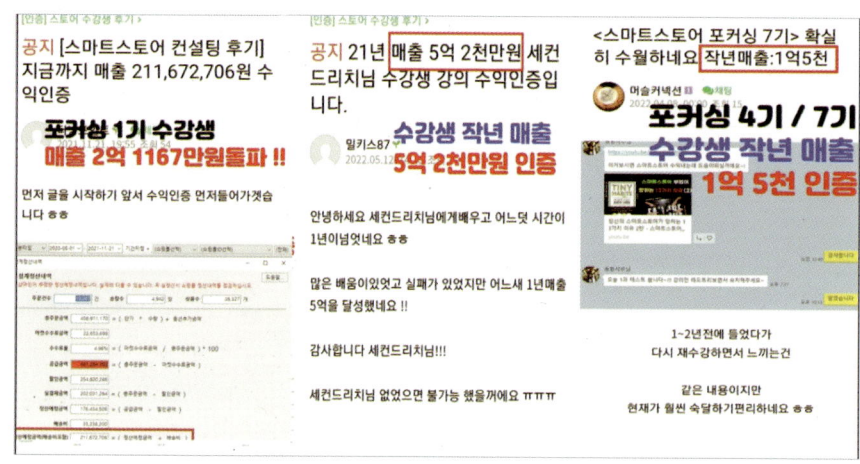

위에 보여드리는 사진은 실제로 제 수업을 듣고 성과를 냈던 수강생들의 사례들입니다. 이렇게 수강생들의 성공 사례가 쌓일수록 저만의 강의 노하우와 커리큘럼이 더 탄탄해졌습니다. 덕분에 얼마 전 클래스101 강의 플랫폼에 〈네이버 스마트스토어 매출 부스팅〉이라는 온라인 강의를 오픈하게 되었습니다.

Q 강사님에게 강의란?

A 강의는 새로운 파이프라인이라고 생각합니다. 현대 자본사회에서는 수익을 창출하는 창구를 여러 개 만들어 두는 것이 안정된 자산을 불려 나가는 가장 좋은 방법이라고 생각합니다. 강의는 소비자들의 니즈를 파악하고 퀄리티 있는 강의 내용과 깔끔한 촬영 편집을 거쳐서 작품을 만들어내 수강생들이 새로운 경험을 할 수 있게 만들어 줍니다. 특히 온라인 강의는 고객들에게 직접 찾아가지 않아도 고객들이 저의 온라인 강의를 찾아준다는 점이 굉장히 매력적입니다. 따라서 강의는 반드시 가져가야 하는 수익 파이프라인이라고 생각합니다.

Q 처음 강의를 시작할 때 어떤 어려움이 있었나요?

A 저의 노하우를 상대방이 쉽게 이해하게 하는 것이 정말 어려웠습니다. 사람마다 경험이나 습득력이 달랐기 때문입니다.

Q 그런 어려움을 어떻게 극복하셨나요?

A 쉬운 사례를 통해서 간접적으로 배경지식을 구축한 다음 개념을 설명하고, 이

론과 실전의 차이를 시행착오로 메꾸려고 노력하고 있습니다.

Q 교육생들의 시간과 돈이 아깝지 않은 강의가 되려면 어떤 걸 준비해야 할까요?

A 수강생이 진짜로 원하는 게 무엇인지 파악하고, 탁상공론이 아니라 실제로 수강생들이 원하는 것을 실현하게 만드는 강의라고 생각합니다.

Q 강의를 통해 변화된 삶이 있나요?

A 새로운 안전 수익이 생겨서 삶의 질과 안정감이 높아졌습니다. 그리고 새로운 고정 수익 덕분에 사업을 더욱 윤택하고 활발하게 활성화할 수 있다는 것도 큰 변화입니다.

Q 강사에 도전하는 분들께 꼭 하고 싶은 한 마디가 있다면 해주세요.

A 일단 실력을 키운 다음 내공을 키우세요. 그것을 통해 수익을 냈다면 이제 그것을 강의로 만들 수 있는 신호탄이 터진 것입니다. 당신도 할 수 있습니다.

Q 강사님 홍보 채널 모두 알려주세요!

A 유튜브 : 세컨드리치
네이버 카페 : 세컨드리치
인스타그램 : second.rich_

성과는 좋은 강의 콘텐츠 재료가 된다. 성과를 이뤄낸 과정과 결과는 수강생들에게 가장 큰 동기부여가 되기 때문이다. 당신은 어떤 성과를 이뤄왔는가? 고민해보고 아래 표를 작성해보자.

〈작성해보기〉 나의 성과를 알아보는 질문	작성하기
1. 당신이 해온 일 중 가장 성공적인 결과를 얻은 일은 무엇인가?	
2. 어떤 우수한 성과를 얻었는가?	

2.2.7 그래도 강의 콘텐츠가 떠오르지 않는 당신을 위한 팁 두 가지

지금까지 강의 콘텐츠의 재료인 취미, 경험, 배움, 장점, 흥미, 성과에 대한 내용을 다뤘다. 그럼에도 불구하고, 크게 와닿지 않는가?

'나는 아무리 생각해봐도 강의를 할 만한 재료가 없는 것 같아.'

'나는 특히 잘하는 것도 없고, 오래 무엇을 해온 경험도 없고, 배워보고 싶거나 관심있는 것도 없고, 성과도 없는데 무슨 강의를 할 수 있지?'

아무리 고민해봐도 취미, 경험, 배움, 장점, 흥미, 성과가 없다면 강의를 할 수 없는 것일까? 아직 포기하기엔 이르다. 고민하는 당신을 위해 강의 콘텐츠를 찾는 두 가지 팁을 소개하겠다.

첫 번째는, 바로 자신에게 좀 더 솔직해지는 것이다. 솔직함이 강의 콘텐츠가 될 수 있다는 것을 저자는 뒤늦게 알았다. 나의 솔직한 이야기, 나만의 이야기보다 전문가로서 어떤 지식이나 정보를 전달하는 것, 다른 전문가의 의견이나 논리를 실감나게 전달하는 것이 좋은 강사의 역할이라고만 생각했다. 하지만 강사일을 한지 2~3년쯤 되었을 때 다른 사람의 이야기나 정보만 가지고 강의를 하는 것은 한계가 있다는 것을 깨달았다. 결국 남의 이야기가 아닌 직접 경험한 자신의 이야기로 강의 하는 것이 롱런하는 강사의 비결이었다. 당신이 무엇을 강의해야 할 지 고민 된다면, 이번 기회에 당신의 경험과 삶을 좀 더 솔직하게 돌아볼 필요가 있다. 이것이 오래 살아남는 강의 콘텐츠를 만드는 데 꼭 필요한 자양분이 될 것이다. 그런 의미에서 저자 스스로를 솔직하게 돌아본 덕분에 교육생들에게 큰 박수 갈채를 받았던 이야기를 해보고자 한다.

저자는 어릴 적 부모님이 이혼해 한 부모 가정에서 자랐다. 뿐만 아니라 나라에서 기초생활수급 지원을 받을 정도로 가난한 어린 시절을 보냈다. 사춘기 시절에는 부모님의 이혼도, 가난도 늘 부끄러웠다. 그리고 성인이 되어서는 잊고 싶은 과거이자 남들에게 보여주고 싶지 않은 콤플렉스로 자리잡았다. 그러나 내 과거를 스스로 인정하지 않으면 한없이 가엾고 지우고 싶은 초라한 시간이 된다는 것을 그때는 몰랐다. 이혼 가정에서 자란 아이라고 모두가 나처럼 자존감이 낮은 것은 아니다. 그러나 나는 자존감이 한없이 낮았다. 내 어린 시절은 늘 감추고 싶었고 부끄러웠다. 그래서 부모님이 이혼했다는 걸 아무리 친한 친구라도 말하고 싶지 않았다. 그런 모습을 숨기려할수록 타인의 시선에 더 신경을 쓰기 시작했다. 그럴수록 내 자존감은 더 바닥을 치는 악순환이 계속됐다.

강사라는 직업을 하고 싶었던 것도 낮은 자존감의 영향이 컸다. 남들에게 보여지는 멋진 직업, 누군가에게는 선생님, 강사님, 교수님이라고 불리는 이 직업이 낮은 자존감을 채워줄 것이라고 생각했었다. 이런 마음으로 강사를 시작했고, 처음 2~3년 동안은 낮은 자존감을 감추기 위해 고군분투하며 멋져 보이는 강사의 모습으로 지냈다. 강의는 책, 논문, 전문 지식, 전문가들의 이야기를 열심히 배워서 하는 것이 최고라고 생각했다. 그러다 어느 날 이런 생각이 들었다. '과연 언제까지 누군가의 이야기를 그럴 듯하게 포장하는 강의만 할 것인가?' 진짜 내 이야기, 내 진솔한 경험을 강의하는 사람이 되고 싶었다. 그때 운명처럼 기회가 왔다. 프리랜서 강사를 시작한 지 얼마 되지 않은 2017년, 친한 강사가 한 달 뒤에 있을 강의를 대신 해줄 수 있냐는 연락이 왔다. 그 강의는 지역 자활센터 기초수급자들을 대상으로 하는 '자존감'에 대한 강의였다. 그동안 고객 응대를 위한 직원 교육이나 비즈니스 매너, 소통 스킬 강의만 해오던 내게 처음으로 자존감에 대한 강의 의뢰가 온 터라 당황했고 단번에 거절했다. 그럼에도 불구하고 대신 강의 할 만한 사람이 절실하게 필요했던 동료의 설득으로 결국 1회차 강의를 맡게 되었다. 처음 맡은 자존감 강의를 준비하기 위해 여느 때처럼 관련 도서를 보러 서점에 갔다. 자존감에 대한 책 10권을 읽고 인터넷 검색, 논문 검토 등을 하며 '자존감'에 대해 공부했다. 그러나 내 얘기가 아닌 남 얘기를 그럴 듯하게 강의하려고 하는 나의 모습을 보며 문득 이런 생각이 들었다. '아니 내가 이렇게 자존감이 낮은데 무슨 자존감 강의를 한다는 거지?'

나는 강의자료 만드는 것을 잠시 멈추고 단 한번도 생각해보지 않았던 나의 자존감에 대해 솔직하게 들여다보기 시작했다. 그리고 나의 자존감 형성에 영향을 미친 가난했던 시절, 한 부모 가정으로 자란 학창 시절을 떠올렸다. 이때부터 떠오르는 내 경험과 이야기를 통해 강의로 전달하고 싶은 내용을 메모하기 시작했다. 그랬더니 놀라운 일이 벌어졌다. 30분이 채 안 되는 짧은 시간 동안 파워포인트 슬라이드 30장이 가득 채워졌다. 남의 이야기, 전문가의 이야기를 쓸 때는 몇 시간 동안 슬라이드 5개 만들기도 어려웠지만, 내 이야기를 하는 순간 강의 자료를 만드는 것은 일도 아니었다. 그렇게 나에게 솔직해지니 이 강의를 들을 교육생의 입장에서 어떤 내용이 필요할지 감이 오기 시작했다. 그러나 한편으로는 걱정도 됐다. 지금껏 강의를 해오면서 내 이야기를 단 한 번도 해본 적이 없었기 때문이었다. '내 얘기를 누가 좋아할까?', '아무도 공감하지 못하면 어떡하지? 별의 별 생각이 다 났다. 그러나 무엇보다 이 교육을 듣는 사람들에게 도움이 되길 진심으로 바라는 마음으로 강의 자료를 완성했다.

드디어 강의 날이 되었고 35명이 넘는 교육생들이 모여 넓은 강의장을 가득 메우기 시작했다. 참여한 교육생들은 기초수급생활 대상자들이었다. 연령대는 40대부터 60대까지 높은 편이었고, 교육에 즐겁게 참여하는 분들보다는 대부분 어쩔 수 없이 들어야만 해서 앉아 있는 분들, 강의가 끝나면 얼른 밖에 나가고 싶은 분들이 더 많아 보였다. 강의는 시작됐고 어색한 분위기를 깨기 위해 가벼운 활동을 하면서 강의에 집중할 수 있는 친근한 분위기로 이끌었다. 그리고 자존감에 대한 본격적인 이야기를 하기 시작했다.

"여러분, 저는 어릴 적 부모님이 이혼하고 기초수급생활 가정에서 자랐습니다. 제가 초등학교 5학년 때 일인데요. 하루는 학교에서 하교 시간에 전체 방송으로 저를 포함한 10명 이상의 학생들이 차례대로 호명되기 시작하는 거에요. '4학년 3반 ○○○, 4학년 4반 ○○○, 5학년 1반 ○○○, 5학년 2반 손예진, 수업 마치고 급식실로 오세요'라는 방송이었어요. 저는 호명된 학생들이 왜 불렸는지, 급식실에 가서 뭘 하는지 단번에 알 수 있었어요. 그 방송에서 호명된 아이들은 기초생활수급 가정의 학생들이었고, 급식실에 와서 정부미(나라에서 지원해주는 쌀)를 받아 가라고 부른 것이었어요. 형편이 어려운 가정에 쌀을 지원해준다는 것은 참 감사한 일이지만, 그때는 정말 쥐구멍이라도 찾아 숨고 싶었어요. 어찌나 창피하고 부끄러웠는지... 저는 어릴 적에 이혼한 부모님을 정말 많이 원망했어요. 왜 우리 집은 가난한 걸까, 왜 우리 집은 엄마 아빠가 같이 살지 못하는 걸까, 왜 다른 친구들은 받지 않는 쌀을 받아야만 하는 걸까, 하고 말이죠."

그리고 앉아 있는 교육생들에게 질문했다.

"여러분, 제가 급식실에 쌀을 받으러 갔을까요, 안 갔을까요?"

교육생들은 웅성웅성하며 고민하더니, 입을 모아 "안 갔어요!"라고 외쳤다.

"아뇨. 저는 결국 급식실에 갔습니다. 친구들이 모두 집에 가고 난 뒤에 조용히 급식실에 가서 쌀을 받아 왔어요. 집에 먹을 쌀이 늘 부족했거든요. 창피하고 부끄러워도 이건 잠깐일 뿐, 쌀을 받아야 새벽부터 나가서 일하는 아빠에게 조금이라도 보탬이 될 것 같았거든요"라고 대답했다.

나는 사춘기 시절에 경험했던 이야기를 허심탄회하게 털어 놓았다. 그리고 그때의 감정, 생각들이 아주 생생히 기억에 난다고 말하면서 솔직한 마음을 얘기했다.

그리고 이혼 가정에서 자란 내가 결혼에 두려움을 느끼며 20대를 보낸 이야기, 나도 혹시 부모님처럼 이혼을 하진 않을까 하는 두려움, 어린 시절의 경험이 나의 자존감에 끼친 영향 등 낮은 자존감으로 인해 겪은 우울감에 대해 이야기하기 시작했다. 그리고 한 집에서 자랐지만 나와 다르게 더 건강한 가정을 이루고자 하는 생각이 강했던 남동생이 신기했다는 것도 솔직하게 말했다. 또 한참 뒤에야 이혼 가정 상담을 받으며 자존감을 회복하기 위해 내가 할 수 있는 것들, 앞으로 자존감 회복을 위해 어떻게 살아갈 것인지등 도움을 받았던 것들에 대해 2시간 동안 강의를 진행했다. 내 강의 인생에서 가장 솔직한 나의 이야기를 한 강의였다. 강사로서 가장 멋지고 빛났던 순간이었다.

더 놀라운 것은 앉아 있는 교육생들의 눈빛이었다. 억지로 끌려온 것 같았던 교육생들의 몸이 점차 나에게 기울었고 졸거나 대충 듣는 사람이 단 한 명도 없었다. 심지어 눈물을 흘리는 분들도 있었다. 아마 내 경험에 깊이 공감했기 때문이 아니었을까 생각한다. 만약 강사가 책 또는 전문가들이 말하는 자존감 회복에 대해 정리해서 이야기했다면 어땠을까? 아마 교육생들은 공감이 안되는 뜬구름 잡는 소리로 여겼을 것이다. 그러나 강사의 진솔한 모습, 진짜 경험한 이야기, 교육생들이 현재보다 더 나은 사람이 되길 바라는 진심이 담긴 강의를 하면 보이지 않아도 통하는 연결고리가 생긴다는 것을 그때 처음 느꼈다. 내가 겪은 어린 시절의 경험, 이혼 가정으로 자라면서 느꼈던 생각과 경험, 기초수급자로 살면서 겪었던 자존감에 대한 이야기가 비슷한 처지의 사람들에게 공감과 감동을 주는 강의 콘텐츠가 된 것이다. 이때 처음으로 알게 되었다. 강사는 자신의 삶을 가장 솔직하고 진솔하게 돌아봐야 한다는 것을 말이다.

〈세바시(세상을 바꾸는 시간)〉라는 강연 프로그램을 본 적이 있는가? 이 프로그램에 강사로 나오는 분들의 공통점은 자신의 경험을 이야기한다는 것이다. 성공한 경험뿐만 아니라 실패했던 경험, 실패를 딛고 일어난 모든 경험은 당신의 강의 콘텐츠가 될 수 있다. 결국 강사 본인이 가장 좋은 강의 콘텐츠 재료인 것이다. 그러기 위해서는 본인에게 가장 솔직해져야 한다.

아무리 고민해봐도 강의 콘텐츠가 없다고 고민하는 당신을 위해 추천하는 두 번째 방법은 많은 사람의 스토리, 인사이트, 사례들을 엮어서 재가공하는 것이다. 아래 세 가지에는 공통점이 있다. 무엇일까?

- 〈세상을 바꾸는 시간 15분〉
- 《타이탄의 도구들》
- 〈유 퀴즈 온 더 블럭〉

바로 수많은 사람의 이야기를 하나의 프로그램이나 책으로 담아냈다는 것이다. 위에서 언급한 〈세상을 바꾸는 시간 15분(세바시)〉 강연 프로그램을 한 번쯤은 들어본 적이 있을 것이다. 매회 다른 연사들이 무대에 오른다. 그리고 무대에 선 연사들의 15분 스토리는 감동과 웃음을 선사하고, 행복을 주기도 한다. 또는 성찰을 하게 하기도 한다. 이처럼 한 명의 연사가 아닌 수백, 수천 명의 이야기가 이 프로그램을 만들어가고 있는 것이다.

팀 페리스의 《타이탄의 도구들》(박선령, 정지현 옮김, 토네이도, 2022)은 세계 최정상에 오른 세계적인 석학, 작가, 기업가, 아티스트를 저자가 직접 만나 인터뷰하고 그들의 성공 노하우와 사례를 정리한 책이다. 책에서는 각 분야의 성공한 사람들을 거인이라는 뜻의 '타이탄'으로 표현한다. 그리고 그들이 지금의 성공에 이르기까지 어떤 목표, 어떤 방식, 어떤 전략을 가졌는지를 이야기한다. 이 책을 읽으면서 이렇게 다양한 분야의 성공한 사람들을 책 한 권에서 만날 수 있어서 정말 좋다는 생각을 했다. 책값이 전혀 아깝지 않았다. 이처럼 꼭 나의 이야기가 아니더라도 다양한 사람을 만난 이야기, 여러 사람의 인사이트를 콘텐츠로 다룬다면 사람들은 기꺼이 시간과 돈을 지불할 것이다.

〈유 퀴즈 온 더 블럭〉도 마찬가지다. 두 MC가 길거리를 지나가면서 우연히 만난 시민들의 생각을 들어보고, 게스트들과 대화한다. 나도 매주 꼭 챙겨보는 프로그램 중 하나인데, 그 이유는 매회 어떤 사람들을 만나서 어떤 이야기를 할지 궁금하기도 하고 그들의 이야기가 더 공감되고 감동적으로 다가오기 때문이다.

이 세 가지의 공통점들이 당신의 강의안을 만드는 데 힌트가 되길 바란다. 앞서 소개한 사례처럼 많은 사람들의 인사이트, 스토리, 주제들을 엮어서 재가공하는 것이 좋은 강의 콘텐츠가 될 것이다.

저자가 2020년에 강의를 들었던 A 강사님의 사례다. A 강사는 평소에 책을 정말 많이 읽는다. 매년 연말이 되면 각종 서점에서 선정하는 트렌드 책들을 수십 권씩 읽는다. 소비자, 기업, 경제, 유통, 식음료, SNS, 자동차 업계 등 다양한 트렌드 책들을 읽는 것에서 그치지 않고 읽은 책들의 주요 메시지나 유익한 내용들을 기록한다. 거기에 본인의 경험, 사례, 생각을 결합해 강의 자료를 완성한다. 그리고 이렇게 완성된 자료는 A 강사만의 주력 강의 콘텐츠가 된다. 실제로 그 강의는 유료 강의로 판매된다. 매년 말이나 초에 트렌드를 주제로 강의하는 강사들은 정말 많다. 그럼에도 A 강사는 그중 톱클래스에 속할 정도로 인기가 많다. 이렇게만 보면 이런 의문점이 생길 수도 있다.

'아니 굳이 그 강의를 돈 내고 들을 이유가 있나? 서점 가서 책을 사서 보는 게 더 저렴하지 않나?'

그러나 A 강사의 유료 트렌드 강의를 듣기 위해 사람들이 몰려든다. 그 이유는 사람들의 수고와 시간을 줄여주기 때문이다. 사람들은 매년 바뀌는 트렌드에 주목하고 관심을 갖는다. 그러나 시중에 나와 있는 수십 권의 책을 모두 읽는 것은 현실적으로 쉽지 않다. 이때 강사가 트렌드 책들을 꼼꼼하게 읽은 다음 관심 있는 사람들에게 도움이 될 만한 내용을 보기 좋게 가공하고, 중요한 점을 체크하고, 눈여겨 봐야 할 부분을 콕 짚어서 알려주고, 거기에 본인의 생각까지 더해 2시간짜리 강의를 하면 어떨까? 나라면 분명 신청할 것이다. 책 한 권을 사서 읽는 시간과 비용 대비 훨씬 가치 있는 강의라고 느끼기 때문이다. 그렇기 때문에 매년 A 강사의 트렌드 강의에 사람들이 돈과 시간을 기꺼이 지불하는 것이다. A 강사의 사례를 통해 당신에게 말하고 싶은 것은 바로 이것이다. 경험이나 성과가 없을지라도 타인의 경험, 다양한 전문 지식, 사례, 이야기, 여러 전문가의 인사이트 등을 모으고 또 재가공해서 강의 콘텐츠를 만들 수 있다. 이것이 당신의 월급 외 수익을 가져다주는 강의 콘텐츠가 될 것이다.

그러나 여기서 중요한 것이 있다. 고객이 당신의 강의에 기꺼이 시간을 투자하고 비용을 지불할 만한 가치가 반드시 있어야 한다는 것이다. 단순히 남들에게 필요한 정보만 모아서 강의를 하는 것은 누구나 쉽게 시도할 수 있고 또 금방 따라 할 수 있는 강의다. 그렇기 때문에 그 분야의 지식, 배움, 다양한 사례에 당신이 그 배움을 통해 얻은 인사이트, 사례를 결합해보자. 당신만의 것은 누가 쉽게 따라 하거나 베낄 수 없기 때문이다. 그리고 강의를 하다 보면 노하우와 데이터가 쌓여서 고객의 니즈를 알게 될 것이다. 그러한 것들이 결국 강의를 더욱 풍성하게 만들어주는 재료가 된다. 그러니 가지고 있는 강의 재료가 없다고 너무 겁먹지 말자. 지금부터 시작해도 늦지 않다.

2.2.8 왕초보를 위한 강의부터 시작하자

저자의 경우, 처음 유튜브 채널을 운영하기 위해 영상 편집 수업을 들어야 했다. 그때, '숨고'라는 전문가 매칭 플랫폼에서 영상 편집 전문가에게 배우는 일대일 수업을 검색했다. 여러 명이 함께 들을 수 있는 강의들도 많았지만, 저자는 왕초보 수준이었기 때문에 내 수준에 맞는 쉬운 수업으로 궁금한 것들을 바로바로 물어볼 수 있는 수업을 원했다. 숨고에서 '영상 편집'이라고 검색하면 수많은 영상 편집 강의가 나온다. 그 수많은 영상 편집 클래스 중 결과적으로 어떤 강의를 구매했을까?

수많은 강의 중 왕초보 눈높이에 맞게 쉽게 알려줄 것 같은 강의를 선택했다. 그렇다면 왕초보도 배울 수 있는 쉬운 강의는 어떻게 확인할 수 있을까? 우선, 이미 강의를 들었던 사람들의 후기를 참고했다. '영상 편집에 대해 아무것도 몰랐는데, 정말 쉽게 알려줬어요!'라던가 '귀에 쏙쏙 들어오는 명강의였습니다' 같은 리뷰를 참고했다. 그리고 상품의 상세 페이지를 꼼꼼히 확인했다. 강의 커리큘럼도 확인하고, 어렵게 느껴지는 용어들이 있다면 그 강의는 넘겼다. 그러다 보니 내 영상 편집 수준에 딱 맞는, 왕초보를 위한 영상 편집 강의를 최종적으로 선택할 수 있었다. 실제로 그 강의는 내 수준에 맞는 쉬운 용어로 설명해주었고, 바로 따라 해볼 수 있게 해주어서 만족스러웠다.

또 하나의 예를 들어보겠다. 얼마 전, 저자는 인터넷으로 사과즙을 구매하기 위해 검색을 했다. A와 B 상품의 가격이 동일한데, 상세 페이지에 차이가 있었다. A 상품의 상세 페이지에는 이런 내용이 있다.

'우리 A 사과즙은 NFC 착즙 기법과 HA 위해요소 분석을 통해 원료와 공정에서 발생 가능한 병원성 미생물 등을 분석하였고, CCP인 위해요소 예방, 제거, 감속하는 단계를 거친 사과즙입니다.'

상품의 상세 페이지에는 이런 내용이 있다.

'저희 B 사과즙은 국내산 사과를 통째로 담아 내 가족이 먹는다는 생각으로 건강하고 맛있는 사과즙을 만들었습니다. 우리 아이들도 안심하고 맛있게 먹을 수 있는 B 사과즙, 가족을 위한다면 매일 B 사과즙 한 잔 어떠세요?'

당신이라면 둘 중 어떤 것을 구매하겠는가? 대부분의 사람들은 B 사과즙을 구매할 것이다. 그 이유가 무엇일까? 바로 고객이 사과즙을 먹는 이유와 원하는 것을 정확히 파악하고 고객의 수준에 맞게 설명했기 때문이다. 고객이 사과즙을 구매하는 이유는 건강하고 맛있는 식품을 찾기 위해서다. 그런데 A 사과즙의 상세 페이지처럼 살면서 단 한 번도 들어보지 못한, 또는 들어봤어도 무슨 뜻인지 잘 모르는 어려운 전문 용어들을 사용한다면 고객 입장에서는 당연히 이해하기 어렵고, 구매 결정에 도움이 되지 않는 요소가 되는 것이다. 반면 B 사과즙처럼 고객의 눈높이에 맞는 단어를 사용하면 이해가 쉽고 이걸 먹으면 어떤 점이 좋은지 바로 알 수 있기 때문에 구매하고 싶은 마음이 생긴다.

강의도 마찬가지다. 무조건 전문 용어를 쓴다고 해서 좋은 강의가 되는 것이 아니다. 강의를 듣는 교육생들의 수준에 맞는 내용으로 강의하는 것이 중요하다. 이제 막 강의를 시작하는 초보 강사라면 처음부터 상위 10% 전문가들을 위한 강의가 아니라 나머지 90% 사람들이 듣고 싶어 하는 왕초보와 비 전문가들을 위한 강의부터 시작해야 한다. 아니 그렇게 해야만 한다. 그 이유가 무엇일까?

첫째, 왕초보들을 만족시키는 강의를 할 수 있어야 고객들이 무엇을 필요로 하고 또 가장 궁금해하는지, 강의를 통해 도움이 되었는지에 대한 다양한 데이터가 계속 쌓인다. 이 데이터들이 앞으로 당신의 두 번째, 세 번째 강의 콘텐츠를 만드는

데 좋은 재료가 될 것이다. 저자의 경우에도 2020년 10월, 온라인 강의를 한 번도 해보지 않은 왕초보를 위한 온라인 강의 클래스를 개설했다. 당시 예상했던 인원보다 많은 분들이 강의 신청을 했고, 강의를 들은 수강생들이 심화 클래스 문의를 하기도 했다. 덕분에 3만원짜리 초급 강의에서 시작해 지금은 8배가 넘는 금액으로 심화 과정 일대일 수업을 운영할 수 있는 것이다. 이처럼 왕초보를 위한 강의로 시작하면 수강생들의 이야기와 반응을 통해 다음 단계 강의 콘텐츠를 만드는 것이 수월하다.

둘째, 당신은 왕초보가 어떤 걸 어려워하는지, 어떤 것부터 배워야 하는지, 어떤 걸 알면 좋은지 누구보다 잘 알고 있다. 그렇기 때문에 고객의 가려운 곳을 긁어주는 강의를 할 수 있다. 뿐만 아니라 강의 자료도 전문가용 강의를 준비하는 것보다 좀 더 수월하게 만들 수 있다. 하나의 예를 들어보겠다. 저자는 2021년부터 골프를 배우기 시작했다. 지금까지 1년 가까이 골프를 배우면서 여러 시행착오를 겪었다. 우선 프로에게 레슨을 받으면서 가장 많이 들었던 말이 왼쪽 골반의 힘을 쓰라는 것이었다. 그런데 이게 말이 쉽지 생각보다 어려웠다. 머리로는 이해했는데 몸으로는 잘 안 된다고 해야 할까? 그래서 매일 레슨을 받으며 수백 번 씩 연습해보니 왼쪽 골반을 어떻게 하면 좀 더 쉽게 쓸 수 있는지 왜 왼쪽 골반의 힘이 왜 중요하다고 강조했는지 알게 되었다. 왼쪽 골반의 힘을 제대로 쓰게 되니 비거리와 파워가 달라지기 시작했다. 마침 주변에 골프를 이제 막 배우기 시작한 가까운 지인이 있었다. 그런데 아니나 다를까, 지인도 왼쪽 골반의 힘을 쓰는 게 어렵다고 얘길 한다. 아무리 레슨을 받아도 몸이 돌아가지 않는다는 것이다. 나는 지인에게 1년 동안 왼쪽 골반이 안 돌아가서 엄청 고생했던 내 이야기를 해주었다. 그리고 나는 왜 왼쪽 골반을 돌아가게 하는 게 어렵게 느껴졌는지, 연습을 해보니 오히려 이렇게 발에 힘을 줘야 왼쪽 골반에 힘이 잘 들어간다는 등 가장 효과적이었던 방법을 지인에게 알려주었다. 그리고 얼마 뒤, 지인에게서 연락이 왔다. 알려준 방법대로 해보니 바로 왼쪽 골반 힘을 쓸 수 있게 됐다는 것이다. 그리고 왼쪽 골반이 돌아간다는 게 어떤 건지 제대로 알았다고, 고맙다고 했다. 왼쪽 골반이 안 돌아가 고생하는 왕초보인 지인에게는 내가 최고의 스승이었던 것이다. 최근까지 같은 수준에서 비슷한 경험을 해본 사람의 말이 더 공감되고 신뢰가 가듯 강의도 마찬가지다. 교육생 입장에서는 나와 비슷한 수준이나 처지에서 먼저 경험해본 강사의 이야기가 훨씬 더 와닿는다. 그리고 그것을 어떻게 이겨냈는지도 궁금해진다. 더 배우고 싶고, 동기 부여가 된다. 만약 당신이 엑셀이라는 콘텐츠를 정했다고 가정해보자. 당신이 이제 막 엑셀을 배우기 시작했던 왕초보 시절에 엑셀이 가장 어렵게 느껴졌던 이유는 무엇인가? 왜 엑셀을 잘하고 싶었는가? 엑셀은 어디에서 많이 사용하는가? 왕초보가 가장 먼저 알아야 하는 엑셀 기능은 무엇인가? 어떻게 엑셀을 잘하게 되었는가? 이렇게 왕초보 시절을 떠올리면 교육생에게 가장 도움이 되는 강의 내용을 구성할 수 있을 것이다.

이번 장에서 말하고 싶은 핵심은 단 하나다. 당신이 강의를 시작할 때, 왕초보를 타깃으로 하는 강의부터 시작하라는 것이다. 왕초보들이 왜 당신의 강의를 선택해야 하는지, 강의에서 무엇을 배울 수 있는지, 강의를 듣고 나면 수강생들이 어떻게 달라질 수 있는지를 고려하여 강의를 준비해보자.

2.2.9 주제를 정했다면 수요와 경쟁자를 파악하라

지금까지 강의 주제와 재료들을 찾아보았다. 이렇게 강의 주제가 정해지면 그다음은 수요와 경쟁자를 파악해야 한다. 팔릴 만한 강의인지, 사람들이 관심 있어 하는 주제가 맞는지, 당신의 강의 콘텐츠와 비슷한 강의들이 이미 팔리고 있다면 경쟁자들은 얼마나 있고, 또 그들 중에서 어떤 강사의 강의가 잘 팔리는지 파악하는 단계다. 같은 주제여도 잘 팔리지 않는 강의가 있다면 그 이유가 무엇이고, 어떻게 개선을 하면 좋을지 아는 것이 중요하다. 이 단계를 거쳐야 강의 주제를 최종적으로 결정할 수 있다. 강의에 대한 수요가 있어야 하고, 수요가 없다면 왜 없는지, 당신의 강의를 왜 들어야 하는지 제대로 알지 못하면 아무리 열심히 콘텐츠를 완성해도 팔리지 않는다. 이미 팔리고 있는 강의는 얼마에 팔리고 있으며 커리큘럼은 어떤지, 다른 강의들과는 다른 당신만의 차별점은 무엇인지 고민해야 한다.

수요와 경쟁자를 파악하는 방법은 여러 플랫폼에서 검색하면 바로 찾을 수 있는 강사나 강의를 찾아보는 것이다. 특히 요즘은 온라인 강의 플랫폼들이 많기 때문에 다양한 곳에서 힌트를 얻을 수 있다. 클래스101, 클래스유 등의 사이트에 접속해 당신의 강의 관련 키워드를 검색해보자. 그럼 여러 강사와 콘텐츠를 볼 수 있을 것이다. 여기서 리뷰수, 조회수, 평점 등을 보면 잘 팔리는 강의를 바로 파악할 수 있다. 특히 강의를 들은 고객들의 리뷰를 꼼꼼히 보자. 고객들이 리뷰에 쓴 좋았던 점이나 아쉬운 점을 보면 힌트를 얻을 수 있다. 온라인 강의 플랫폼 외에 유튜브 영상을 보는 것도 도움이 된다. 이것도 마찬가지로 유튜브 조회수와 사람들이 많이 보는 영상이나 주제, 댓글을 보면서 시청자들이 무엇을 궁금해하고 어떤 내용을 좋아했는지 반응을 살펴보는 것이 수요와 경쟁자를 파악하는 좋은 방법이다.

2.3 Why : 왜 당신의 강의를 들어야 하는가

2.3.1 강의 목표를 정해야 하는 이유

우리가 배를 타고 바다 위에 있다고 가정해보자. 우리의 배는 목적지에 도착하기 위해 가는 방향과 속도를 설정하고 출발할 것이다. 그런데 만약 목적지가 없는 배라면 어떨까? 출발할 때부터 어디로 어떻게 가야 하는지, 어느 방향으로 가야 하는지 모른다. 망망대해를 하염없이 돌아다니다 파도에 휩쓸려 아무 곳이나 가게 될 것이다. 이렇듯 강의 목표를 정하는 것은 바로 목적지, 즉 방향성을 정하는 것과 같다. 목적이 없는 강의는 망망대해를 떠도는 배 한 척에 불과하다. 그리고 방향과 목표가 없는 강의를 듣고 난 교육생은 분명 이런 생각을 할 것이다.

'이 강의에서 내가 뭘 배운 거지?'
'강사는 무슨 얘기를 하고 싶은 거야?'
'그래서 뭘 어떻게 하라는 거야?' 라고 말이다.

2.3.2 무엇을 얻는 강의인가

강의 목표는 강의를 통해 달성할 수 있는 교육생의 개선된 최종 모습을 말한다. 당신의 강의를 통해 교육생이 무엇을 알고, 배우고, 느끼길 원하는지 고민하면 좀 더 쉽게 접근할 수 있다.

강의 목표를 정할 때는 K.S.A를 기억하자. K는 지식(Knowledge)이다. 강의를 통해 얻는 정보, 지식, 기억, 개념 등의 목표를 정하는 것이다. 예를 들어 인스타그램 팔로워 늘리는 방법을 알려주는 강의라면 강의 목표로 정할 수 있는 지식은 무엇이 있을까? 인스타그램의 개념, 인스타그램 외에 다양한 SNS 종류, 팔로워의 개념 등 여러 목표를 정할 수 있을 것이다.

S는 기술(Skill)이다. 기술은 흔히 어떤 것을 다루는 방법이나 능력을 말한다. 앞서 예를 들었던 인스타그램 팔로워 늘리기라는 주제의 강의라면, 어떤 기술을 배울 수 있는지 고민해봐야 한다. 인스타그램 가입 방법, 사진과 영상 올리는 방법, 릴스 만들어 올리는 방법, 인스타그램 글을 빠르게 쓰는 노하우, PC에서 사용하는 법, 팔로워가 늘어나는 카드뉴스 제작 방법, 한 달 만에 팔로워 1,000명 올리는 방법 등 기술, 방법, 노하우 등을 배울 수 있는 다양한 목표를 정할 수 있다.

A는 태도(Attitude)다. 태도는 강의를 통해 얻어갈 수 있는 마음가짐과 행동이라고 할 수 있다. 인스타그램 팔로워 늘리기라는 주제의 강의를 할 때 태도에 대한 목표로 설정할 수 있는 것은 무엇이 있을까? 인스타그램 팔로워를 늘려야 하는 이유와 그에 대한 마음가짐, 인스타그램을 통해 변화된 긍정적인 삶과 그에 맞는 행동 등 감정이나 마인드, 행동가짐 등을 강의 목표로 정할 수 있을 것이다.

지금까지 강의 목표를 정할 때 기억해야 할 K.S.A에 대해 알아보았다. 이젠 당신의 강의 콘텐츠로 고객이 어떤 지식과 기술, 태도를 얻어갈 수 있는지 아래 표에 간단하게 작성해보자.

〈작성해보기〉 강의 목표 K,S,A찾기 질문	작성하기
1. 이 강의를 듣는 교육생은 어떤 지식(Knowledge)을 얻을 수 있는가? 2. 이 강의를 듣는 교육생은 어떤 기술(Skill)을 배울 수 있는가? 3. 이 강의를 듣는 교육생은 어떤 태도(Attitude)를 얻어갈 수 있는가?	

2.3.3 강의 목표를 정할 때 ABC를 기억하자

이번 장에서는 '어떤 사람에게 어떤 내용을 가지고 어떤 모습이 될 수 있는지' 완성한 문장을 최소 3개 이상 만들어 볼 것이다. 이 문장들이 당신의 강의 기획 단계부터 강의 자료를 만들고 진행하기까지 모든 과정에서 가장 중요한 핵심 문장이 될 것이다.

그렇다면, 강의 목표를 정하면 어떤 점이 좋을까? 고객을 더 명확히 타깃팅할 수 있을 뿐만 아니라 강의에서 다룰 내용, 구체적인 커리큘럼, 다룰 도구나 프로그램이 명확해진다. 결국, 교육생이 이 강의를 통해 어떤 모습으로 변화되는지, 어떤 결과물을 얻을 수 있는지, 더 나아가서는 왜 들어야 하는지까지 모두 알 수 있다. 이렇게 강의 목표를 정의해야만 강의에서 다뤄야 할 지식, 정보, 기술, 태도 등을 타깃 고객에 맞게 만들 수 있는 것이다. 따라서 강의 목표는 적어도 강의 하나당 세 문장 이상 적어볼 것을 권장한다. 문장을 적을 때 포인트는 마지막 문장을 '~ 할 수 있다', '~를 배울 수 있다', '~를 적용할 수 있다'와 같이 '~할 수 있다'라는 표현으로 적는 것이다.

강의 목표를 문장으로 완성하기 위해서는 '강의 목표 ABC'를 기억하자. 기본적으로 문장을 완성할 때는 주어, 동사, 목적어를 갖춰야 한다. 주어나 동사만 있거나, 목적어만 덩그러니 놓여져 있는 것은 문장이라고 할 수 없다. 강의 목표도 마찬가지다. 하나의 단어가 아닌 주어, 동사, 목적어를 갖춘 한 문장으로 완성해야 한다. 그것이 바로 '강의 목표 ABC'다.

주어는 A다. A는 Audience(청중 또는 교육생 즉, 듣는 사람)를 뜻한다. 주어는 포괄적으로 적기보다 구체적으로 어떤 교육생인지를 적는 것이 좋다. 예를 들어 '인스타그램을 하고 싶은 누구나'가 아니라 '인스타그램 공구를 하고 싶은 30대 경력 단절 여성'이라고 구체적으로 정하는 것이다. 단순히 '모두, 누구나, 교육생'이라고 하는 것보다 성별, 연령대, 공통 니즈가 담긴 주어를 정하면 강의에 참여하는 교육생들이 훨씬 공감하는 강의를 만들 수 있다. 우리는 이미 2.1장에서 Who단계를 거쳤기 때문에 주어를 구체적으로 정하는 것이 어렵지 않을 것이다.

그다음으로 동사는 B다. B는 Behavior로 행동을 말한다. 즉, 이 강의를 통해 얻게 되거나 기대되는 행동을 말한다. '인스타그램 팔로워 2,000명 이상 늘리기'와 같이 구체적인 행동을 문장에 넣는 것이다. 여기서도 마찬가지로 '인스타그램 팔로워를 늘리기'라는 광범위한 행동보다 '2,000명'이라는 구체적인 숫자를 넣은 행동으로 문장을 완성하는 것이 훨씬 효과적이다. 2,000명이라는 구체적인 숫자를 정했기 때문에 강사 입장에서도 팔로워 2,000명으로 늘리는 효과적인 방법을 알려주기 위해 고민할 것이고, 교육생 입장에서는 목적이 분명하기 때문에 원하는 바가 뚜렷해진다.

C는 Condition으로 조건이다. 여기서 말하는 조건은 위에서 말한 행동을 하기 위한 조건, 상황, 환경을 말한다. 예를 들어 인스타그램 팔로워를 늘리는 조건에 어떤 프로그램을 사용하는 방법이 있다고 가정한다면, 여기서 C에 해당하는 조건은 'ㅇㅇㅇ프로그램을 사용해'인 것이다. 이해를 돕기 위해 다시 한번 정리해보았다.

- 주어 A(Audience, 누가): 인스타그램으로 공구를 하고 싶은 30대 경력 단절 여성
- 동사 B(Behavior, 강의를 듣고 나면 달라지는 행동): 인스타그램 팔로워 2,000명으로 늘릴 수 있다.
- 목적어 C(Conditon, 동사의 행동이 나타날 수 있는 조건): ㅇㅇㅇ 프로그램을 사용해

▶ 완성된 강의 목표 문장

'인스타그램으로 공구를 하고 싶은 30대 경력 단절 여성은 / ○○○프로그램 다루는 법을 통해 / 인스타그램 팔로워 2,000명을 늘릴 수 있다.'

이렇게 강의 목표 문장 하나가 완성되었다. 이제 당신의 강의를 고객들이 들어야 하는 이유를 고민해보고, 강의 목표 ABC를 작성해보자.

- 강의 목표 ABC 완성하기

강의 목표 ABC로 완성하기 (최소 3문장)

1.

2.

3.

CHAPTER 03

강의 자료 만들기

3.1 팔리는 강의 상품 기획하기
3.2 시간을 절반 이상 줄이는 강의 자료 만드는 법
3.3 교육생의 오감을 자극하는 강의 자료
3.4 알아두면 쓸모 있는 온라인 강의법

3.1 팔리는 강의 상품 기획하기

3.1.1 머릿속에 있는 강의를 끄집어내서 적어보자

강의 자료를 만들기에 앞서, 먼저 강의에 필요한 3가지 핵심 재료를 알아야 한다. 재료라고 말하는 이유는, 강의와 요리의 맥락이 비슷하기 때문이다. 요리를 하기 위해서는 3가지가 필요하다. 첫 번째는 요리를 하는 사람과 먹을 사람이다. 두 번째는 만들 요리다. 세 번째는 그 요리를 만들 재료와 주방 도구다. 이처럼 강의를 하나의 요리로 대입해보면 더 쉽게 접근할 수 있다.

첫 번째, 요리를 하는 사람과 먹을 사람은 강사와 교육생이다. 이 재료는 2장 2.1에서 다룬 고객 즉 강의를 듣는 교육생(Who)이다. 두 번째, 먹을 요리는 강의 주제다. 이 재료는 2장 2.2에서 다룬 강의 주제(What)다. 세 번째, 요리 재료와 도구는 이번 장에서 다룰 강의 자료다. 요리를 할 때 신선한 재료와 좋은 도구들을 사용하면 훨씬 더 맛 좋고 보기 좋은 요리가 완성된다. 강의도 마찬가지다. 기왕이면 좋은 재료가 필요하다. 가장 최신 자료, 사람들이 더 공감하고 좋아할 만한 유익한 자료와 사례 등 좋은 재료를 사용하면 더 양질의 강의를 완성할 수 있다.

이번 장에서는 강의 자료를 본격적으로 만들어 볼 것이다. 강의의 주제와 타깃을 정하고 강의 자료를 만들어보려고 하면 무엇부터 어떻게 시작해야 할지 막막한 기분이 들 것이다. 그러나 걱정할 필요 없다. 빠른 시간 안에 효과적으로 강의 자료를 만드는 노하우를 소개할 것이다. 강의 자료를 만드는 가장 효과적인 방법은 '강의 기획서'를 작성하는 것이다. 강의 기획서는 강의 주제, 강의 대상, 강의 목표, 강의 내용을 고려해 작성해야 한다. 왜 바로 강의 자료를 만들지 않고 강의 기획서부터 작성해야 할까? 그 이유는 두 가지다. 첫 번째 이유는 강의 자료를 만드는 시간을 절반 이상 줄일 수 있기 때문이고, 두 번째 이유는 강의 주제, 강의 대상, 강의 목표까지는 정했으나 아직 강의 내용은 없는 상태다. 따라서 완성된 강의 콘텐츠를 위해 강의 기획서가 필요하다.

우리는 앞 장에서 강의 목표 ABC를 작성했다. 강의 목표는 우리가 가야 할 목적지 또는 방향이다. 목적지를 정했다면 그 방향에 맞는 내용을 기획해야 한다. 그것을 도와주는 것이 바로 '강의 기획서'다.

이제 본격적으로 강의 기획서를 작성해보자. 두 가지 버전의 강의 기획서 양식을 작성해볼 것이다. 하나는 '(오프라인/ 온라인) 실시간 강의 기획서'고, 다른 하나는 미리 촬영해서 판매하는 '녹화용 강의 기획서'다. 이 두 가지 버전 모두 작성해보길 권장한다. 그렇다면 실시간 강의와 녹화용 강의의 차이는 무엇일까? 실시간 강의는 강사와 교육생이 동시간대에 실시간으로 온라인에 접속해 만나거나 오프라인 강의장에서 실시하는 강의를 말한다. 생방송이라고 생각하면 된다. 실시간 강의는 더 철저하게 강의 준비를 해야 한다. 준비가 부족하면 방송 사고가 날 수 있다. 녹화용 강의는 녹화한 강의 영상을 사이트에 올리거나 파일로 공유해서 교육생이 편한 시간에 듣는 강의다. 방송에서 미리 촬영해놓은 방송을 송출하는 것과 같은 맥락이다. NG가 나더라도 재촬영이 가능하고 편집할 수 있다.

강사는 이 두 가지 강의를 모두 소화할 수 있어야 한다. 단지 무엇을 먼저 하느냐의 차이일 뿐이다. 따라서 두 강의 기획서 모두 작성해볼 것을 추천한다. 두 강의의 제목, 대상, 목표는 동일하지만 진행 방법과 특징, 소통 방법에는 확연한 차이가 있다.

실시간 강의는 교육생과 강사가 동시간에 만나는 강의인 만큼, 실시간 소통에 중점을 두고 강의 내용을 기획해야 한다. 녹화용 강의는 교육생들과 쌍방향 소통이 이뤄지지 않고 강사가 혼자 얘기하는 방식이다. 요즘은 한 번에 길게 찍는 것보다 10~15분 내외의 짧은 강의를 여러 개 업로드한 강의들이 인기가 많다. 수강생 입장에서도 240분, 360분짜리 강의를 한 번에 보는 것은 엄청난 부담이다. 그러나 10분 내외로 쪼개진 강의라면 덜 지루하고, 몰입감과 성취감을 훨씬 더 잘 느낄 수 있다. 물론 상황에 따라 길게 촬영해야 하는 경우도 있지만, 이 책에서는 최근 온라인 강의 트렌드에 맞는 방식으로 10~15분 분량으로 쪼개서 기획서를 작성해볼 예정이다.

그럼 다음 페이지의 표에 직접 내용을 작성해보자. 강의 기획서를 작성하고 수정하는 과정을 계속 거치면 좀 더 완성된 강의기획서를 작성할 수 있다.

[실시간 강의 기획서 작성하기]

하나의 큰 강의를 기획한다고 생각하자. 그리고 강의의 시작부터 끝까지 흐름을 잡아가는 것이 중요하다. 실시간 강의 기획서의 경우 내용을 크게 서론, 본론, 결론으로 나눠서 작성하면 쉽다. 서론은 본론으로 들어가기 전 내용으로 핵심 내용을 전달하기 전인 도입 내용이 해당된다. 본론은 이번 강의에서 전달하고자 하는 핵심 내용이 반드시 들어가야 한다. 여기에는 앞 장에서 작성했던 '강의 목표 ABC 문장'을 기반으로 작성한다. 결론은 본론의 내용을 정리하며 강의를 마무리하는 내용이 들어가야 한다.

예를 들어, 200분 강의라고 가정하면, 3시간 20분 동안 서론에서 다룰 내용은 무엇인지와 분량, 시간 배분을 적어보는 것이다. 제작될 슬라이드 장표의 수를 구체적으로 예상해 적어보는 것도 좋다. 그다음으로 본론에서 다룰 내용, 분량, 시간 배분, 슬라이드 장수를 적어보자. 마지막으로 결론도 어떤 내용으로 종결할 것인지 세부 내용, 분량, 시간, 슬라이드 장수를 적어보자. 아래 [작성 예시] 표를 참고하여 직접 작성해보자.

■ [작성 예시]

[1. 실시간 강의 기획서]			
강의 주제	야! 너도 강사할 수 있어! (온라인 강사 되기 A to Z)		
강의 대상	오프라인 강의는 익숙한데 온라인 강의는 낯선 분 처음 온라인 강의를 하게 돼서 뭐부터 해야 할지 난관에 봉착한 분 온라인 강의법을 꼼꼼하게 배우고 실습해보고 싶은 분 줌 사용법 외에 다양한 온라인 강의 도구를 사용해보고 싶은 분 지루하지 않은 온라인 강의를 진행하고 싶은 분		
강의 목표	1. 이제 막 온라인 강의를 시작하는 강사들은 줌 사용법을 터득해 온라인 강의를 친숙하게 느낄 수 있다. 2. 온라인 강의를 한 번도 해본 적 없는 강사들은 온라인 강의 실습을 통해 두려움을 없앨 수 있다. 3. 온라인 강의법을 배우고자 하는 사람들은 퀴즈앤, 패들랫 도구를 배워 쌍방향으로 소통하는 온라인 강의를 진행할 수 있다.		
강의 시간	200분		
강의 내용		시간 배분	슬라이드 장수
서론	[왜 온라인 강의법을 배워야 하는가?] 1. 온라인 강의를 처음 시작하는 분들의 두려움 2. 오프라인이 아닌 온라인 강의에 주목해야 하는 이유	20분	5~7장
본론	[핵심 메시지 1: Zoom으로 강의하는 방법] 1. Zoom 다운로드, 회원 가입, 계정 로그인 2. Zoom에서 강사가 알아야 할 필수 기능(화면 공유, 주석, 소회의실, 호스트 권한 기능, 설문조사 기능 등)	60분	20~22장
	[핵심 메시지 2: 강의 실습하기] 1. 강사의 강의 실습 관찰하기 2. 직접 화면 공유 후 강의 실습하기	55분	3장
	[핵심 메시지 3: 온라인 강의 도구 배우기] 1. 쌍방향 소통을 위한 퀴즈앤 제작/실습(Show, Board, Video 기능 마스터하기) 2. 실시간으로 의견 협업할 수 있는 패들랫 제작 / 실습	60분	20~22장
결론	[내용 총정리] 1. 빈칸 퀴즈로 내용 정리 2. 강의 마무리 한 장 정리	5분	1~2장

■ [작성하기]

[1. 실시간 강의 기획서]			
강의 주제			
강의 대상			
강의 목표			
강의 시간			
강의 내용		시간 배분	슬라이드 장수
서론			
본론			
결론			

[녹화 강의 기획서 작성하기]

어떤 주제에 대한 녹화용 강의를 기획한다면, 최소 10분짜리 강의 커리큘럼을 20개 이상 만든다고 생각하고 기획해보자. 10분짜리 녹화 영상 20개라고 해도, 전체 시간은 200분이다. 우리가 오프라인에서 3시간 남짓한 강의를 한다고 생각해보면 생각보다 긴 시간이 아니다. 그렇기 때문에 녹화용 강의 기획서를 작성할 때는 불필요한 내용들은 빼고 핵심 내용 위주로 강의를 기획해야 한다. 아래 [작성 예시] 표를 참고하여 직접 표에 작성해보자.

■ [작성 예시]

[2. 녹화용 강의 기획서]		
강의 주제	야! 너도 강사할 수 있어! (온라인 강사 되기 A to Z)	
강의 대상	오프라인 강의는 익숙한데 온라인 강의는 낯선 분 처음 온라인 강의를 하게 돼서 뭐부터 해야 할지 난관에 봉착한 분 온라인 강의법을 꼼꼼하게 배우고 실습해보고 싶은 분 줌 외에도 다양한 온라인 강의 도구를 사용해보고 싶은 분 지루하지 않은 온라인 강의를 진행하고 싶은 분	
강의 목표	1. 이제 막 온라인 강의를 시작하는 강사들은 줌 사용법을 터득해 온라인 강의를 친숙하게 느낄 수 있다. 2. 온라인 강의를 한 번도 해본 적 없는 강사들은 온라인 강의 실습을 통해 두려움을 없앨 수 있다. 3. 온라인 강의법을 배우고자 하는 사람들은 퀴즈앤, 패들랫 도구를 배워 쌍방향으로 소통하는 온라인 강의를 진행할 수 있다.	
강의 시간	200분(강의당 10분 × 20개)	
강의 내용	당신도 강사가 될 수 있다	
	1차수	사람들이 온라인 강의에 주목하는 4가지 이유
	2차수	강의는 정말 날고 기는 사람만 하는 것일까?

강의 내용	HOW. 내가 가진 경험으로 클래스 만드는 법	
	3차수	사람들이 원하는 건 당신의 경험이다
	4차수	어떤 경험이 클래스가 되는가
	5차수	경험을 만들어내는 순간, 클래스가 완성된다
	WHO. 내 클래스 고객은 누구인가	
	6차수	단 한 명만을 위한 클래스라면 누굴 위한 것인가
	7차수	내 클래스 고객은 어디에 있는가
	HOW. 오늘 배워 내일 써 먹는 강의안 제작 노하우	
	8차수	강의료가 아깝지 않은 클래스의 세 가지 특징
	9차수	화면 창을 닫게 만드는 최악의 강의
	10차수	강의안 제작 시간을 절반 이상 줄이는 비결
	11차수	모르면 천만 원 날리는 강의 저작권 바로 알기
	HOW. 온라인 클래스로 수익화 구조 만드는 방법	
	12차수	온라인 클래스의 가격을 결정하는 3가지 방법
	13차수	클래스 101 수요 조사 시작하기
	14차수	성공적인 온라인 클래스 론칭 및 마케팅 방법
	15차수	내가 할 수 없으면 아웃소싱하자
	HOW. 수강생의 마음을 사로잡는 온라인 강의 방법	
	16차수	강의를 망치는 강사의 행동
	17차수	온라인 강의를 위한 필수 장비 소개
	18차수	온라인 강의를 위한 Zoom 사용법
	19차수	온라인 강의 촬영 노하우
	평생 즐겁게 강의하는 방법	
	20차수	11년차 강사가 알려주는 강의로 평생 즐겁게 사는 법

■ [작성해보기]

[2. 녹화용 강의 기획서]	
강의 주제	
강의 대상	
강의 목표	
강의 시간	200분(강의당 10분 × 20개)

강의 내용	1차수	
	2차수	
	3차수	
	4차수	
	5차수	
	6차수	
	7차수	
	8차수	
	9차수	
	10차수	
	11차수	
	12차수	
	13차수	
	14차수	
	15차수	
	16차수	
	17차수	
	18차수	
	19차수	
	20차수	

3.2 시간을 절반 이상 줄이는 강의 자료 만드는 법

3.2.1 강의 자료 만드는 시간을 절반으로 줄이는 방법

앞서 두 가지 강의 기획서를 작성했다. 그렇다면 이제 강의 기획서를 토대로 강의 자료를 만들 차례다. 강의 자료는 강의할 때 교육생에게 보여지는 자료다. 먼저 중요하게 짚고 가야 할 것이 있다. 강의 자료는 강의를 도와주는 도구일 뿐이라는 것을 기억하자. 이는 강사가 전적으로 강의 자료에만 의지해서는 안 된다는 뜻이다.

과거에 저자는 강의 자료에 크게 의존했었다. 그러나 저자가 강의한 지 3년도 채 되지 않았을 무렵, 오프라인 강의장에 도착해 강의 자료 세팅을 하는데, 빔 프로젝트가 고장 나 몇 날 며칠 밤새서 준비해 가져간 강의 자료를 하나도 쓰지 못한 적이 있었다. 이때 머릿속이 하얘지고 말 그대로 멘붕이 왔었다. 그 당시 강의 자료는 내게 전쟁터에서 싸울 때 반드시 필요한 방패와 창 같은 존재였다. 그런데 전쟁터에서 방패와 창이 없다면? 적의 모든 공격을 고스란히 받아야 하는 최악의 상황이 되는 거였다. 온라인 강의는 어떨까? 온라인 강의는 변수가 훨씬 더 많다. 컴퓨터가 Zoom을 실행하다가 과부하가 돼서 멈춰버리거나 갑자기 사용하던 노트북이 꺼지는 바람에 휴대폰으로 강의를 해야 하는 상황도 있었다. 이때 강의 자료에만 의지하는 강사라면 어떻게 대처할 수 있을까?

강사를 꿈꾸고 있다면 반드시 명심하자. 강의을 만드는 데 너무 오랜 시간을 쏟아붓지 말자. 가장 많은 시간을 써야 하는 건 콘텐츠다. 콘텐츠의 짜임새가 좋아야 고객의 마음을 사로잡는다. 강의 자료를 이쁘고 가독성 있게 잘 만드는 것은 그다음이다. 강의를 할 때 자료가 필요한 것은 사실이다. 모든 강의 내용을 토씨 하나 틀리지 않고 외워서 할 수 없기 때문이다. 그리고 강의 자료는 사실 강사보다는 교육생을 위한 자료다. 강의 내용을 쉽게 이해하고 한눈에 파악하도록 돕는 도구인 것이다.

이번 장에서는 강의 자료를 만드는 시간을 확 줄이는 방법을 소개하겠다. 이 방법은 강의 자료 만드는 시간을 절반 이상 줄여주는 간단한 방법이다. 본인에게 익숙한 프로그램이 있다면 그것을 사용해도 좋다. 이 책에서는 파워포인트를 다루는 데 익숙하지 않거나 처음 강의 자료를 만드는 사람들이 바로 활용할 수 있는 쉬운 방법을 소개하겠다. 이제부터는 준비물이 필요하다. 바로 A4용지 한 장과 펜, 그리고 컴퓨터(노트북)다. 준비가 되었다면, 다음 내용을 하나씩 따라 해보자.

01 | A4용지를 접는다. (가로 2번, 세로 2번)

02 | 접은 종이를 펼치면 16개의 칸이 완성될 것이다.

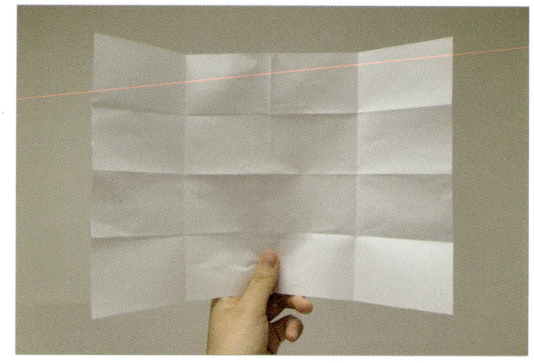

03 | 칸 하나를 슬라이드 1장이라고 생각하고, 3.1.1에서 작성한 '강의 기획서' 중 강의 내용을 순서대로 빈 종이에 옮겨 적는다. 처음엔 연필로 적어보자. 계속 수정할 수 있기 때문이다.

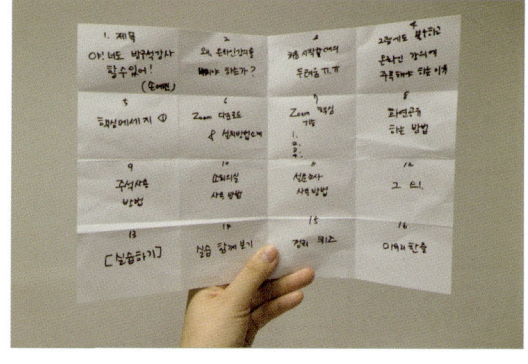

04 | 이때, 한 슬라이드에는 한 메시지만 넣어야 한다. 이 과정을 하는 이유는 전체적인 강의 자료의 흐름을 종이에 쓰면서 파악하기 위해서다. 그리고 무엇보다 처음부터 완벽하게 프로그램을 완성하려고 하면 슬라이드 하나 만드는 것부

터 오랜 시간이 걸리고 금방 지치기 마련이다. 실제 내 교육생 중 한 명은 이 방법을 배우기 전까지는 1시간짜리 강의의 파워포인트 슬라이드 자료 30장을 완성하는 데 3일이나 걸렸다고 한다. 종이에 직접 머릿속에 있는 핵심 키워드나 문장을 써보면서 흐름을 파악하면 강의 자료 구성을 쉽게 할 수 있다. 만약 직접 써보는 것보다 바로 파워포인트로 옮기는 것이 편하다면, 그렇게 해도 무관하다.

05 | 종이 또는 파워포인트 프로그램에 1차 작업을 하고 나면 자연스러운 흐름을 위해 슬라이드 사이사이에 어떤 내용을 넣고 빼야 하는지 한눈에 파악할 수 있다. 예를 들어 1번 제목 슬라이드에서 2번 도입 부분으로 들어가는 부분에서 어떤 내용이 필요할지, 슬라이드 추가는 하지 않더라도 어떤 강의 멘트를 넣으면 좋을지까지, 전체적인 강의 자료의 흐름과 순서를 정하는 것이다.

06 | 종이나 파워포인트에 강의 내용을 옮기는 작업을 마무리했다면 작성한 것을 '미리캔버스'라는 디자인 플랫폼 사이트로 옮겨 강의 자료를 완성할 것이다. (디자인 플랫폼은 캔바, 망고보드 등 여러 사이트가 있다. 이 책에서는 미리캔버스를 활용할 것이다.)

07 | 컴퓨터에서 네이버 포털 사이트(www.naver.com)에 접속한다.

08 | 네이버 검색창에 '미리캔버스'를 검색한 후 맨 위에 나오는 미리캔버스 사이트(www.miricanvas.com)에 접속한다.

09 | 미리 캔버스 사이트에서 무료 회원 가입을 한다. 자주 사용하는 소셜 계정(구글, 네이버, 카카오톡 등)으로 가입하면 간편하게 가입을 완료할 수 있다. 미리캔버스는 무료, 유료 버전이 있다. 템플릿 중에서 '왕관 표시'가 되어 있는 템플릿은 유료 사용자만 다운로드를 받을 수 있다. 지금 당장 유료로 가입하는 것도 좋지만, 먼저 무료로 사용할 수 있는 기본 템플릿을 활용해보는 것을 추천한다.

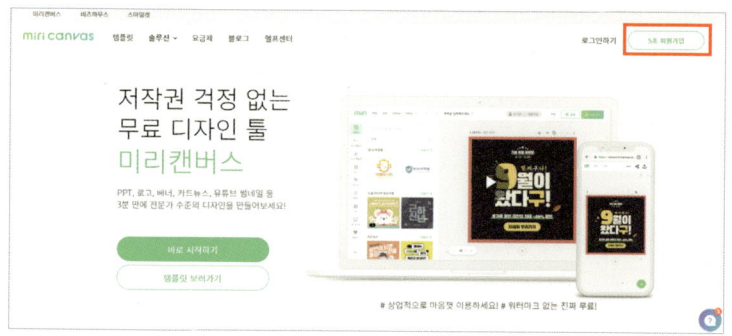

10 | 회원 가입을 마치면 로그인하고 메인 사이트에서 '바로 시작하기'를 클릭한다. 바로 시작하기를 클릭하면 '작업 공간'으로 이동한다.

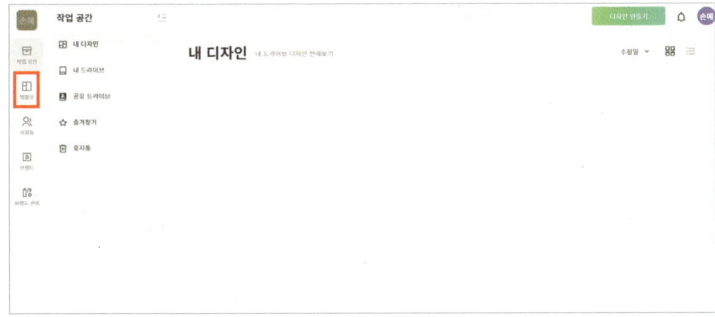

11 | 작업 공간의 왼쪽 메뉴에서 '템플릿'을 클릭한 뒤 '프레젠테이션'을 선택한다.

3장. 강의 자료 만들기   153

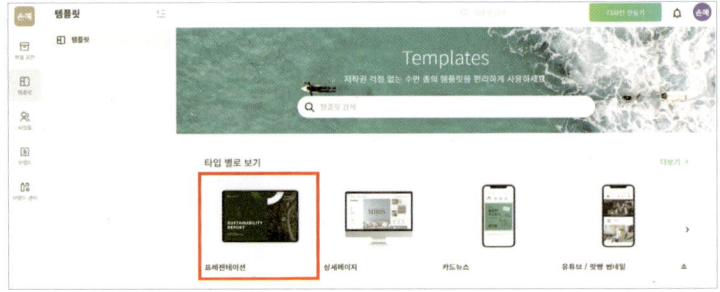

12 ｜ 다양한 프레젠테이션 템플릿 중에서 강의 콘셉트와 가장 어울리는 템플릿을 선택한다.

13 ｜ 템플릿 미리보기를 확인한 후에 마음에 들면 '이 템플릿 사용하기'를 클릭한다.

14 업로드된 템플릿에 강의 주제에 맞게 텍스트 작성, 배경 설정 등을 한다.

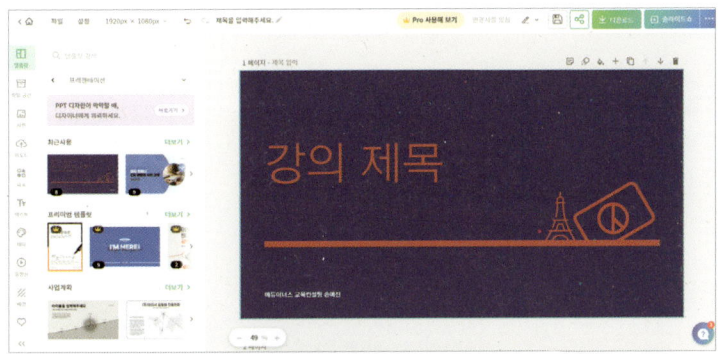

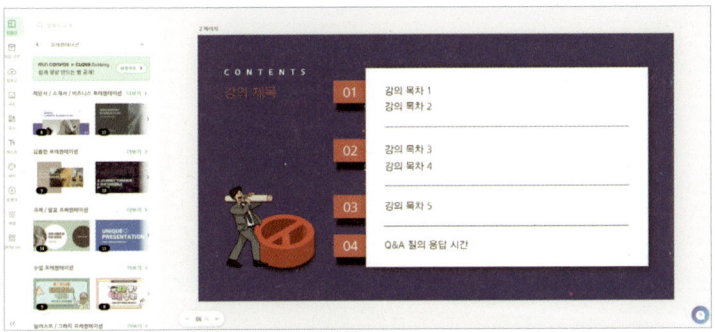

15 앞서 작성한 '강의 기획서' 내용을 참고해 강의안을 완성해보자. 슬라이드를 추가하려면 마우스를 드래그해서 아래의 플러스(+) 버튼을 클릭한다.

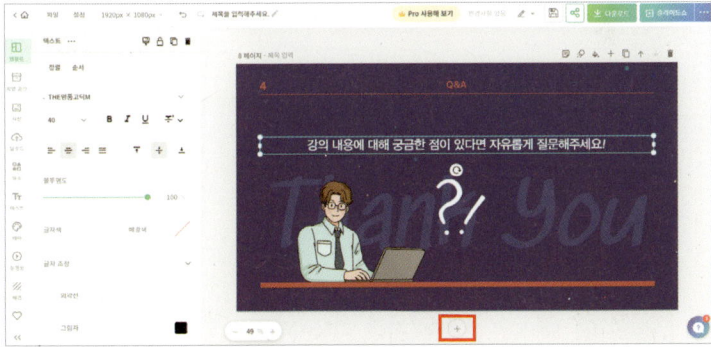

16 | 사진 파일을 삽입하고 싶다면 왼쪽 메뉴에서 '업로드'를 클릭한 후 '내 파일 업로드'에서 사진 파일을 선택하고 '열기'를 클릭한다.

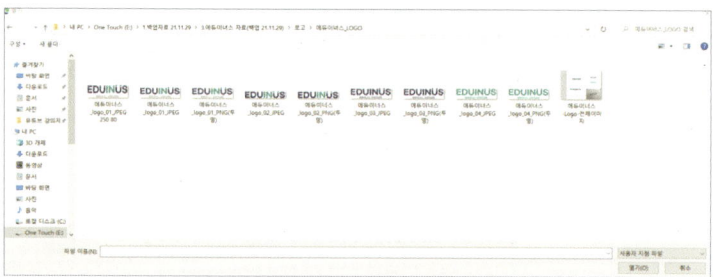

17 | 불러온 파일을 클릭하면 왼쪽 '업로드' 메뉴에 파일이 삽입된 것을 확인할 수 있다. 삽입할 파일을 한 번 더 클릭하면 강의 슬라이드에 파일이 업로드된다. 원하는 위치, 크기로 변경할 수도 있다.

18 | 미리캔버스에서 제공하는 사진, 도형, 아이콘 등을 사용하고 싶다면 왼쪽 메뉴에서 '사진', '요소' 메뉴를 활용해보자. 컬렉션 검색 기능에 원하는 텍스트를 입력하면 관련 요소나 사진을 검색할 수 있다.

19 | 템플릿의 전체 컬러는 왼쪽 메뉴에서 '테마'를 클릭해서 변경한다. 원하는 컬러 테마가 없으면 템플릿 오른쪽 상단의 ◆ (배경 색상)을 클릭해 원하는 컬러로 변경할 수 있다.

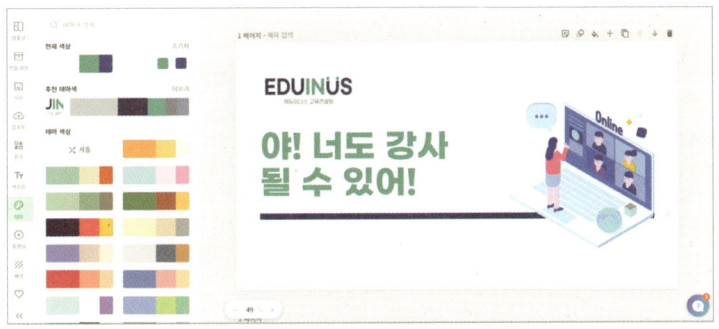

20 | 이 외에도 폰트 크기나 컬러, 도형 크기 등은 해당 요소를 클릭한 후 왼쪽 메뉴에서 변경할 수 있다.

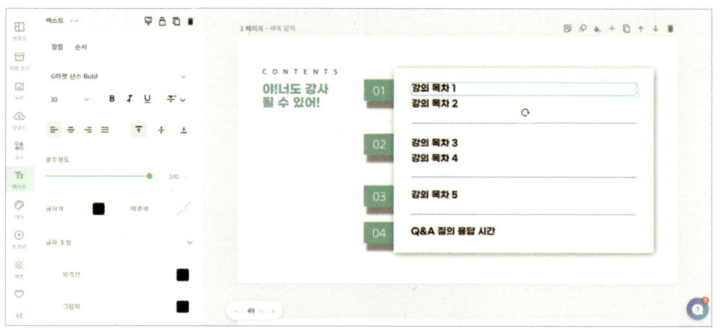

21 | 위의 방법으로 나만의 강의안을 완성해보자. 모든 내용이 완성되면 마지막으로 오른쪽 상단의 저장 버튼을 클릭한다.

22 | 완성된 자료를 두 가지 방법으로 다운로드해보자. 첫 번째 방법은 자료를 이미지, PDF, PPT 형태로 다운로드하는 것이다. 저장 버튼 옆에 '다운로드'를 클릭한다.

23 | 다운로드 창에서 JPG, PNG, PDF, PPT 등 파일 형식을 선택할 수 있다. 여기서는 PPT(베타)로 다운로드하겠다.

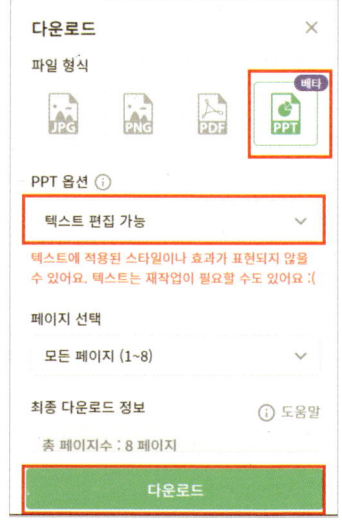

24 | '다운로드'를 클릭한 후 PPT 옵션에서 '개별 요소 이미지화'를 선택하고 하단의 다운로드를 클릭하면, 모든 내용이 각각의 개별 이미지 요소로 다운로드된다.

25 | 두 번째 옵션인 '텍스트 편집 가능' 선택 후에 다운로드하면 아래와 같이 텍스트 편집이 가능한 PPT로 다운로드된다. 단, 컴퓨터에 해당 폰트 파일이 없는 경우 서체가 깨질 수 있다.

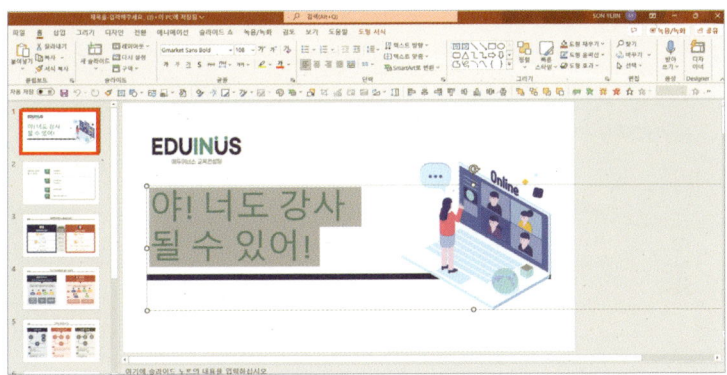

26 | 세 번째 옵션인 '통 이미지(빠른 다운로드)'는 각 슬라이드가 통 이미지로 다운로드되며, 수정이 불가하다.

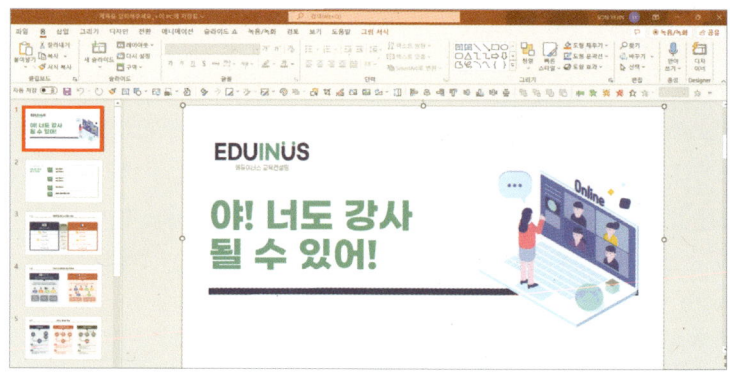

27 | 다운로드를 마쳤다면 파일을 열어보자.

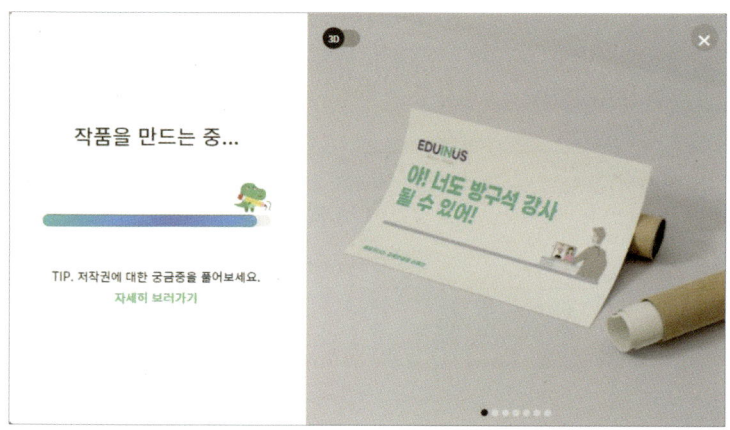

28 | 파워포인트 파일을 연 다음 상단에 '편집 사용'을 클릭한다. 글씨체가 깨져 보이는 경우, 파워포인트 프로그램에서 글씨체를 변경하면 된다.

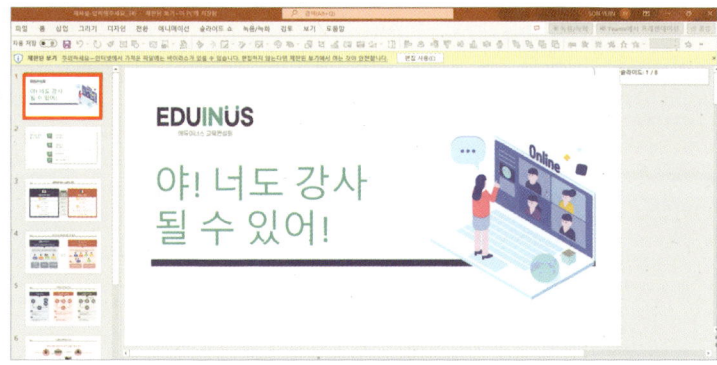

29| 두 번째 방법은 '웹상에서 링크로 공유'하는 것이다. 아래 사진을 참고하여 공유 버튼을 클릭한다.

30| 웹 게시 및 공유 창에서 '디자인 문서 공개' 버튼을 활성화한다.

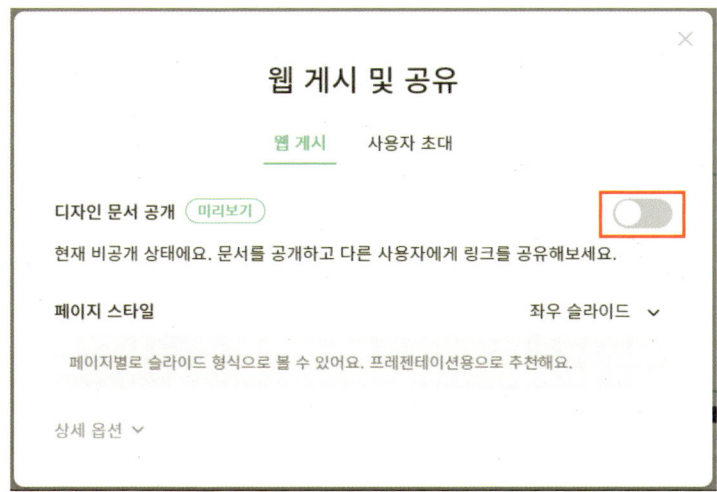

31 | 링크 옆 '복사' 버튼을 클릭한 후 웹사이트에 복사한 링크를 붙여넣기하면 미리캔버스 사이트에서 적용한 애니메이션이나 글씨체 등이 모두 그대로 적용된다.

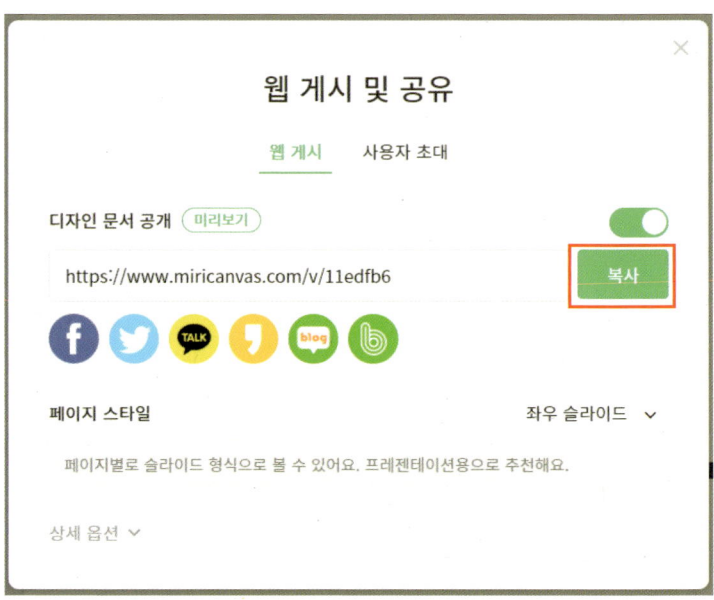

32 | 웹사이트에서 오른쪽 화살표 버튼을 누르면 다음 슬라이드로 넘어간다.

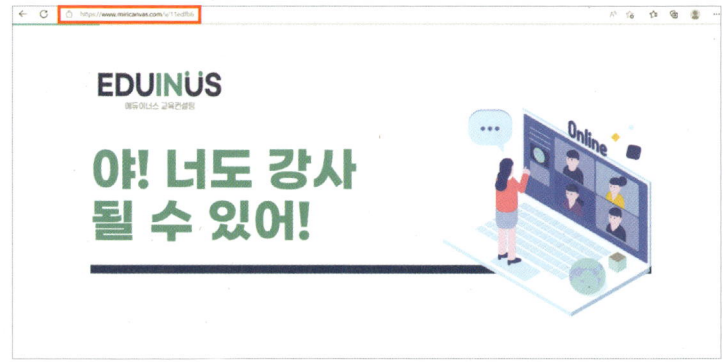

33 | 강의 때는 오른쪽 하단의 플러스 버튼을 눌러 '슬라이드 쇼' 기능을 사용할 수 있다. 수정이 필요한 경우 '편집하기' 버튼을 클릭하면 미리캔버스 작업 페이지로 연결된다(로그인 필요).

3.2.2 강의에 참고할 자료 찾는 방법

이번에는 강의에 참고할 만한 자료를 찾는 방법을 소개할 것이다. 저자는 11년 동안 만든 강의 자료가 3,000개가 넘는다. 10TB짜리 외장하드 3개가 필요한 어마어마한 양이다. 이렇게 많은 자료를 수집할 수 있었던 이유는 평소에 강의 자료에 참고할 만한 자료를 늘 관찰하고 기록했기 때문이다.

▶ 기록

저자는 강의를 시작하고 10년째 습관처럼 하는 일이 있다. 일상에서 보는 드라마, 예능, 영화, 잡지, 신문, 인터넷, 유튜브 영상, 브런치 글, 블로그 글, 사진, 카드뉴스 등 다양한 매체에서 강의와 연결할 만한 자료가 있으면 무조건 네이버 메모장에 기록하는 것이다.

이렇게 하는 이유는 간단하다. 방대한 자료를 다 기억하는 것이 불가능하기 때문이다. 인간의 뇌가 수용할 수 있는 정보는 한계가 있다. 그렇기 때문에 저자는 늘

메모를 하고 필요할 때마다 검색해볼 수 있는 메모 애플리케이션을 활용하고 있다. 휴대폰 메모장 애플리케이션, 직접 쓰는 다이어리든 다 좋다. 본인에게 맞는 방법을 찾고 꾸준히 하는 것을 추천한다. 이렇게 기록하고 관찰해서 모아둔 자료는 가장 유용한 참고 자료가 될 것이다. 아래 사진은 저자의 컴퓨터에 각 카테고리별로 모아 놓은 자료들이다. 만약 이번 달에 '고객 응대' 강의 섭외가 들어온다면, 가장 먼저 네이버 메모장 애플리케이션에서 '고객 응대, CS, 고객, 친절'이라는 단어를 검색해보거나 '고객 응대' 폴더를 찾아볼 것이다. 결국 이런 자료들이 모이면 오른쪽 사진처럼 빠른 시간에 강의 자료를 완성하는 기반이 마련된다.

▶ 책

강의 자료로 손쉽게 활용하기 좋은 자료는 책이다.

강의 주제와 관련된 책을 최소 10권 이상 읽어보길 바란다. 공통적으로 나오는 학술적인 내용뿐만 아니라 작가가 소개하는 다양한 사례, 그 책을 통해 느낀 점 등이 쌓이고 쌓이면 강의 자료로 활용할 수 있다. 다만 책에 있는 내용을 전부 강의 자료로 활용하는 것은 금물이다. 책을 통해 당신이 느낀 생각과 다양한 매체에서 얻

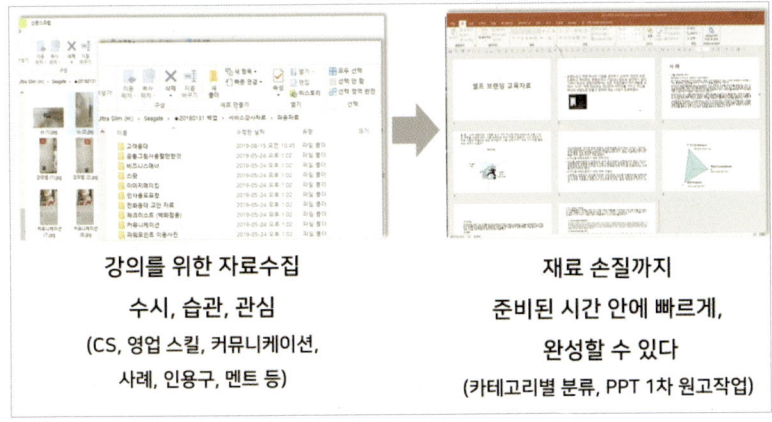

은 정보를 충분히 활용하되, 반드시 출처를 명확하게 밝히자.

▶ 연구 자료(논문 or 통계 자료)

연구 자료를 이용해도 좋다. 저자는 2015년에 대학원을 졸업할 당시 졸업 연구 논문을 완성하는 데 꼬박 6개월이 걸렸다.

- 네이버 학술정보 사이트 : https://academic.naver.com/

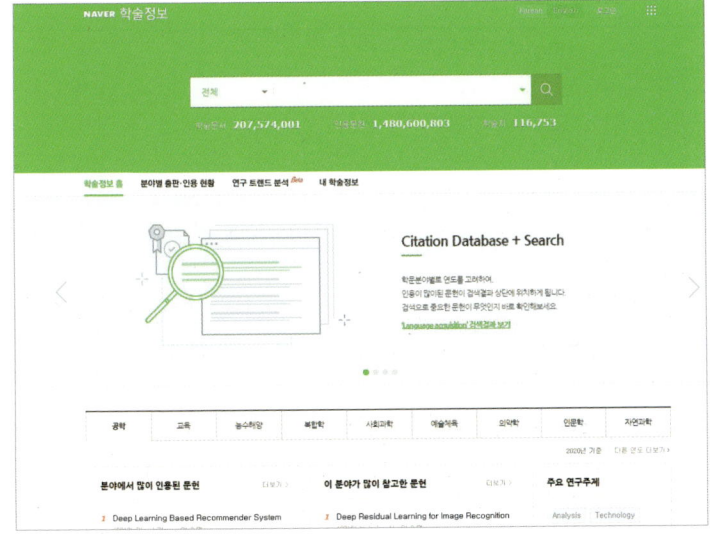

3장. 강의 자료 만들기

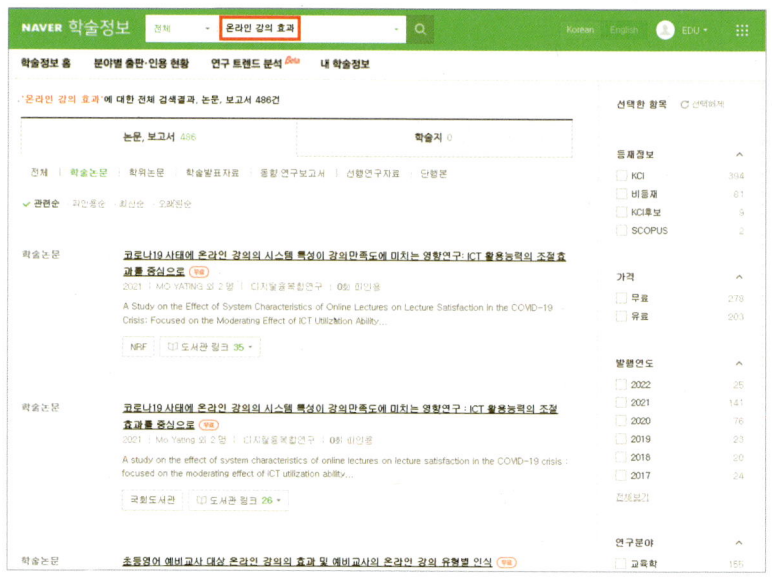

이것을 거꾸로 생각해보면, 누군가가 최소 몇 개월 이상 열심히 연구한 논문을 불과 책 한 권도 안 되는 분량으로 참고할 수 있다는 것이다. 특히 논문의 경우, 학생들이 연구한 내용이기 때문에 같은 주제더라도 각양 각색의 결론이 있다. 그러므로 강의 주제와 관련된 연구 논문을 다양하게 참고하길 바란다. 연구 논문을 읽을 때는 모든 내용을 다 읽어도 좋지만 맨 앞장의 축약본(보통은 'Abstract'라고 명시되어 있음)과 마지막 결론을 중점적으로 읽는 것이 좋다. 모든 연구 자료를 처음부터 읽으려면 엄두가 안 나고 어렵다고 느낄 것이다. 따라서 축약본과 결과 부분을 먼저 읽으면 좀 더 쉽게 결론에 접근할 수 있다.

통계 자료는 수백 명, 많게는 수만 명을 대상으로 리서치 기관이나 회사에서 조사를 한 것이다.

예를 들어, '50대 심장질환자를 위한 건강한 생활습관'이라는 주제로 강의를 한다고 생각해보자. 강의 자료의 신뢰성을 높이기 위해서는 주제와 관련된 전문 통계 자료를 적절히 활용하면 좋다. 특히 도입 부분에 교육생들에게 심장질환을 관리하지 않으면 어떤 일이 벌어질 수 있는지 구체적인 수치가 제시된 통계 자료를 활용하면 말로만 하는 것보다 신뢰를 줄 수 있다. 그렇다면 어떤 통계 자료가 필요할까? 나라면 '연령대별 심장질환 사망 추이' 자료를 활용할 것이다. e-나라지표 사이트에 접속해 '연령대별 심장질환 사망'이라고 검색해보자.

e-나라지표(국적 모니터링 지표) 사이트: https://www.index.go.kr/main.do?cate=1

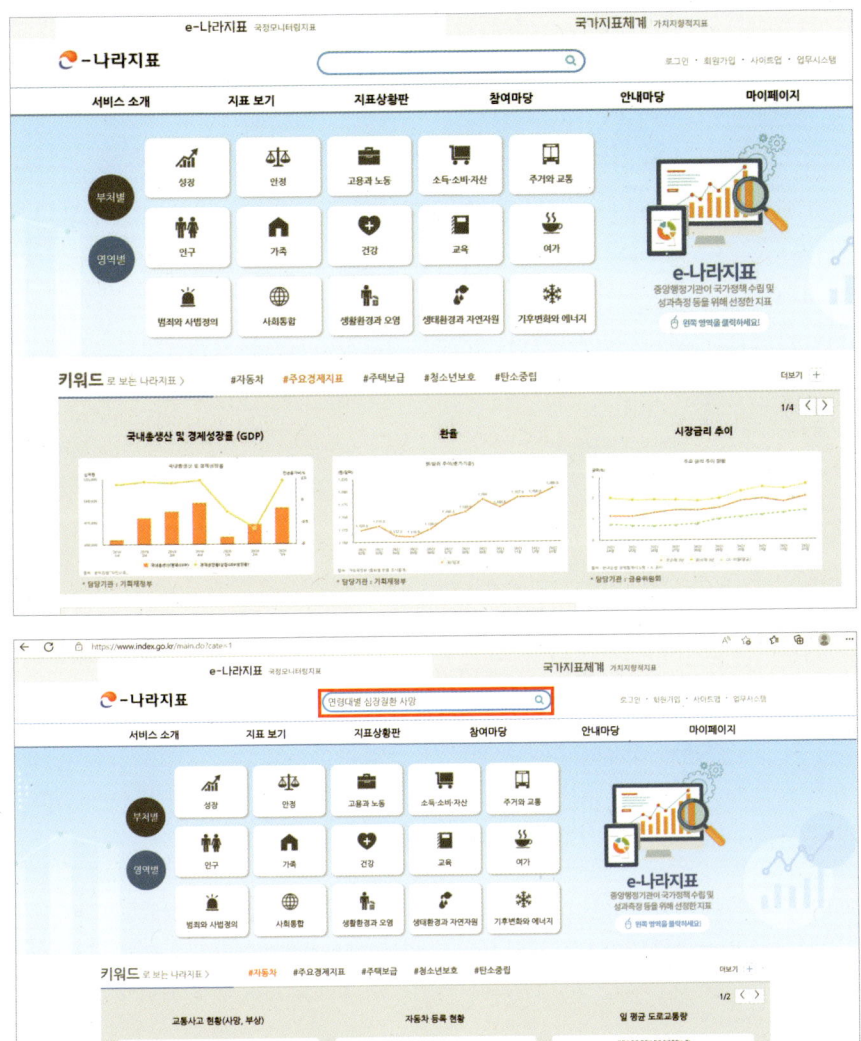

검색해보면 다양한 통계와 그래프를 확인할 수 있으며 원하는 자료를 다운받아 활용할 수도 있다. 이때 출처를 명확히 밝히고 사용하는 것을 잊지 말자.

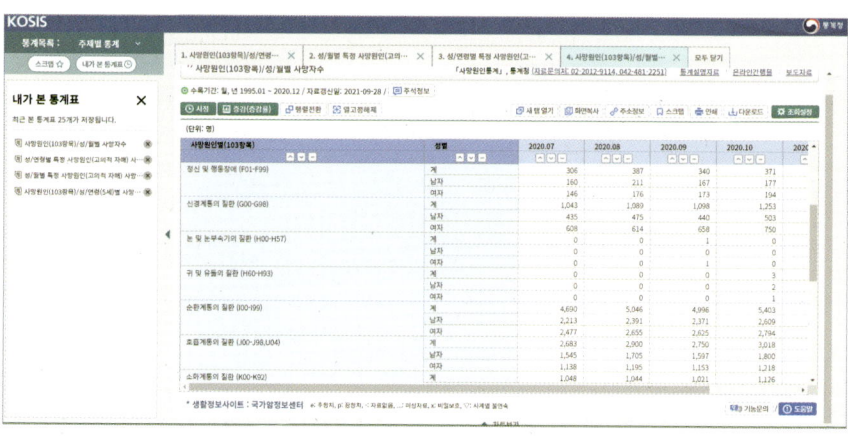

- 오픈서베이 트렌드리포트 사이트: https://blog.opensurvey.co.kr/category/trendreport/

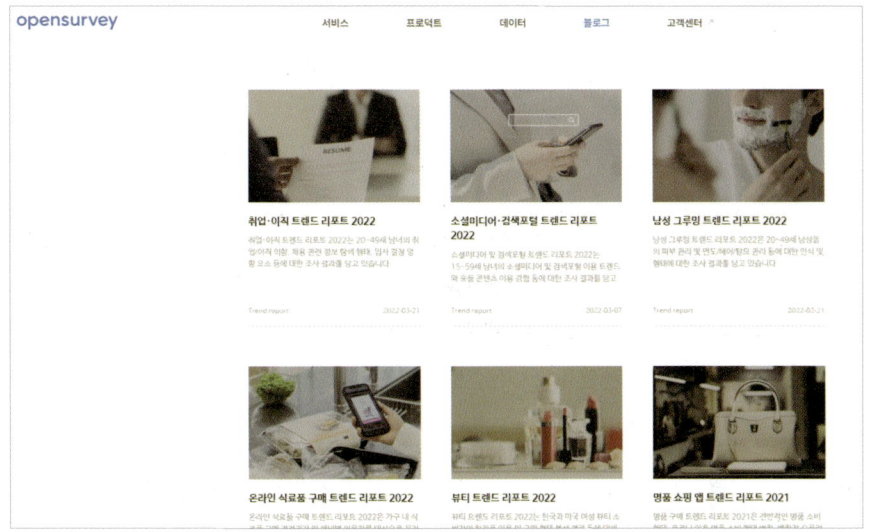

강의 자료를 활용할 때 염두해야 할 것은, 모든 자료가 무조건 좋은 자료는 아니며 자료가 많다고 해서 좋은 것도 아니라는 점이다. 강의 주제와 내용에 적합한 자료인지, 대상에 맞는 자료인지, 강의 목표에 맞는 자료인지를 반드시 체크하고 활용해야 한다. 또한 자료는 최신 자료일수록 좋다. 쉽게 말하면 1990년대 자료보다 2022년 자료가 더 신뢰감을 준다. 또한 자료 조사는 한 군데서만 그치지 말고 다양한 매체를 활용해야 한다. 인터넷 블로그 자료는 정확한 정보가 아닐 확률이 높기 때문에 출처가 명확한 책(한 주제에 대해 여러 권 읽기), 연구 논문(석사, 박사 논문 등 다양하게 찾기), 다큐, 출처가 명확한 프로그램, 전문가의 이야기 등을 다양하게 활용해야 훨씬 더 신빙성을 높이는 강의 자료를 완성할 수 있다. 다시 한번 강조한다. 찾은 자료들을 강의 자료로 활용할 때는 출처를 명확히 밝히는 것을 잊지 말자.

3.2.3 모르면 몇 천만 원 날리는 강의 저작권 바로 알기

저작권이란 창작물을 만든 사람이 자신의 창작물, 즉 저작물에 대해 가지는 법적 권리다(출처: 네이버 지식백과). 저작권은 창작물을 만든 사람의 노력과 가치를 인정하고, 만든 사람인 저작자의 권리를 보호하는 것이다. 그러나 강의 자료를 만드는 강사들이 인터넷에 떠도는 사진, 영상물, 내용 등을 잘못 사용해 법적 책임을 무는 경우가 많다. 알면서 그러는 것이 아니라 대부분 '정말 몰라서' 하는 것이 더 큰 문제이기 때문에 이번 장에서는 강의 자료를 제작할 때 강사들이 꼭 알아야 할 저작권에 대해 알아볼 것이다. 특히 저자에게 수업을 듣는 교육생들이 가장 자주 질문해오는 것들 위주로 발췌하여 〈한국저작권위원회〉에 명시된 내용을 토대로 답변을 준비했으니 모든 내용을 꼼꼼하게 읽어서 무지로 인해 저작권 위반이나 법적 문제, 손해배상이 발생하지 않길 진심으로 바란다.

Q1 저작권자의 이용 허락 없이 저작물을 강의 자료로 활용했는데, 비용을 지불하지 않았고 공익적인 목적이었어요. 출처 표시까지 했는데 문제가 되나요?

A 저작권에는 저작권자가 자신의 저작물을 스스로 이용하거나 타인에게 이용을 허락함으로써 경제적 이익을 얻을 수 있는 물권에 유사한 배타적인 권리의 속성이 있다. 즉, 소유권자의 허락 없이 물건을 이용하면 영리적이건 비영리적이건 소유권에 대한 침해가 되는 것과 마찬가지로, 이용자가 저작권자의 허락 없이 저작물을 이용하면, 저작권법에 의하여 저작재산권이 제한되는 경우가 아닌 한, 설사 영리적인 목적이 없었다고 하더라도 저작권 침해로 인한 민·형사상의 책임을 질 수 있다.

따라서 타인의 저작물을 이용하려는 자는 원칙적으로 해당 저작물의 권리자로부터 허락을 받아야 한다. 물론 저작권법은 저작권자의 이해관계와 일반 이용자들의 이해관계를 조화시키기 위하여 저작물의 자유 이용이 가능한 예외적인 경우에 대해서도 규정하고 있다. 그러나 이와 같은 예외 조항 중 단순히 공익적인 목적 혹은 비영리적인 목적만 충족되었다고 하여 자유 이용이 가능한 경우란 존재하지 않는다.

(출처: 한국저작권위원회 저작권 상담팀을 통해 받은 답변)

Q² 홈페이지나 도서 등에 ⓒ 표시와 함께 "All rights reserved"라고 명시하는 것을 볼 수 있는데요, 만일 강의 자료를 만들어서 배포하거나 활용할 때 이러한 ⓒ 표시를 하지 않으면 저작권법으로 보호를 받지 못하나요?

A 우리가 종종 볼 수 있는 ⓒ 표시는 과거 저작권의 발생에 관해 방식주의를 취하고 있던 미국이 주축이 된 세계저작권협약(Universal Copyright Convention, UCC)에 의한 것인데, ⓒ 표시는 Copyright의 첫 글자다. 당시 UCC 조약은 저작물의 복제물에 ⓒ 기호와 저작권자의 성명, 그리고 저작물의 최초 발행연도를 표시한 경우에는 방식주의를 취하고 있는 국가에서 요구하는 절차와 형식을 만족시킨 것으로 보았다.

그러나 미국이 1989년 무방식주의를 원칙으로 하는 베른협약에 가입하여 외국 저작물에 대해 무방식주의를 취하게 되면서부터 실질적으로 그 역할이 거의 사라졌다고 할 수 있고, 오늘날 이러한 ⓒ 표시가 저작권법상의 보호에 특별한 의미를 갖는 것도 아니다. 흔히 ⓒ 표시와 함께 "All rights reserved(모든 권리 유보)"라고 표기하기도 하는데, 이 역시 표기하지 않아도 저작권법상의 보호를 받는 데는 아무런 지장이 없다.

Q³ 강의 자료를 만들 때 파워포인트에 배경 음악이나 사진을 삽입하는 것도 저작권에 위반되나요?

A 강의 자료에 음원이나 사진 등의 저작물을 이용하고자 한다면 저작권이 만료되었거나 상업적으로 자유롭게 사용이 가능한 저작물을 이용해야 한다. 이러한 저작물을 '공유저작물'이라고 하며, 아래와 같은 사이트에서 무료 사진, 음원 등의 저작물을 이용할 수 있다.

TIP 상업적으로 이용 가능한 음악 다운로드 사이트

1. **공유마당**: https:gongu.copyright.or.kr

공유마당 홈페이지에서 '유형(유형 전체, 이미지, 영상, 음악, 어문)' 선택 후 검색어를 입력하자.

2. 셀바이뮤직: https://www.sellbuymusic.com/

저작권 안심 인증 BGM 등을 유료 구독 서비스로 다운로드할 수 있다. 비용이 부담스럽다면 회원 가입 후 하루 1곡씩 무료로 다운로드할 수 있다. 강의 자료에 어울리는 무료 BGM, 무료 효과음, 무료 이모티콘을 활용해보길 바란다. 단, 타인에게 제공 및 재판매는 허용되지 않는다.

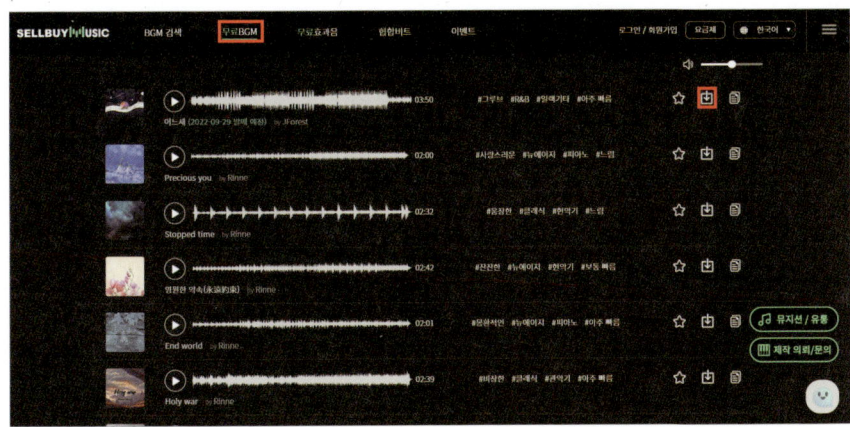

> TIP 상업적으로 이용 가능한 무료 이미지 사이트

1. 픽사베이: https://pixabay.com/

픽사베이는 회원 가입을 하지 않아도 상업적으로 이용 가능한 무료 이미지, 비디오, 음악, 효과음 등을 다운로드할 수 있다.

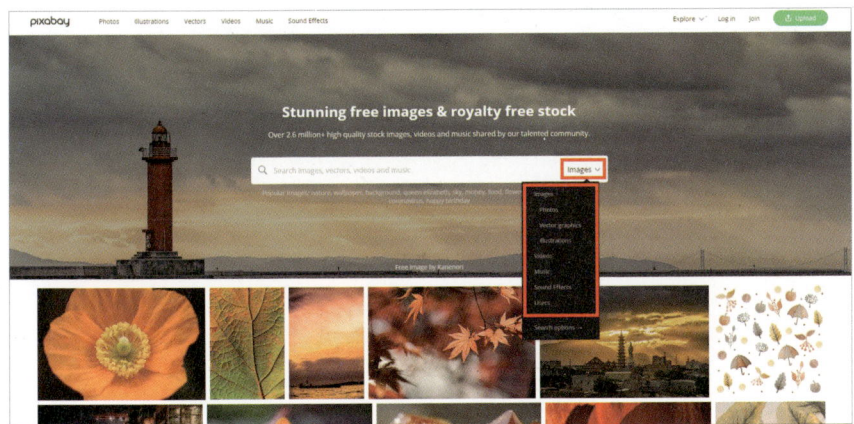

01 | 검색 유형(Images, Videos, Music 등)을 선택한 후 원하는 검색어를 입력한다. 이때 검색어를 영어로 입력하면 더 다양한 이미지를 찾을 수 있다.

02 원하는 이미지를 클릭한다.

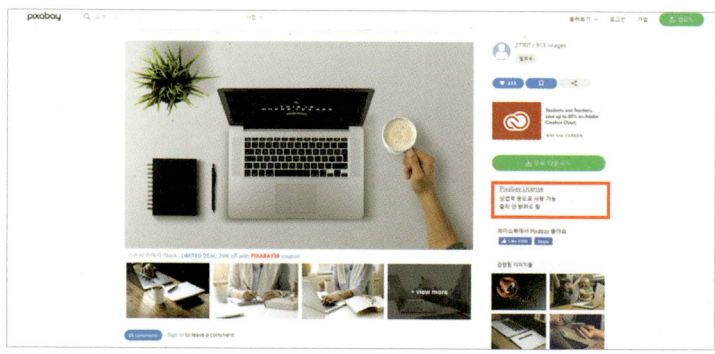

03 오른쪽 중간의 'Pixabay License' 아래에 '상업적 용도로 사용 가능, 출처 안 밝혀도 됨'이라는 문구를 확인한 후 '무료 다운로드'를 클릭한다.

2. 언스플래시: https://unsplash.com/

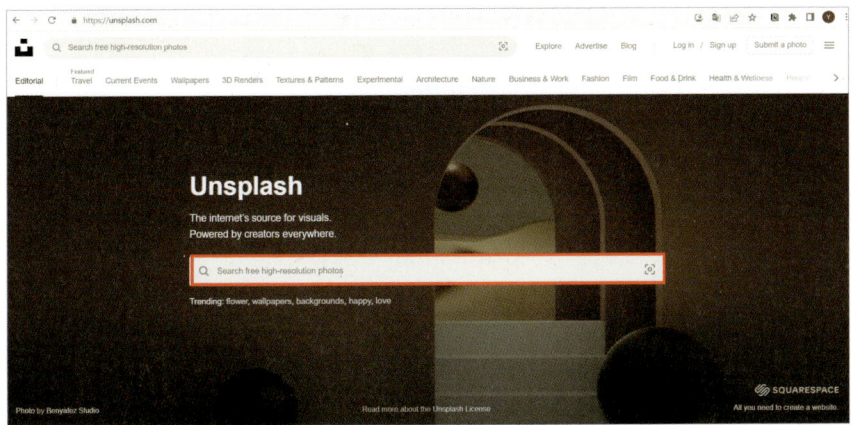

01 | 원하는 검색어를 입력한다. 이때 검색어를 영어로 입력하면 더 많은 이미지를 찾을 수 있다.

02 | 원하는 이미지를 선택한다.

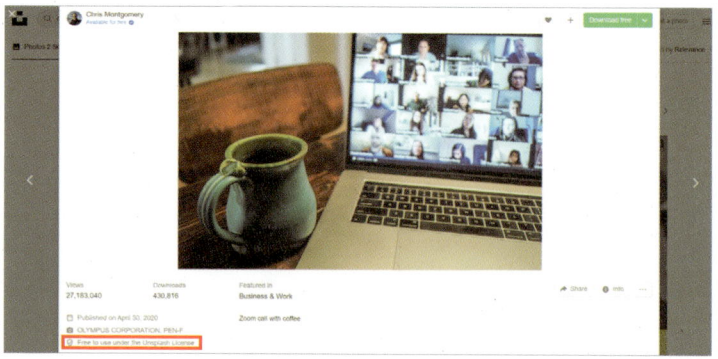

03 아래 저작권 내용을 확인하고 오른쪽 상단의 'Download Free'를 클릭해 다운로드 한다.

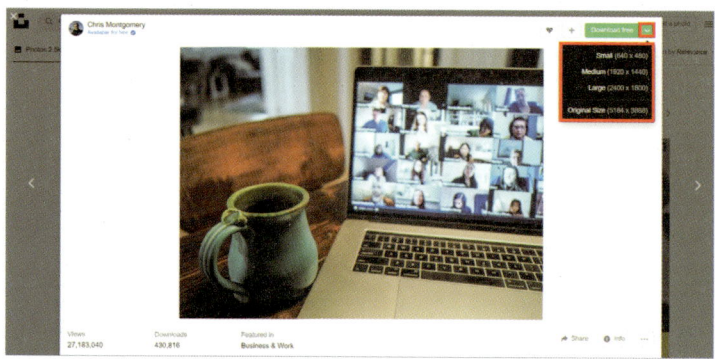

2. 리틀비주얼: https://littlevisuals.co

회원 가입 없이 이용 가능하며 검색 기능이 없다. 7일마다 7개의 고해상도 사진이 업로드된다.

01 원하는 사진을 선택한 후 마우스 오른쪽 버튼을 클릭해 '이미지를 다른 이름으로 저장'을 선택한다.

TIP 무료 아이콘 다운로드 사이트

1. 플랫아이콘: https://www.flaticon.com

회원 가입 없이 다운로드 가능하나 저작권 표시가 필수다. 저작권 표시를 하고 싶지 않은 경우에는 프리미엄 서비스로 유료 전환을 해야 한다.

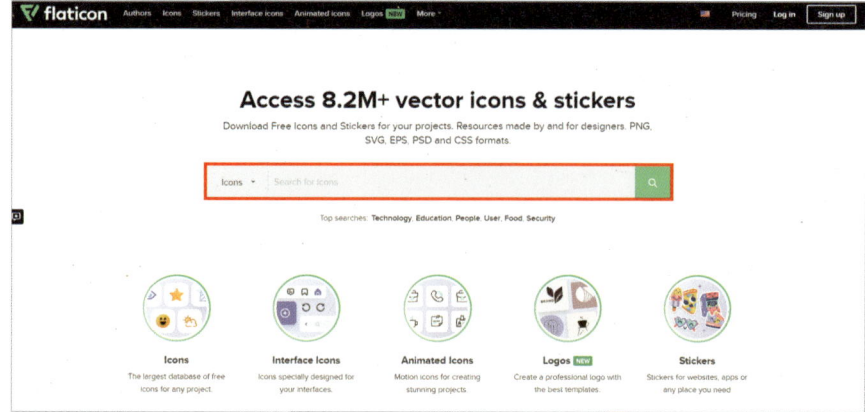

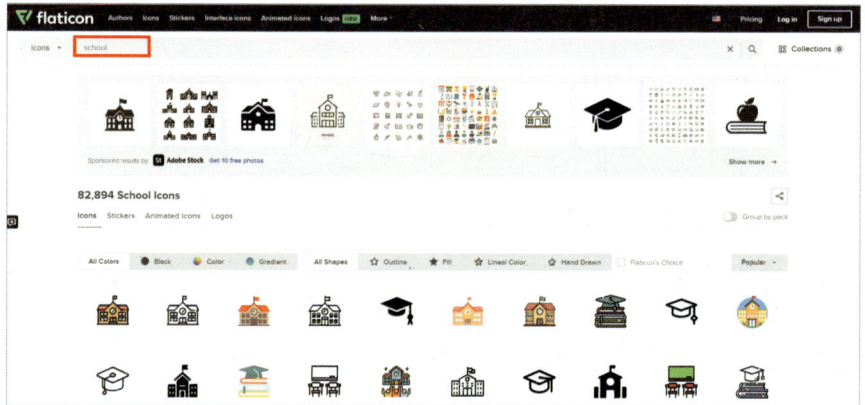

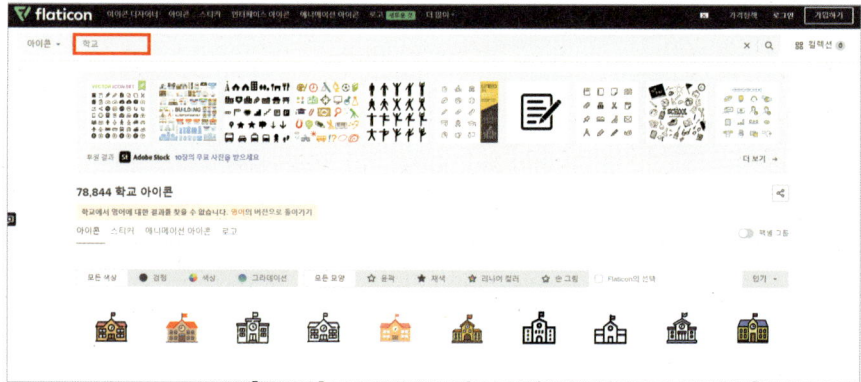

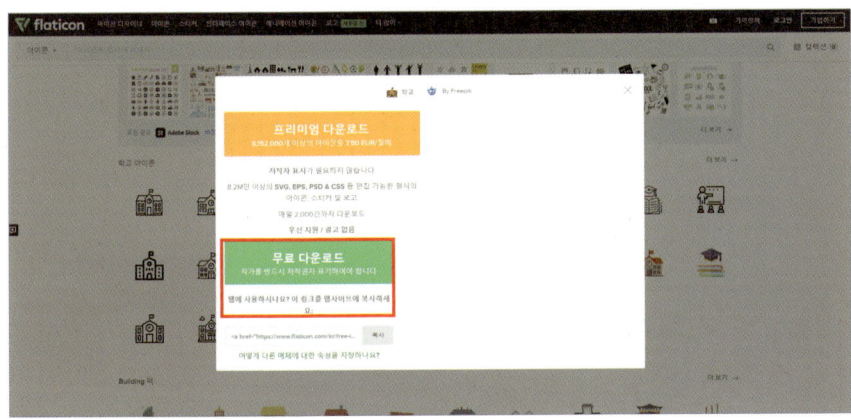

3장. 강의 자료 만들기   179

이 외에 강의 자료 제작 시 필요한 저작권에 관련해 궁금한 점이 있다면 아래 한국교육학술정보원 사이트에 접속해 '알림마당 〉 공지사항 〉 '저작권' 검색 〉 원격수업 및 온라인 학습을 위한 저작권 FAQ'를 차례로 클릭해 참고하자.

- 한국교육학술정보원 사이트: https://www.keris.or.kr

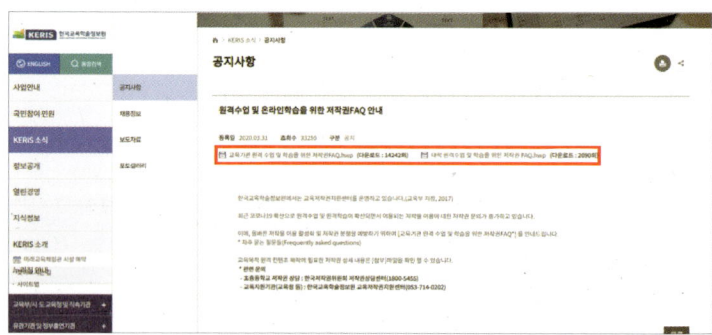

3.3 교육생의 오감을 자극하는 강의 자료

혹시 온라인 강의를 들을 때 화면을 꺼버리고 싶었던 적이 있는가? 저자는 10년 넘게 강의를 해오면서 다양한 주제나 분야의 강의를 들을 기회가 많았다. 종종 강의를 듣다 보면 '아직도 저렇게 오래된 강의안을 사용하다니?' 하며 '헉' 소리 나는 강의 자료를 볼 때가 있다. 반면 강사가 전달하고자 하는 핵심 메시지를 일목요연하게 담고 강의를 방해하지 않는 강의 자료를 활용한 강의는 두고두고 기억에 남고 배우고 싶다. 이처럼 당신의 강의 자료가 교육생들이 화면창을 끄고 싶게 만드는 강의가 되지 않으려면 어떻게 해야 될까? 교육생들의 오감을 자극하는 강의 자료를 만들면 된다. 앞에서 강의 기획서를 작성하고 그에 맞는 강의 자료를 종이와 펜, 파워포인트, 미리캔버스 등으로 강의라는 요리를 완성해 나가는 단계를 거쳤다. 그러나 여기서 끝이 아니다. 이제 완성한 요리에 마지막으로 좀 더 맛있어 보이게 하는 무언가를 더해야 한다. 이번 장에서는 강의 자료의 가독성을 높이고, 듣고 싶게끔 하는 강의 자료를 만드는 방법을 배워볼 것이다.

그렇다면 교육생들의 오감을 자극하는 좋은 강의 자료란 무엇인지 알아보자. 첫 번째는 시각이다. 설명한 강의 자료에 사용하는 글, 글의 배열, 서체, 글과 이미지의 조합, 컬러 등이 시각에 해당된다. 화면을 꺼버리고 싶은 강의안의 가장 큰 특징은 강의 자료에 글만 가득한 경우다. 마치 책 한두 페이지를 그대로 옮겨 놓은 것 같은 느낌이 들 정도로 글이 가득한 강의 자료는 최악이다. 글은 강의 자료의 핵심 메시지를 명료하게 전달하는 정도로만 간결하게 활용해야 교육생들이 강의 내용에 더 집중할 수 있다. 간혹 어떤 강사들은 전달하려는 모든 내용을 강의 자료에 넣는 실수를 범하는데, 이것은 잘못된 방법이다. 글을 줄일수록 시각적으로 더 끌리는 강의 자료가 된다.

두 번째는 청각이다. 강의에서 사용하는 청각 요소는 어떤 것이 있을까? 바로 음악이다. 강의에 음악을 적절히 활용하면 더 완성도 있는 강의를 만들 수 있다. 강의에 넣기 좋은 음악은 아래 유튜브 영상을 참고하자. 휴대폰 카메라 애플리케이션이나 네이버 애플리케이션에서 QR 코드를 인식하면 바로 링크로 이동한다. 참고로 아래 음악리스트들은 저작권이 있는 음악이므로 기재된 저작권 정보들을 참고하자.

세 번째는 촉각이다. 촉각이라 하면 피부에 닿는 것을 상상하게 된다. 강의에서 마치 피부에 닿는 것처럼 생생한 느낌을 줄 수 있는 것은 바로 강의의 전체적인 분위기다. 강의 분위기는 강사가 방향성을 잡고 만들어가는 것이다. 교육생들에게 이끌려가는 강의 분위기를 만들어서는 안 된다. 특히 초보 강사일 때는 교육생이 분위기를 이끌어가는 경우가 종종 있다. 강의를 많이 해볼수록 강사가 주도권을 잡고 강의 분위기를 만드는 것이 중요하다는 것을 알게 될 것이다. 강사가 주도권과 방향성을 잡는다고 해서 권위적으로 행동하라는 뜻은 절대 아니다. 강의의 긍정적인 분위기와 방향성, 전달하고자 하는 메시지는 강사가 잡아가되, 그 안에서 교육생들이 제대로 뛰어놀고 참여할 수 있도록 해야 한다.

네 번째는 미각이다. 미각은 맛있는 강의 즉, 교육생들에게 정말 유익하고 공감이 되며 흥미로운 방법으로 강의 내용을 전달하는 것이 해당된다.

다섯 번째는 후각이다. 막 구운 빵 냄새가 나는 빵집 앞을 지나가면 당장 먹고 싶다는 생각이 드는 것처럼 후각은 행동이나 생각을 이끄는 데 중요한 역할을 한다. 강의 자료의 후각 요소는 바로 교육생의 상상력을 자극하는 것이다. '나도 강사가 말하는 좋은 모습이 되고 싶다' 또는 '나도 강사가 말한 대로 하면 잘 될 거야' 등 교육생들의 긍정적인 상상력을 자극하는 동기 부여가 후각에 해당된다.

잘 만든 강의 자료는 교육생들의 오감을 자극한다는 말이 조금은 이해가 되는가? 다시 한번 정리해보자.

- 시각 : 이미지, 글씨 위치, 배열, PPT 디자인 등
- 청각 : 음악
- 촉각 : 느낌, 분위기
- 미각 : 맛있는 강의, 유익, 공감, 흥미를 이끌어내는 강의력
- 후각 : 강의를 듣고 그려지는 모습, 긍정적인 동기 부여

교육생들의 집중력을 높이는 강의 자료를 만드는 데 오감에서 가장 중요한 것은 바로 '시각'이다. 다음 장에서는 강의 자료를 만들 때 알아야 할 '시각'적인 부분을 자세히 다뤄보겠다.

3.3.1 서체 하나로 강의 분위기가 달라진다

서체는 강의 자료를 볼 때 가장 먼저 눈에 띄는 것이다. 서체는 강의 주제와 내용에 맞는 것으로 정해야 한다. 강의 자료에 너무 많은 종류의 서체는 쓰지 않는 것을 권장한다. 메인 서체 1개, 서브 서체 1개가 적당하다. 그리고 가독성이 높은 서체를 써야 한다. 간혹 어떤 글자인지 구분하기 어려운 서체를 사용하는 경우가 있는데, 가독성이 떨어지는 자료는 좋은 강의 자료가 될 수 없다. 강의 자료를 보는 교육생의 입장에서 생각해보자. 화면에서 눈에 잘 띄는지, 너무 여러 개의 서체를 쓰지는 않았는지, 내용을 전달하는 데 서체가 방해가 되지는 않는지 등 강의 자료

를 보면서 체크해보기 바란다. 그리고 서체 또한 저작물이기 때문에 아무데서나 다운로드를 받아 그대로 사용하면 수백만 원의 벌금을 내야 할 수 있다. 따라서 상업적으로 이용 가능한 무료 폰트를 참고해 저작권에 위배되지 않는 안전한 서체를 사용하도록 하자.

TIP 상업적으로 이용 가능한 무료 폰트 사이트

1. 눈누 사이트: https://noonnu.cc/

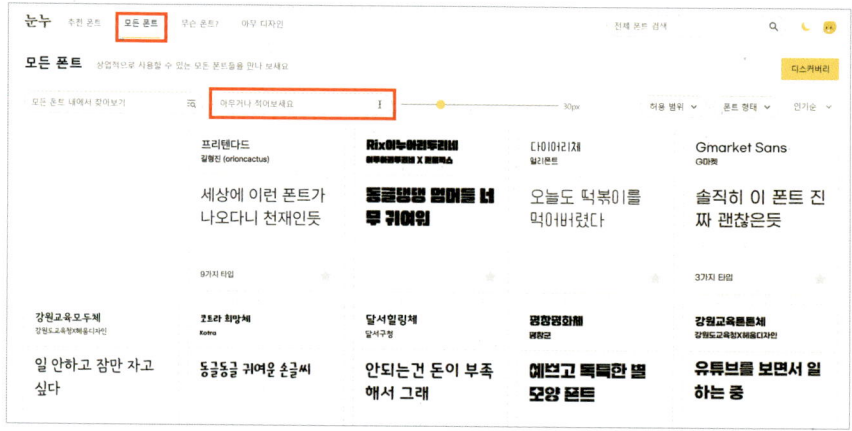

01 두 번째 탭의 '모든 폰트'를 클릭한다.

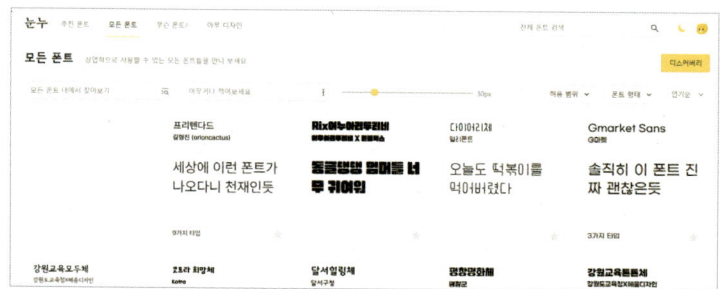

02 | '아무거나 적어보세요' 칸에 간단한 단어를 입력해보자.

03 | 강의 콘셉트와 잘 어울리는 서체를 선택한다.

라이선스 요약표		
카테고리	사용 범위	허용여부
인쇄	브로슈어, 포스터, 책, 잡지 및 출판용 인쇄물 등	O
웹사이트	웹페이지, 광고 배너, 메일, E-브로슈어 등	O
영상	영상물 자막, 영화 오프닝/엔딩 크레딧, UCC 등	O
포장지	판매용 상품의 패키지	O
임베딩	웹사이트 및 프로그램 서버 내 폰트 탑재, E-book 제작	O
BI/CI	회사명, 브랜드명, 상품명, 로고, 마크, 슬로건, 캐치프레이즈	O
OFL	폰트 파일의 수정/복제/배포 가능. 단, 폰트 파일의 유료 판매는 금지	X

※ 위 사용범위는 참고용으로, 정확한 사용범위는 이용 전 폰트 제작사에 확인바랍니다.
사용범위는 폰트 제작사의 규정에 따라 달라질 수 있습니다.
제작사명은 상단 폰트 이름 밑에 있습니다.

04 | 서체 파일을 다운로드 받기 전에 하단의 '라이선스 요약표'를 반드시 확인한다. 당신이 사용하려는 목적에 체크가 되어 있는지 확인해야 한다. 만약 허용하지 않는 목적으로 서체를 사용하는 경우 저작권 위배 관련 법적 분쟁이 일어날 수 있으므로 반드시 주의하자.

05 | '라이선스 요약표'를 모두 확인했다면 '다운로드'를 클릭해 파일을 다운로드한다. 다운로드를 클릭하면 바로 파일이 다운로드되는 폰트도 있지만, 제작사 홈페이지로 연결되어 거기서 다운로드를 받아야 하는 경우도 있다. 아래처럼 에스코어 드림체는 다운로드를 클릭하면 제작사 홈페이지로 연결된다.

여기서 잠깐! TTF VS OTF 뭐가 다른 거지?

TTF는 'True Type Font'의 약자로 마이크로소프트와 애플이 개발한 확장자다. 주로 웹 작업이나 마이크로소프트 제품군, 한컴오피스 등 문서 작업용으로 적합하다. OTF는 'Open Type Font'의 약자로 마이크로소프트와 어도비가 개발한 폰트이며 모든 OS에서 사용 가능한 폰트다. 주로 디자인, 고해상도 인쇄용으로 적합하다.

06 다운로드 받은 폰트 파일을 컴퓨터에 설치한다. 다운로드한 파일을 마우스 우 클릭하여 '압축 풀기'를 선택해 완료하면 된다.

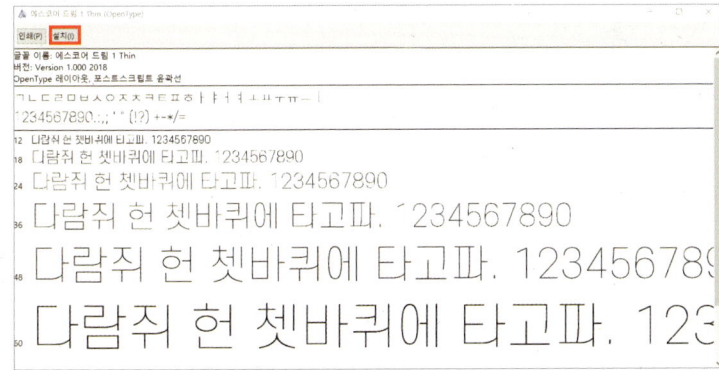

3장. 강의 자료 만들기 187

07 | 다운로드가 완료되면 '열기' 후 '설치'를 클릭한다.

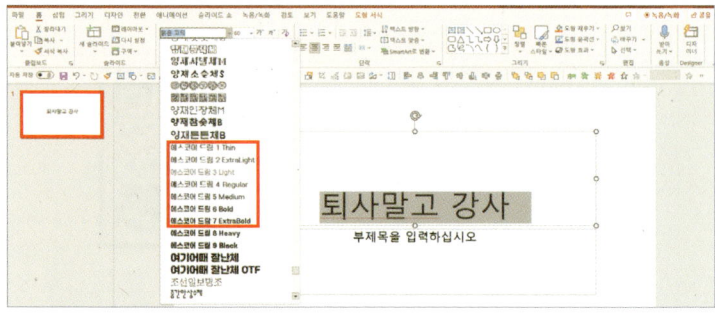

08 | 설치 완료된 서체 파일은 파워포인트를 실행해서 서체 리스트에 적용되었는지 확인한다.

3.3.2 강의에 맞는 강의안 텍스트 배치하기

서체를 정했다면 그다음은 텍스트를 가독성 있게 배치하는 것이 중요하다. 만약 당신이 '파워포인트로 강의 자료 만드는 법'에 대한 내용으로 강의를 한다고 가정해보자. 왼쪽 아래 슬라이드에 있는 '파워포인트 기능상의 주요 특징'을 교육생들의 눈에 쏙쏙 들어오게 텍스트 배치를 다시 한다면 어떻게 바꿀 수 있을까? 직접 작성해보자.

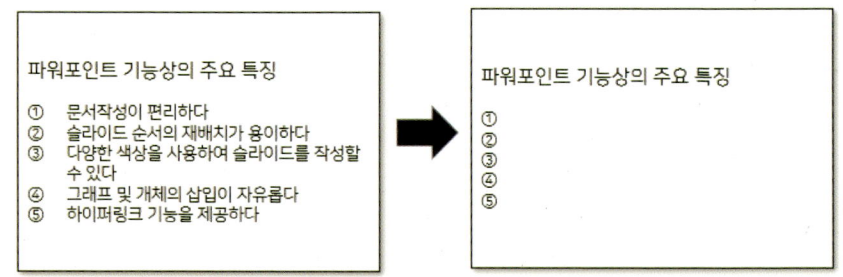

다음과 같이 슬라이드의 가독성을 높일 수 있다.

파워포인트 기능상의 주요 특징		파워포인트 기능상의 주요 특징
① 문서작성이 편리하다 ② 슬라이드 순서의 재배치가 용이하다 ③ 다양한 색상을 사용하여 슬라이드를 작성할 수 있다 ④ 그래프 및 개체의 삽입이 자유롭다 ⑤ 하이퍼링크 기능을 제공하다		① 편리한 문서작성 ② 손쉬운 순서의 재배치 ③ 다양한 색상의 적용 ④ 그래프 및 개체의 삽입 ⑤ 하이퍼링크 기능

어떠한가? 강의 자료의 글을 어떻게 사용하고 배치하느냐에 따라 강의에서 전달하고자 하는 메시지를 교육생이 한번에 이해할 수도 있고, 그렇지 못할 수도 있다. 이것은 강의 자료에서 글자의 크기와 위치, 내용의 간결성에 달려 있다. 앞서 이야기했지만 강의 자료는 강의를 돕는 도구(Tool)일 뿐이라는 점을 명심하자. 간혹 강사가 강의 내내 강의 자료를 보면서 마치 대사집(Script, 스크립트)을 읽듯 강의하는 경우가 있다. 이러한 행동은 강의를 실패로 이끄는 지름길이다. 강의 자료는 교육생의 이해를 돕고 가독성을 높이는 도구로 사용해야 한다는 것을 명심하기 바란다.

또한 강의에 맞는 효과적인 텍스트 사용을 위해 다음 세 가지 법칙(Chungking(청킹)법칙, 1M 1P법칙, 3의 법칙)을 기억하자.

첫 번째로 Chungking 법칙의 'Chunking(청킹)'은 기억 대상이 되는 자극이나 정보를 서로 의미 있게 연결하거나 묶는 인지 과정을 지칭한다. 이러한 인지 과정은 결과적으로 단기기억의 용량을 확대시키는 효과가 있다(출처: 네이버 지식백과). 쉽게 말하면 인간은 뇌에서 서로 의미 있거나 비슷한 것끼리 묶는 인지 과정을 거치면 단기기억력이 상승한다는 것이다. 따라서 비슷한 것끼리 덩어리로 묶어서 외우면 더 잘 기억하게 된다.

[Chunking의 예시]

아래 나열된 단어를 보고 비슷한 것끼리 묶어보자.

> 책, 휴대폰, 거치대, 학습, 지루함, 교육생, 노트북, 화병, 액자, 만족, 슬픔, 유튜브, 행복, 포스트잇, 펜, 고지서, 네이버, 물티슈, 거울, 스마트스토어, 제로콜라, 비닐봉지, 외로움, 단백질, 고독함

형태의 유무에 따라 묶으면 다음과 같다.
① 유형 : 책, 휴대폰, 거치대, 교육생, 노트북, 화병, 액자, 포스트잇, 펜, 고지서, 네이버, 물티슈, 거울, 스마트스토어, 제로콜라, 비닐봉지, 단백질
② 무형 : 학습, 지루함, 만족, 슬픔, 행복, 유튜브, 외로움, 고독함

이처럼 강의 자료를 만들 때 Chunking 과정을 활용해 비슷한 것, 서로 의미있는 것끼리 묶어서 만들면 좀 더 이해하기 쉽고 기억에 남는 강의 자료가 된다.

두 번째 1M 1P 법칙은 '1Message 1Point'의 줄임말이다. 쉽게 말하면 하나의 장표에 하나의 메시지만 전달하는 것이다. 굉장히 간단해 보이는 법칙이지만, 막상 강의 자료를 만들다 보면 한 장의 슬라이드에 넣고 싶은 내용이 여러 가지인 경우가 많다. 교육생의 입장에서 이러한 강의 자료를 본다고 생각해보자. 한 슬라이드에 전달하려는 메시지가 너무 많으면 오히려 학습을 방해하게 된다. 하나의 슬라이드에는 하나의 메시지만 담자. 간결하게 담은 메시지가 학습의 몰입도와 집중력을 높인다는 것을 잊지 말자.

세 번째 3의 법칙은 Chunking 법칙과 비슷한 맥락이다. 상대방의 말을 들을 때 3의 구조에 맞춰 이야기를 하면 훨씬 더 질서 있고 안정적으로 인식해 기억하기 쉽다는 것이다. 강의 자료 중에 강조하고 싶은 내용이 있다면 3의 법칙을 기억해 3개의 단어, 3개의 문장으로 임팩트 있게 메시지를 전달하자. 그 메시지가 교육생의 기억에 훨씬 더 오래 남을 것이다. 특히, 앞에서 다룬 Chunking이 습관이 되면 아무리 많은 내용이더라도 3의 법칙을 통해 강의의 주요 메시지를 쉽게 전달할 수 있다.

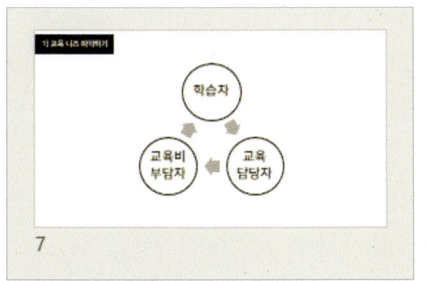

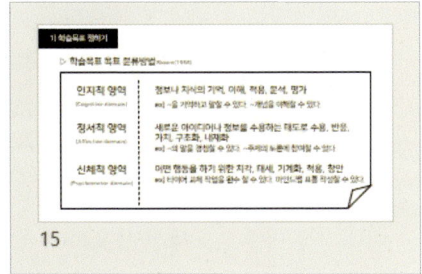

3.3.3 계속 보고 싶게 만드는 이미지 활용법

텍스트 다음은 이미지다. 이미지는 강의 자료에서 큰 비중을 차지한다. 이미지 하나만 잘 써도 강의 전달력과 강의 자료의 완성도를 높일 수 있다. 이미지 자료가 곧 강의 자료의 핵심인 것이다. A와 B 두 종류의 강의 자료가 있다고 가정해보자. A는 이미지 80%, 텍스트 20%로 구성되었고 B는 이미지 20%, 텍스트 80%로 구성되었다면 어떤 강의 자료에 더 눈이 갈까? 특히 서너 시간 이상 집중해야 하는 강의 자료라면 어떤 것이 더 기억에 남을까? 이미지 자료 비중이 훨씬 높은 A 강의 자료일 것이다. 우리는 글보다 그림을 잘 더 기억하기 때문이다. 이번에는 강의를 계속 보고 싶게 만드는 이미지 활용법을 다뤄보겠다. 아래 그림을 보고 Before와 After 이미지의 눈에 띄는 차이점을 생각해보자.

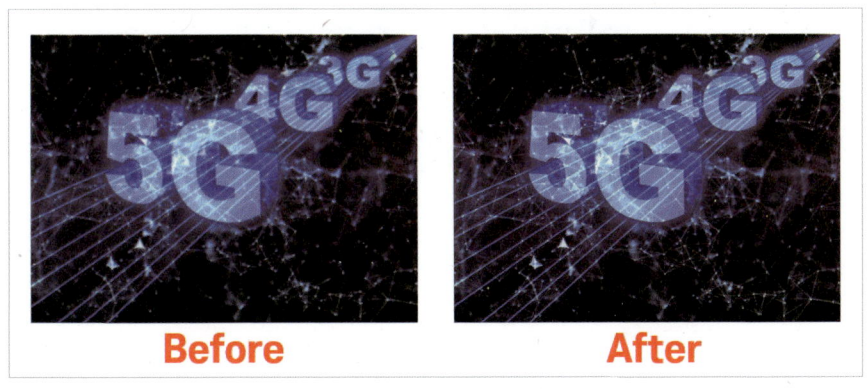

Before 이미지는 선명함이 부족하고 흐려 보이는 반면, After 이미지는 훨씬 선명하고 또렷해서 계속 보게 되는 이미지다. 강의 자료에 이미지를 활용할 때는 강의 자료를 컴퓨터나 모바일로 보는 교육생의 시선을 기억하자. 강의를 계속 보고 싶게 만드는 이미지 활용법 첫 번째는 바로 화질이다. 이미지 활용의 가장 기본은 선명한 고화질 이미지를 사용하는 것이다. 고화질 이미지는 상업적으로 이용 가능한 이미지를 다운로드해서 사용하자. (상업적으로 이용 가능한 이미지 사이트 참조)

두 번째 이미지 활용법은 '여백 활용'이다. 같은 이미지더라도 크기, 위치에 따라 전달하는 내용의 분위기와 인상이 많이 달라진다. 아래의 Before 사진을 보자. 이미지와 텍스트의 배치가 왠지 모르게 눈에 확 들어오지 않는다. 왜 그럴까? 마치 신문 기사를 보는 것 같은 느낌이 들지 않는가? 강의 자료는 신문기사나 책이 아니라는 점을 기억하자. 그렇다면 아래 이미지를 어떻게 개선하면 좋을까? 다음 장을 넘기기 전에 한번 고민해보자.

Before

위 이미지의 크기와 텍스트 배치를 이렇게 수정해보았다.

강의 자료에 이미지를 넣을 때는 Before처럼 작게 넣는 것보다 화면에 가득 차게 넣어야 주목도가 높아진다. 단, 원본 이미지를 확대할 때는 이미지의 비율이 깨지지 않도록 가로 세로 방향이 아닌 대각선 방향으로 늘리는 것을 잊지 말자.

잘못된 예시

(X)세로로 늘리기   (X)가로로 늘리기

이미지를 대각선으로 늘린 다음 화면에 보이지 않는 부분은 잘라내면 된다.

그 다음으로 텍스트를 보자. Before는 흰 여백에 검은색 텍스트를 문장 형태로 사용했으나 After에서는 명사형으로 핵심 내용만 축약했고, 중요한 키워드는 볼드 처리를 해주었다. 이때 강조 컬러를 활용해도 좋다. 또한 배경 이미지의 여백을 활용해 텍스트를 가운데에 배치했다. 마지막으로 전체 이미지와 텍스트의 조합을 위해 이미지 위에 검은색 반투명 도형을 배경으로 삽입했고 그 위에 텍스트를 배치했다.

Before와 After의 차이가 사소해보일 수도 있겠지만 강의를 듣는 교육생은 매우 다르게 느낄 것이다. 당신도 여러 시도와 연습을 통해 더 보고 싶고, 읽고 싶고, 기억에 남는 강의 자료를 완성해 나가길 바란다.

이미지 배경 깔끔하게 제거하는 방법

종종 사진의 배경을 투명하게 만들어서 깔끔하게 사용하고 싶을 때가 있다. 그럴 때 파워포인트에서 배경 제거 기능을 사용할 수도 있지만, 훨씬 쉽고 깔끔하게 배경을 제거하려면 Removebg 사이트를 활용하면 된다. 매우 간단한 방법이니 아래 순서대로 따라해보자.

1. Removebg 사이트: https://www.remove.bg/ko

01 배경을 제거할 이미지를 업로드한다.

02 | 파일을 업로드하면 배경이 자동으로 제거된다. '다운로드' 버튼을 클릭해 다운로드한다.

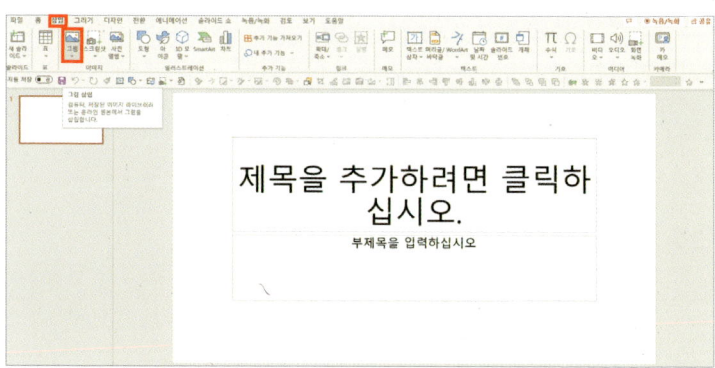

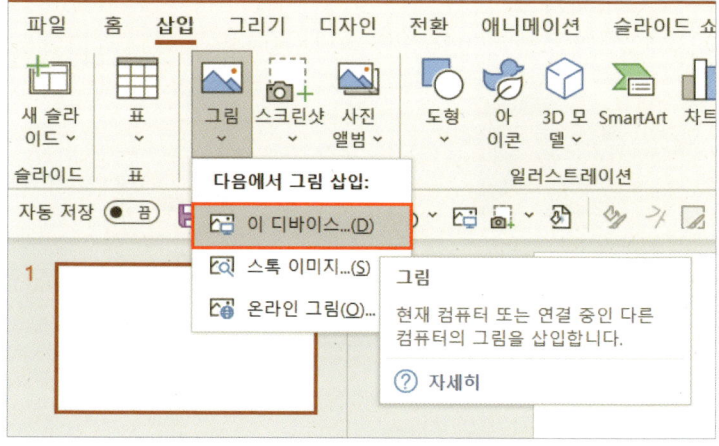

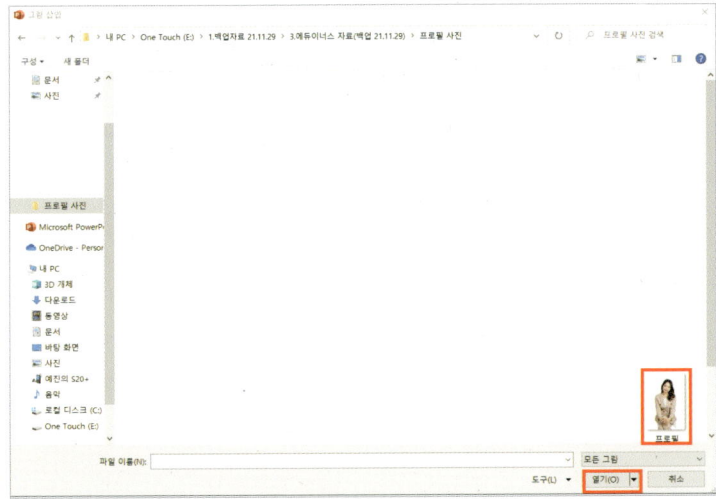

03 이미지가 필요한 부분에 다운로드한 그림을 삽입한다.

3.3.4 강의안을 돋보이게 하는 컬러 활용법

교육생의 오감을 자극하는 시각 요소 중 하나는 바로 '컬러'다. 강의 자료의 전체 분위기를 좌우한다고 해도 과언이 아닐 만큼 컬러는 매우 중요하다. 컬러는 전체 강의 자료를 아우르는 메인 컬러 하나와 포인트 컬러 하나, 서브 컬러 하나 정도만 사용하는 것을 권장한다. 너무 많은 컬러를 사용할 경우 보는 사람의 주의를 분산시킬 수 있기 때문이다. 그러면 강의 내용보다는 컬러에 집중하게 되는 불상사가 생길 수 있다.

아래 이미지는 저자가 직접 만든 강의 자료의 일부다. 여기서 메인 컬러와 포인트 컬러는 무엇일까?

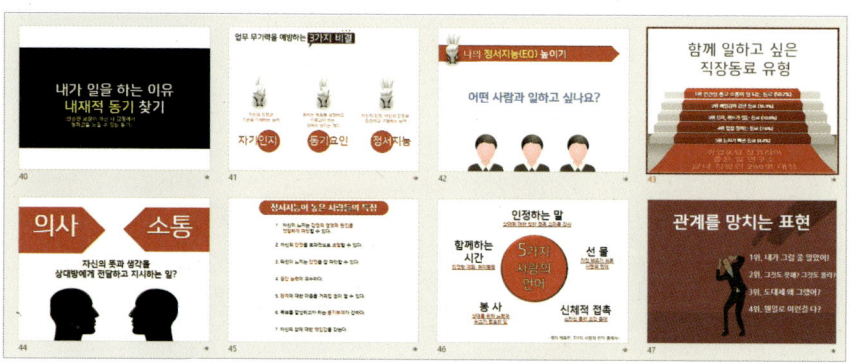

메인 컬러는 빨간색, 포인트 컬러는 노란색, 서브 컬러는 검은색이다. 전체적으로 흰색 배경에 제목이나 중요 키워드는 빨간색으로 표시했다. 거기에 노란색으로 중요 키워드를 강조했다. 이처럼 강의 자료의 전체를 아우르는 메인 컬러와 포인트 컬러, 서브 컬러를 각 한 가지씩 정하고 컬러를 입히는 것이 중요하다. 만약 컬러를 더 사용하고 싶다면 메인 컬러와 비슷한 계열의 컬러를 선택하는 것이 좋다. 그래야 전체적인 콘셉트와 분위기를 이질감 없이 전달할 수 있다. 너무 밝고 쨍한 형광 컬러는 교육생들의 눈에 피로감을 줄 수 있으니 되도록이면 사용하지 말자. 다음 페이지의 Before 슬라이드에 쓰인 컬러들이 피로감을 주는 컬러들이다. After 슬라이드 처럼 보는 사람의 눈이 편안하고 내용 전달에 이질감이 없는 컬러

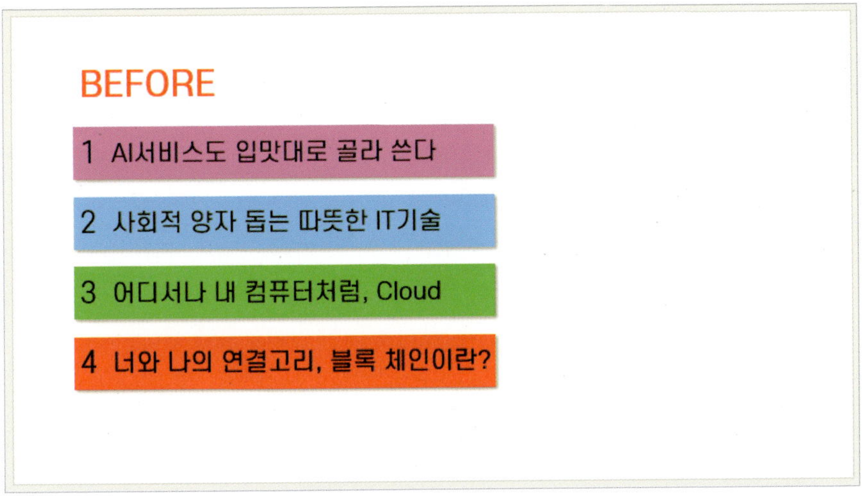

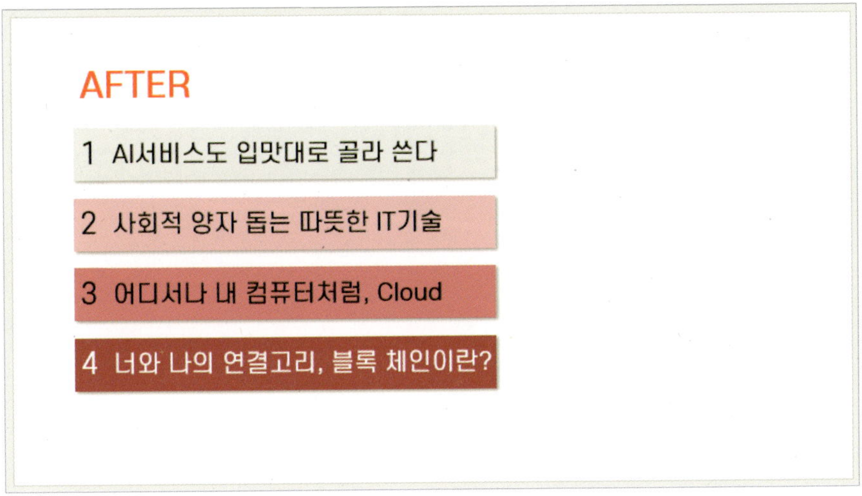

BEFORE

1. AI서비스도 입맛대로 골라 쓴다
2. 사회적 양자 돕는 따뜻한 IT기술
3. 어디서나 내 컴퓨터처럼, Cloud
4. 너와 나의 연결고리, 블록 체인이란?

AFTER

1. AI서비스도 입맛대로 골라 쓴다
2. 사회적 양자 돕는 따뜻한 IT기술
3. 어디서나 내 컴퓨터처럼, Cloud
4. 너와 나의 연결고리, 블록 체인이란?

를 선택하자.

  컬러는 덜어낼수록 힘이 생긴다. 내가 좋아하는 컬러를 선택하는 것이 아니라 강의 자료에 적합한지, 강의 내용과 잘 어울리는지, 컬러가 너무 화려해서 몰입도를 해치지는 않는지 등을 점검하고 컬러를 입혀야 한다. 당신의 강의 분위기를 잘 전달하는 컬러를 정해 보자.

컬러 선택이 어려울 때 참고하면 좋은 두 가지 방법

① 강의 대상(고객)의 대표 컬러를 적극 활용한다.

강사는 매번 다른 강의 대상을 만나야 한다. 직업, 연령, 성별, 회사, 부서 등이 모두 다르다. 이때 컬러를 선택하는 가장 쉬운 방법은 해당 회사의 대표 컬러나 강의 대상에 잘 어울리는 컬러 등을 생각해보는 것이다. 아래 사진은 2021년 삼성전자 전임교수를 대상으로 강의 역량 강화 과정을 진행했을 때 사용했던 실제 강의 자료의 표지다. '삼성' 하면 떠오르는 블루 컬러를 메인 컬러로 활용했다.

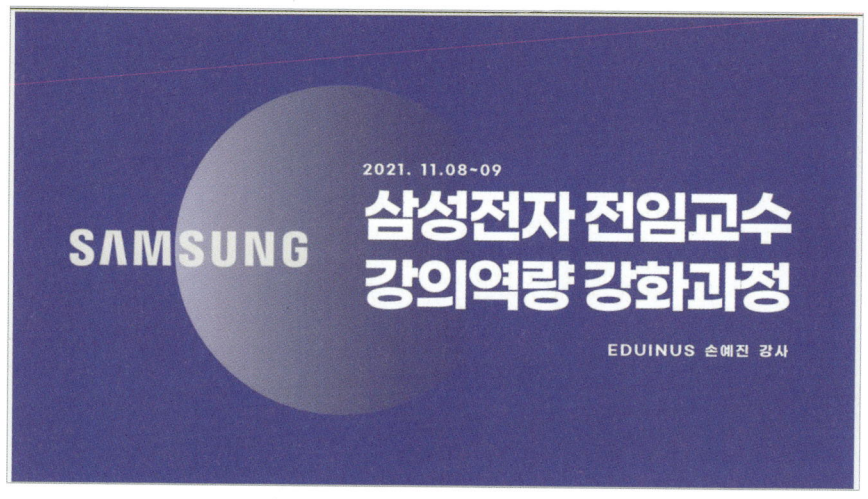

② 컬러 조합 사이트인 컬러헌트(https://colorhunt.co/)를 활용한다. 자세한 방법은 아래 설명을 참고하자.

01 컬러헌트 사이트(https://colorhunt.co/)에 접속한다.

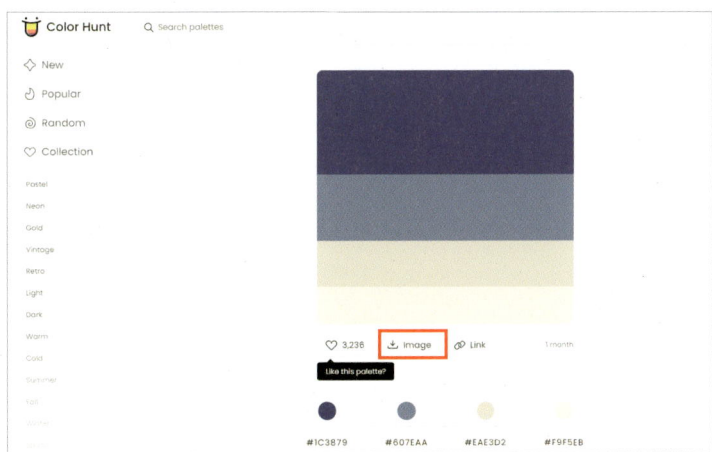

02 원하는 컬러 조합을 클릭한 후 하단의 'Image' 버튼을 클릭해 다운로드한다.

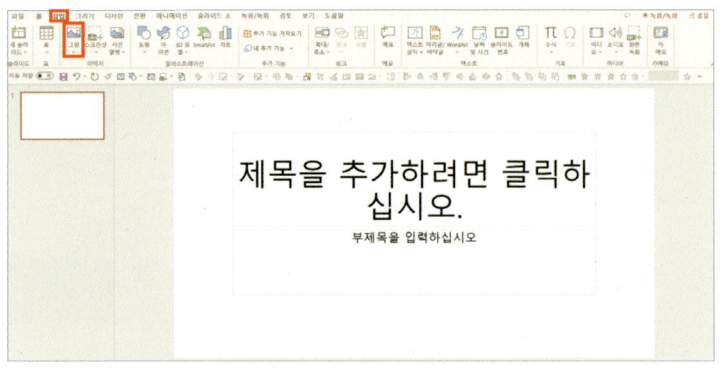

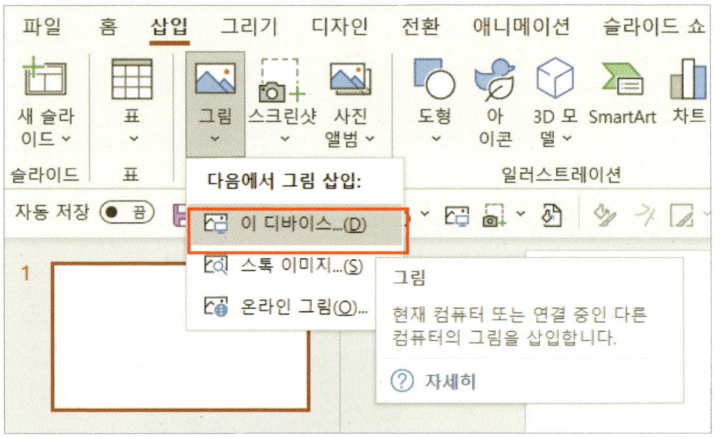

03 파워포인트에서 삽입 〉 그림 〉 이 디바이스 〉 이미지 선택 〉 삽입을 차례대로 선택해 이미지를 불러온다.

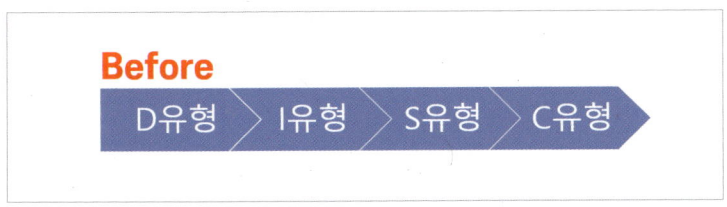

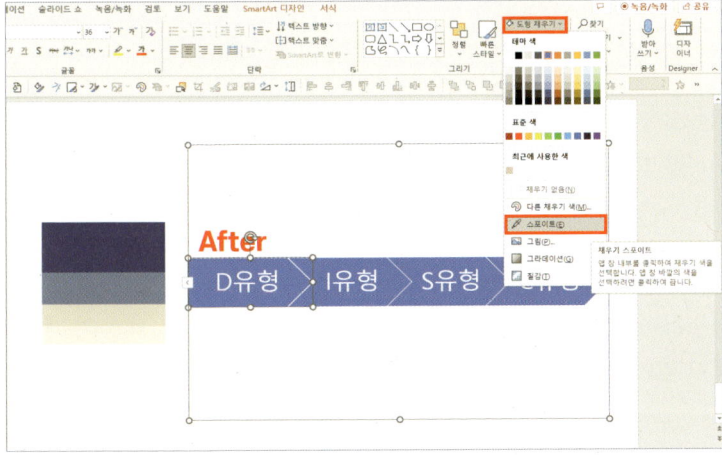

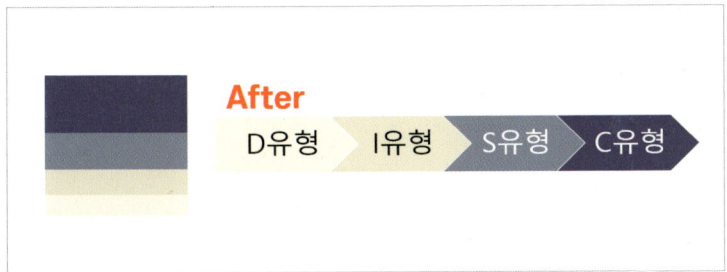

04 원하는 도형을 선택한 후 도형 채우기 〉 스포이트 〉 다운로드 받은 이미지 컬러를 순서대로 클릭해 변환한다. (스포이트 기능은 파워포인트 버전에 따라 다를 수 있음)

3.4 알아두면 쓸모 있는 온라인 강의법

3.4.1 화면창을 끄게 만드는 최악의 온라인 강의 특징

요즘은 다양한 주제의 온라인 강의가 많다. 당신도 한 번쯤은 온라인 강의를 들어본 적이 있을 것이다. 그중 가장 기억에 남고 좋았던 강의를 떠올려보자. 그리고 그 이유를 생각해보자. 반대로 최악이었다고 생각이 들었던 강의도 있는가? 그렇다면 그 이유는 무엇인가? 당신이 방금 생각한 그 이유들은 당신의 강의를 최악이나 최고의 강의로 만드는 중요한 힌트가 될 것이다.

이번에는 교육생이 화면창을 끄고 싶게 만드는 강의가 되지 않기 위해 최악의 강의의 특징을 다뤄보고자 한다. 강의를 준비하는 당신의 시간과 강의를 듣는 교육생들의 시간이 아깝지 않으려면 반드시 이 특징들을 알아야 한다.

최악의 강의의 특징 첫 번째는, 강의의 핵심을 알 수 없는 수박 겉 핥기 수준의 강의 내용이다. '수박 겉 핥기'라는 말을 강의에 비유해보면, 내용의 맥락이나 핵심 메시지 없이 표면적인 것만 다루는 강의라고 할 수 있다. 이런 알맹이 없는 강의를 듣는 교육생은 어떤 생각을 할까? 강의를 다 들어도 남는 게 없는, 대체 무슨 얘기를 하는지 모르겠는 강의, 강의를 듣고도 개선된 모습이 전혀 상상되지 않는 최악의 강의라고 생각할 것이다.

두 번째 특징은 '솜사탕 같은 강의'다. 솜사탕은 특히 아이들이 정말 좋아하는 간식이지만 엄마들은 선호하지 않는 간식 중 하나이다. 왜 그럴까? 솜사탕은 겉보기와 다르게 영양가가 전혀 없고 아이들의 치아만 상하게 하기 때문이다. 게다가 먹고 나면 설탕 끈적임이 남아 번거로움이 더해진다. 그렇다면 솜사탕 같은 강의는 어떤 강의일까? 뭔가 흥미롭고 재밌을 것 같고 표면적으로는 유익한 것 같지만 가만히 들어보니 불편하고, 영양가 없고, 더 나아가서는 괜히 들었다는 생각이 드는 강의인 것이다. 재미에 너무 치중한 강의, 그럴듯해 보이는 솜사탕 같은 강의는 유익함과 거리가 멀다. 이러한 강의의 특징은 일단 재밌게 웃고 떠들면서 즐겁게 시작한다. 그리고 그것이 전부이다. 강의가 끝나면 교육생들은 '그래서 무슨 내용이었지?', '그래서 뭘 어떻게 하라는 거지?', '재미는 있었는데 크게 도움은 안 되네' 이런 생각을 하게 된다. 그렇기 때문에 당신의 강의가 솜사탕 같은 강의가 되고 있지는 않은지 늘 점검해야 한다. 교육생들에게 기대감을 불러 일으키고 재미도 있으면서 유익한 정보와 지식, 동기 부여가 되도록 늘 점검하자.

세 번째는 교육생들과의 소통 없이 강사 혼자 떠드는 강의다. 교육생들과의 쌍방향 소통은 강의에서 정말 중요하다. 그러나 중요한 만큼 어렵기도 하다. 특히 실시간으로 진행하는 강의는 더욱 그렇다. 각자 다른 장소에서 강의를 듣다 보니 오프라인 강의보다 교육생과의 쌍방향 소통이 쉽지 않다. 그러나 이런 제약이 있다고 해서 쌍방향 소통을 포기하고 강사 혼자 떠든다면 이것이야말로 최악의 강의가 되는 것이다. 게다가 집에서 당신의 강의를 듣는 교육생이라면 편안한 복장과 환경에서 강의를 들을 것이다. 교육생이 온라인 강의 내내 휴대폰으로 다른 것을 보더라도 강사는 그것을 알 리가 없다. 결국 강의는 교육생들 주변에 강의 집중을 방해하는 요소가 많을 수밖에 없는 환경에서 학습력을 끌어내야만 한다. 그런데 이때, 강사 혼자만 떠들면서 강의를 한다면 과연 교육생은 강의에 잘 집중할 수 있을까? 강한 의지가 아니라면 집중력을 유지하기가 정말 어려울 것이다. 특히 청소년의 경우, 성인보다 집중력이 더 낮다. 그렇기 때문에 강사는 강의를 할 때 꼭 교육생들과 쌍방향 소통을 하기 위해 준비해야 한다. 다음은 강사가 교육생과 쌍방향 소통을 하기 위해 준비해야 할 10가지 내용이다. 참고해서 바로 적용해보자.

3.4.2 쌍방향 소통을 위한 10가지 강의 준비

1. 사전에 충분한 강의 준비가 필요하다.
    - 온라인 강의 프로그램 사용법을 완벽하게 익히기
    - 업데이트되는 온라인 강의 프로그램 기능 수시로 체크하기

- 강의 세팅은 강의 15~30분 전에 모두 완료하기(웰컴 메시지 or 반갑게 맞이)
- 강의 참여자들의 온라인 강의 프로그램 숙지 정도 미리 체크하기 (교육담당자와 소통 등)

2. 교육생들을 위한 온라인 강의 참여 가이드를 준비하자.
    - 온라인 강의 프로그램 사용법 안내
        예) 화면 공유, 주석 달기, 채팅 참여, 비밀 채팅, 음소거 해제 방법 등
    - 교육생들에게 강의 수강 시 지켜야 할 에티켓 안내
        예) 강의에 방해되는 행동 금지, 초상권 침해 및 강의 유출 금지, 사전 녹화 금지 등
        예) 강의 주제 및 분위기에 따라 복장 안내 등

3. 강사 혼자 말하는 시간을 최소화하자.
    - 어색한 분위기를 깨트리는 간단한 아이스 브레이킹 준비
        예) 날씨, 기분, 교육에서 기대하는 것 등 질문 준비하기
    - 강의 주제에 적합한 간단한 아이스브레이킹 활동 준비하기(자세한 방법은 3.4.3 참고)
    - 참여자들의 몸을 움직이게 해서 학습 참여도 높이기(자세한 방법은 3.4.3 참고)
    - 공동 호스트 기능 활용(지정 또는 지원)

4. 다양한 온라인 수업 도구를 강의에 활용하자. (자세한 방법은 Chapter 4 참고)
    - 퀴즈앤(Quiz.N)
    - 슬라이도(Slido)
    - 패들랫(Padlet)
    - 구글 잼보드(Jam board)

5. 교육생들과 충분한 친밀감을 형성하자.
    - 적극적인 경청과 리액션
    - 교육생들의 이름 부르기(참여자 명단 미리 받아둘 것)

- 눈 맞춤 하기
- 채팅창 적극 활용하기

6. 최악의 상황을 대비하는 플랜 B를 준비하자.

    강의 중 자주 일어나는 문제 상황들이 있다. 아래는 저자가 온라인 강의를 해온 2년 동안 자주 발생했던 상황들이다. 이때 당황하지 않고 대비하는 방법을 알아보자. 아래 내용은 '에티튜드' 유튜브 영상으로도 시청 가능하니 참고하자.

① 소음 발생: 교육 중 음소거 기능을 설정하지 않은 교육생의 소리가 전체 교육생에게 송출되는 경우이다. 이런 상황이 발생하면 강사가 어떤 교육생에게서 소리가 나는지 빠르게 확인을 해야 한다. 마이크 모양이 위아래로 움직이고 있거나 마이크가 켜져 있는 교육생에게서 소리가 송출되고 있을 것이다. 참가자 리스트 하단 중간에 '모두 음소거' 버튼을 클릭해 빠르게 소음 발생 상황

을 중지시킬 수 있다. 그런데 강사가 강의 중간중간 이런 것까지 확인하면서 강의를 하는 게 쉽지 않을 수 있다. 그렇기 때문에 교육생이나 교육 담당자에게 미리 '공동 호스트' 권한을 주고 이런 상황이 생기면 모두 음소거 처리를 해달라고 도움을 요청하자. 그 외에도 강의 초반에 미리 음소거 설정/해지 방법을 알려주거나 기본적인 프로그램 사용법을 안내하는 것이 원활한 강의 진행에 큰 도움이 된다. 마지막으로 교육생들이 처음 입장할 때부터 음소거가 된 상태로 입장하게 설정하는 것도 방법이 될 수 있다.

② 음소거 문제: 종종 강사나 교육생이 본인의 마이크가 음소거된 줄 모르고 얘기하는 경우가 발생하기 때문에 미리 체크해두는 것이 좋다. 특히 강사의 목소리가 안 들리는 경우에는 교육생들이 채팅창으로 이야기해주는 경우가 많기 때문에 채팅창을 상시 체크해야 한다.

③ 주석 기능 남용: 주석 기능은 교육생과 강사 간의 소통을 돕는 도구로 활용하기 좋다. 그러나 이 주석 도구를 필요 이상으로 사용하면 오히려 집중력이 분산될 수 있다. 특히 일부 교육생이 불필요한 타이밍에 계속 주석을 사용하거나 낙서를 하는 경우 다른 교육생에게 피해를 줄 수 있다. 이런 경우에는 호스트인 강사가 주석 기능을 사용하지 못하도록 설정했다가 필요에 따라 사용할 수 있도록 설정을 변경하는 것도 방법이다.

④ 부적절한 채팅 매너: 교육생이 채팅창에 욕설을 쓰거나 지속적으로 악의적인 글을 남기는 경우 강사와 다른 교육생 모두에게 불쾌함을 주게 된다. 그런 분위기를 조성한 참여자를 강제 퇴장 시키거나 참여자 채팅창을 사용하지 못하도록 설정을 바꿀 수 있다.

⑤ 컴퓨터 또는 주변 환경 문제: 인터넷이 불안정하거나 컴퓨터 용량 제한으로 갑작스럽게 강의가 강제 종료되는 경우가 꽤나 많이 발생한다. 이 경우 강의가 갑자기 중단되기 때문에 교육생들이 혼란스러워할 수 있다. 이런 경우를 대비하기 위해서는 강의할 때 메인 컴퓨터로 호스팅을 해놓고, 다른 기기로 추가 접속을 해둬야 한다. 갑작스럽게 컴퓨터가 꺼지거나 인터넷 연결이 끊

기거나 정전이 되더라도 다른 기기가 예비로 접속되어 있기 때문에 최악의 상황을 대비할 수 있다. 실제로 어떤 강사는 온라인 강의를 하던 중 건물 전체에 정전이 되는 바람에 진행하고 있던 강의가 중단될 뻔한 적이 있다고 한다. 그때 메인 컴퓨터 외에 휴대폰으로도 강의에 접속해 두어서 교육생들에게 정전 상황에 대해 전달할 수 있었고, 잠시 쉬는 시간을 가지며 빠르게 상황을 해결하고 강의를 마무리할 수 있었다. 설마 나에게 그런 일이 생기지는 않을 것이라는 생각은 금물이다. 온라인 강의에는 생각지 못한 변수들이 어마어마하게 많다. 그러니 늘 대비해두자.

7. 단축키 사용으로 강의 효율을 늘리자.

모두 음소거, 화면 공유 기능 등 가장 자주 사용하는 기능들을 단축키로 지정해두자. Zoom이나 Webex의 경우 미리 단축키를 설정하면 강의 효율을 높일 수 있다. 단축키 설정 방법은 Chapter 4에서 자세히 다룰 예정이다.

8. 교육생의 참여를 자연스럽게 유도하자.
    - 교육생 스스로 생각해볼 수 있는 질문 미리 준비하기
    - 채팅 기능 및 음소거 해제 등을 활용해서 교육생의 참여도 높이기
    - 음소거 해제 기능으로 교육생들에게 직접 질문의 답이나 의견 듣기
    - 선택권은 강사가 아닌 교육생에게 주기
     예) 몇 가지 선택 사항을 미리 준비하고 선택권은 교육생에게 주기
    - Zoom이나 Webex의 손 들기 기능, 반응 이모티콘 기능 적극 활용하기

9. 집중력이 흐려지기 쉬운 교육생의 환경을 이해하자.
    - 온라인 강의를 듣는 교육생들 주변에는 각종 방해 요소들이 있다.
     예) 조금만 지루해도 바로 창 내리기, 다른 일 동시에 하기 등
    - 특히 성인 교육생들은 생각보다 금방 지루해한다.
    - 참여자가 계속 참여할 수 있도록 강의안 구성하기
     예) 빈칸 채우기, 주석 기능 활용하기 등

10. 강사도 온전히 집중할 수 있는 강의 환경을 조성하자.
- 강의에 집중할 수 있는 조용한 공간 마련
- 불필요한 소음이 송출되지 않는지 미리 체크
  예) 오디오 설정에서 주변 소리를 체크할 수 있다.
  예) Zoom에서는 오디오 설정 중 '배경소음 억제 기능'을 높음으로 설정할 수 있다.
- 온라인 강의에 필요한 필수 장비(웹캠, 마이크) 갖추기

3.4.3 쌍방향 소통을 위한 아이스 브레이킹

저자가 11년 동안 수 만 명을 대상으로 강의를 해오면서 느낀 것이 있다. 바로, 강의는 재미, 유익, 공감 이 세 가지 요소가 적절한 균형을 이뤘을 때 교육생과 강사가 모두 만족하는 강의를 진행할 수 있다는 것이다. 이중에서 강사들이 가장 어려워하는 것이 바로 '재미'다. 그러나 여기서 말하는 재미라고 하면, 이런 고민을 하기 시작한다. '개그맨처럼 웃기는 강의를 해야 되나? 난 재미없는 사람인데 어떻하지?'라고 말이다. 그러나 박장대소를 일으키는 재미를 말하는 것이 아니다. 여기서 말하는 재미는 강의를 좀 더 매끄럽게 진행하고, 졸린 교육생들의 눈을 뜨게 하는 간단한 아이스 브레이킹이나 활동 방법 등을 익숙하게 다루는 것만으로도 충분하다. 특히 강의를 할 때 교육생들이 대부분 처음 보는 사이라면 강의 분위기가 어색하고 서먹서먹할 것이다. 이때 강사도 같이 낯설어하고 서먹서먹하게 강의를 진행하면 어떻게 될까? 결국은 그 분위기가 끝까지 이어질 것이다. 그래서 이 어색한 분위기를 깨기 위한 아이스 브레이킹이 필요한 것이다. 저자 또한 강의를 할 때 교육생들을 웃기고 박장대소를 이끌어낼 정도의 센스가 있는 사람이 아니다. 그렇기 때문에 이번 장에서 소개하는 아이스 브레이킹은 센스없는 저자도 늘 사용하면서 어색한 분위기를 깨트리고 재밌게 강의를 이어가는 방법들을 다뤄볼 예정이니 참고해보길 바란다.

저자는 2021년부터 온라인 강의에서 필요한 아이스 브레이킹 방법을 알려주는 '온

택트(Online-tact) 스팟 기법' 강의를 현직 강사나 교수, 사내 교육 담당자 들을 대상으로 진행하고 있다. 이 강의를 신청하는 수많은 교육생들이 공통적으로 "온라인 강의를 할 때 교육생들과 소통하기가 너무 어려워요."라고 얘기한다. 이제부터 강의를 할 때 바로 적용해 볼 수 있는 강의 게임들을 '예티튜드' 유튜브 영상 QR 코드와 함께 소개하겠다. 책의 설명과 함께 직접 시연하는 영상을 바로 볼 수 있으므로 꼭 시청해보길 바라며 유튜브 영상 아래 설명란에는 무료로 자료를 다운로드할 수 있는 링크도 있으니 적극 활용하길 바란다. 소개하는 게임들 중에서 본인에게 좀 더 잘 맞는 것을 선택해 본인의 방식에 맞게 변형하면서 강의하는 것을 권장한다. 아이스 브레이킹 몇 가지만 잘 사용해도 교육생의 참여도와 집중력이 눈에 띄게 좋아지는 것을 느낄 수 있다.

[Zoom 강의를 재밌게 하는 아이스 브레이킹]

강의에서 교육생들의 참여도를 높일 수 있는 가장 쉬운 방법 중 하나는 바로 몸을 움직이게 하는 것이다. 보통 제자리에 가만히 앉아서 듣는 교육은 어떤 교육이더라도 20분이 넘어가면 집중력 유지가 힘들다. 그럴 때 교육생들의 몸을 움직이게 해서 분위기를 환기시키고, 자연스럽게 집중력과 참여도를 높이는 방법이 바로 제스처를 활용하는 것이다. 나의 경우, 강의 초반에 강사와 교육생 간의 '제스처 약속'을 만들고 시작한다.

제스처 약속을 미리 정해두고 강의를 하면 교육생이 자연스럽게 상체를 움직이면서 참여하게 된다. 이를 통해 수동적인 학습자를 능동적인 학습자로 만들 수 있다. 그리고 교육생 스스로도 '나도 함께 교육에 참여하고 있구나'라고 생각하게 된다. 또한 강사가 교육생들의 이해도를 중간중간 파악할 수 있다. 이렇게 교육생들의 참여를 유도하면 비디오를 켜야만 하기 때문에 강의에 더 집중할 수밖에 없다.

1. 주석 기능을 활용한 아이스 브레이킹

강의를 듣는 교육생들은 한 회사의 직원들일 수도 있지만 다양한 직업, 성별, 연령의 서로 모르는 사람들이 듣는 경우도 많다. 또한 같은 회사라 할 지라도 부서가 다르거나 서로 모르는 경우가 있기 때문에 강의 초반에 간단한 자기소개 시간을 가져보는 것도 좋다. 보통 교육생들끼리 서로 소개하라고 하면 먼저 나서서 얘기하는 사람이 거의 없을 것이다. 이때 활용하기 좋은 '주석 게임'을 소개하겠다. 바로 Virtual Ball Game이다. 이 게임은 유튜브 영상을 참고하거나 링크(https://blog.naver.com/syjn8979/222454592140)에 접속해 다운로드할 수 있으니 책의 내용을 보고 적극 활용하자.

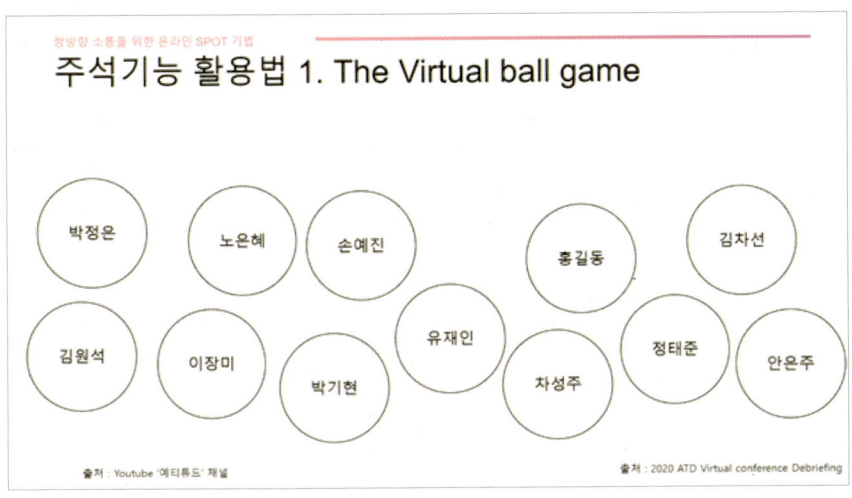

위의 그림처럼 파워포인트 슬라이드에 동그라미 도형을 삽입해 참여자들의 이름을 기입해두자. 그리고 강사가 먼저 간단한 소개와 이번 강의에서 하고 싶은 이야기, 기대하는 것 등을 이야기한 후에 랜덤으로 교육생 한 명을 지목해 주석 기능의 '화살표 그리기'로 공을 패스하는 것을 그리는 것이다. 내가 가진 공을 저기 멀리 있는 사람에게 패스하는 것이라고 생각하면 쉽다. 이렇게 화살표 주석 기능을 활용해 다음 사람이 그다음 사람에게 패스하는 주석 그리기를 반복하다 보면 어느새 아래와 같이 화면이 되어 있을 것이다.

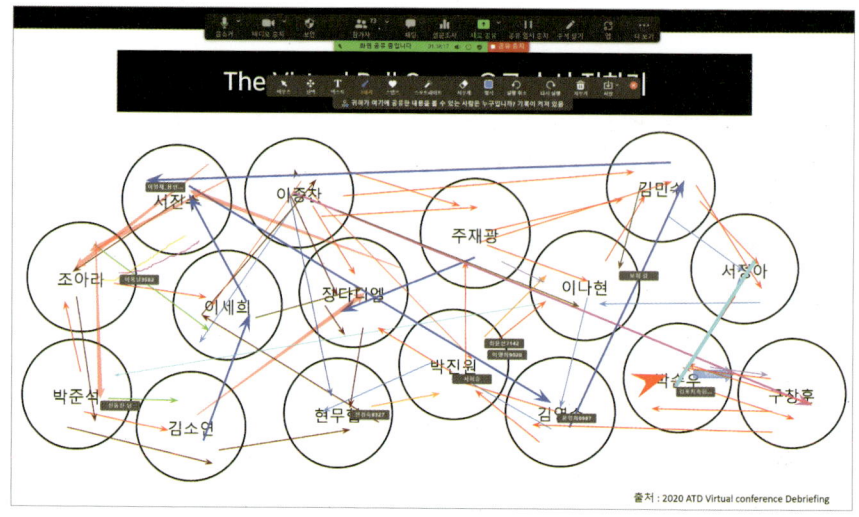

출처 : 2020 ATD Virtual conference Debriefing

어떠한가? 강사가 개입하지 않아도 교육생들 끼리 지목하고 서로 얘기하는 것을 반복하며 참여도를 높일 수 있다. 아이스 브레이킹으로 Virtual Ball Game을 하면 교육생들이 강제성을 느끼지 않고 소개를 하고 소개 순서도 정할 수 있다. 또한 그 과정에서 교육생들끼리 자연스러운 소통이 이루어진다. 게다가 참여자들의 출석도 체크할 수 있다. 이 외에도 주석 기능을 활용한 아이스 브레이킹 방법은 정말 많다. 자세한 방법은 아래 QR 코드 영상을 참고하길 바란다. 직접 활용하고 싶다면 영상의 자세히 보기 링크에서 자료를 다운로드해 사용할 수 있다.

- 주석 기능으로 소통하는 5가지 방법(Youtube 예티튜드 영상 참고)

■ '감정 신호등' 표를 활용한 스티커 주석 활동

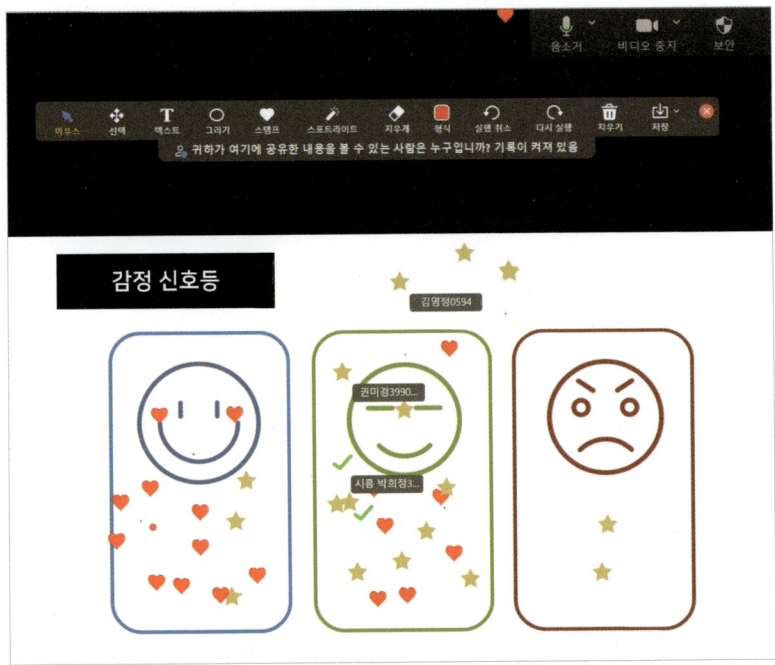

■ 화이트 보드를 활용한 주석 활동

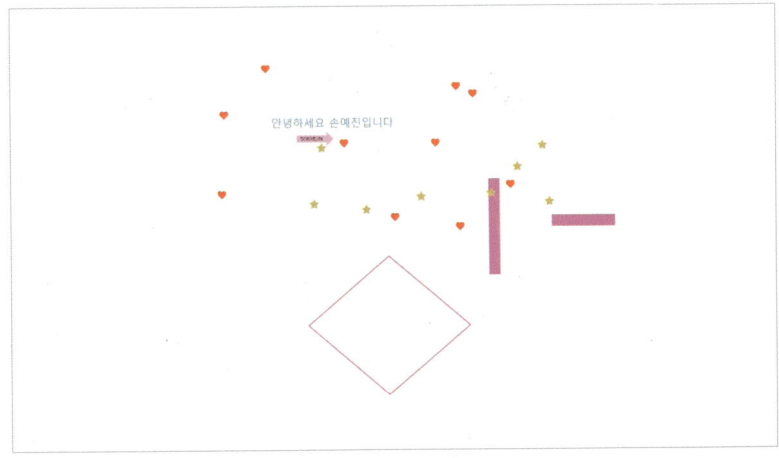

- 6가지 감정 표를 활용한 주석 활동

- '이번 시간에 가장 궁금한 것은 무엇인가요?'라는 질문을 활용한 스티커 주석 활동

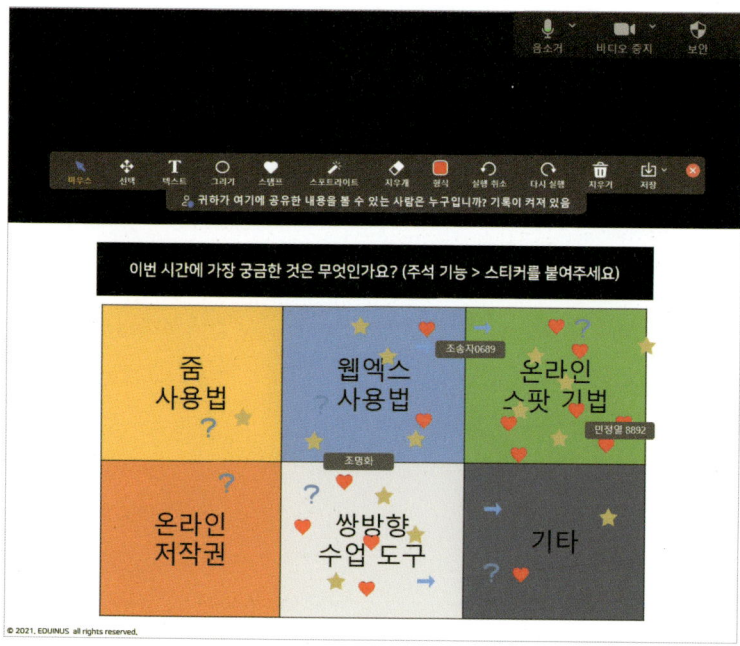

- '이번 교육 과정에서 기대하는 것이 있다면?'이라는 질문을 활용한 텍스트 주석 활동

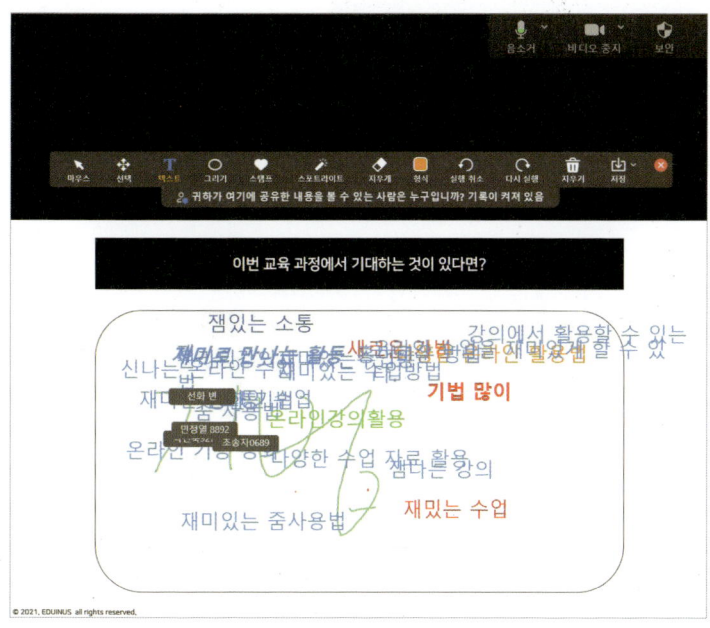

- 숫자 꾸미기를 활용한 펜 그리기 주석 활동

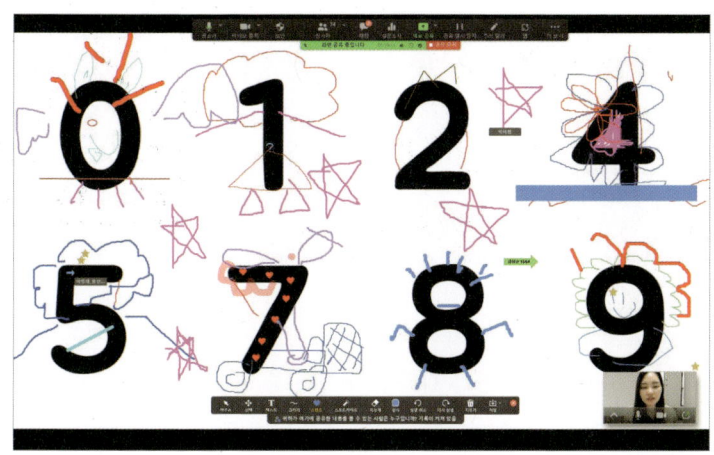

■ 설문지를 활용한 스티커 주석 활동

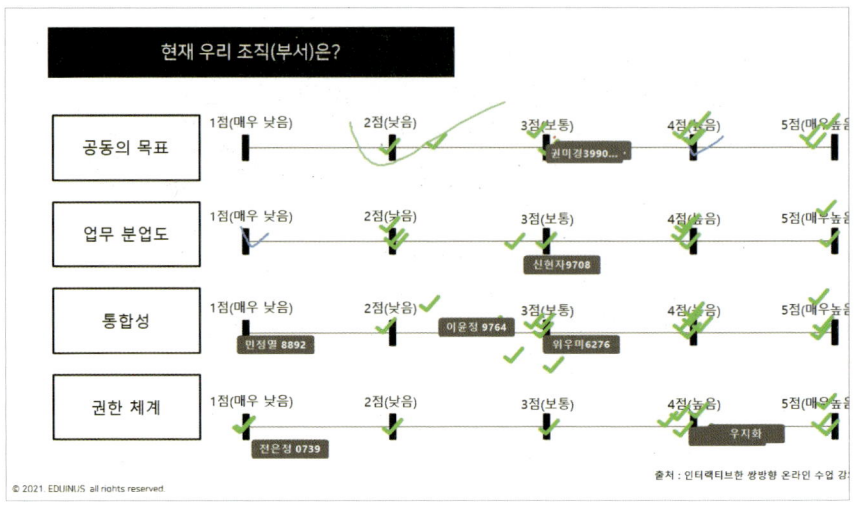

2. 순서를 정할 때 활용하기 좋은 아이스 브레이킹

■ 온라인 강의 아이스 브레이킹 게임 툴 추천(Youtube 예티튜드 영상 참고)

강의할 때 교육생들의 의견을 차례대로 듣거나 교육생 중 몇 명의 의견을 들어보고 싶을 때가 있다. 이때 강사가 갑자기 교육생 중 한 명을 지목해서 질문을 하면 어떨까? 지목을 당한 교육생은 준비가 안 됐기 때문에 상당히 당황스러워할 것이다. 게다가 많은 교육생 앞에서 목소리를 낸다는 것이 부끄러울 수 있다. 나의 경우에도 온라인, 오프라인 강의 때 교육생들의 의견을 듣거나 자기소개를 순서대로 시키는 상황을 자주 연출한다. 강사 혼자 떠들지 않고 다양한 교육생의 의견을 들어보고 소통하기 위해서다. 그런데 교육생들에게 질문을 하면 대부분 선뜻 나서지 않는다. "제가 먼저 하겠습니다!"라고 하는 용기 있는 교육생이 있으면 정말 감사한 일이지만, 대부분은 강사의 눈을 피하곤 한다. 이렇게 순서를 정하거나 누군가를 뽑아야 할 때 활용하기 좋은 도구를 소개하겠다. 바로 '회전 돌림판' 사이트다.

- 회전 돌림판 사이트(https://wheelofnames.com) 접속

회전 돌림판은 〈1박 2일〉이라는 예능 프로그램에서 여행 목적지를 랜덤으로 정할 때 자주 사용하는 게임이다. 이 게임을 온라인에서 무료로 이용할 수 있다.

https://wheelofnames.com에 접속하면 로그인을 하지 않아도 원하는 내용을 돌림판에 기입해 단 몇 초만에 완성할 수 있다.

- 오른쪽 빈칸에 회전 돌림판에 들어갈 단어들 기입하기 (Enter 키로 구분)

이렇게 단어를 모두 기입한 후에 가운데 하얀색 동그라미 버튼을 누르면 회전 돌림판이 돌아간다. 잠시 후 돌림판이 정지했을 때 바늘이 가리키는 사람이 선택되는 것이다.

- 회전 돌림판이 랜덤으로 돌아가고 최종적으로 1개가 선택됨

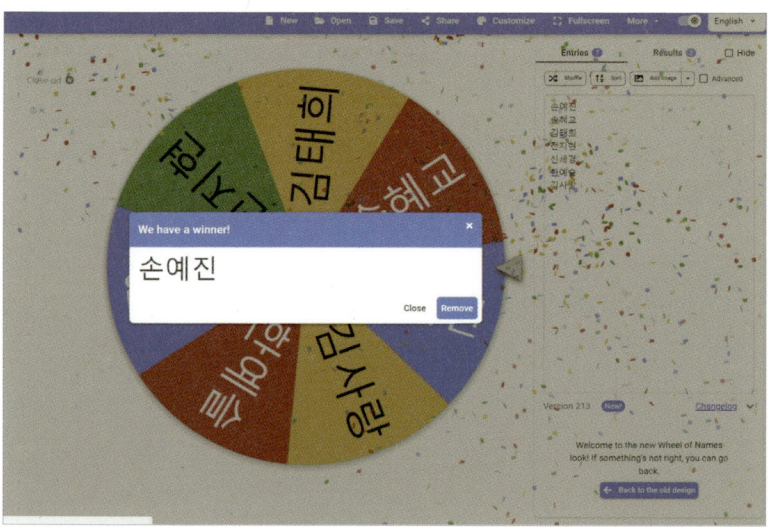

이렇게 회전 돌림판을 사용하면 강사가 강제적으로 누군가를 지목하지 않아도 재미있게 순서를 정할 수 있다. 다들 의견 내기를 꺼려할 때 강사가 특정 한 명을 지목하면 더 당혹스러운 상황이 연출되기 마련인데, 이렇게 회전 돌림판 게임을 통해 자동으로 선택이 되면 지목된 사람도 웃으면서 참여하게 된다. 이와 비슷한 도구로 네이버 사다리 타기 게임도 있다. 나의 경우 사다리 타기 게임에 이름을 입력해 랜덤으로 순서를 정하는 방법도 종종 사용한다.

- 네이버 검색창에 '사다리 타기 게임' 검색 후 참여 인원수를 선택하고 '시작' 버튼 클릭

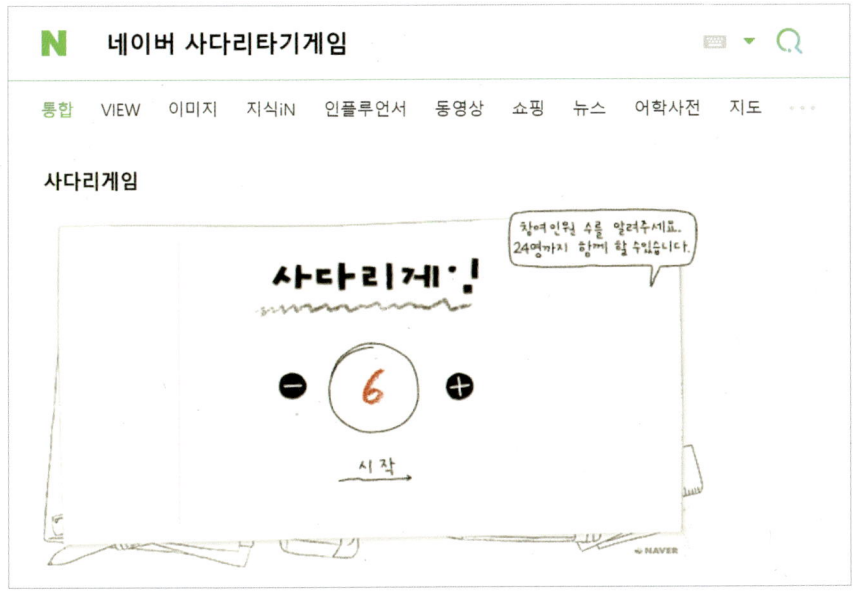

- 빈칸에 단어 기입 후 '사다리 시작' 클릭

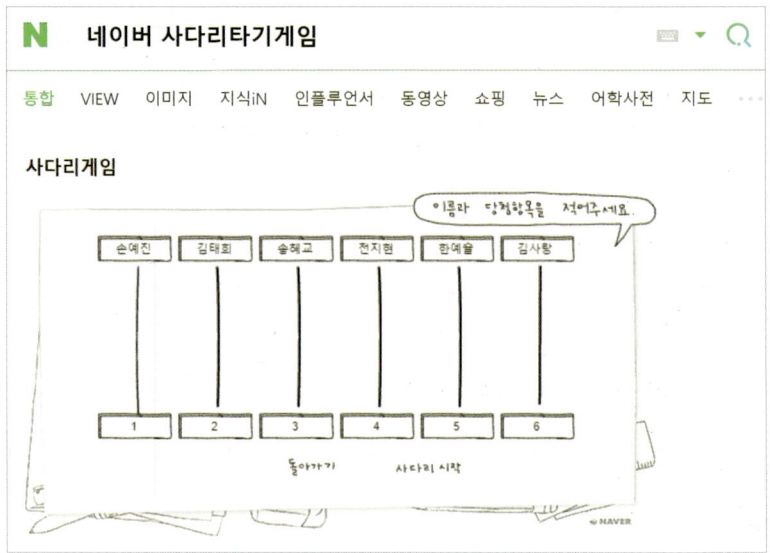

- '전체 결과 보기'를 클릭해 결과 확인

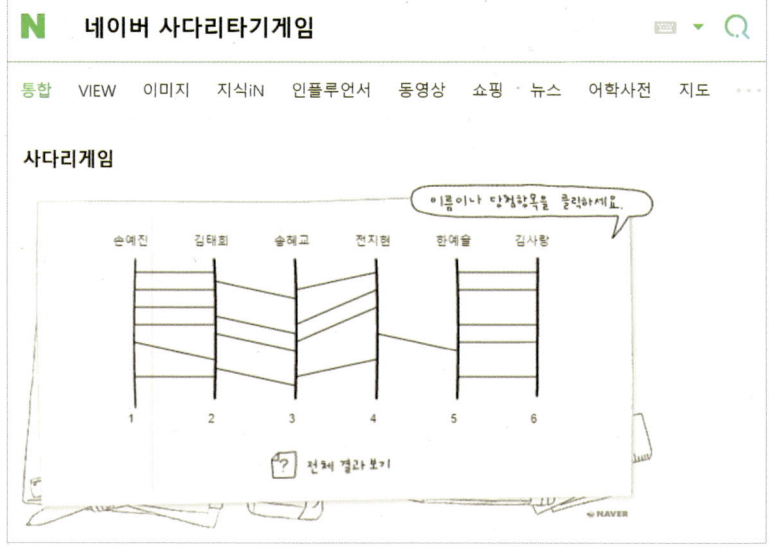

3. 화면 공유 기능을 활용한 아이스 브레이킹(Youtube 예티튜드 참고)

화면 공유 기능은 강의할 때 가장 많이 활용하는 기능 중 하나다. 이 기능은 교육생들과 함께 사용할 수 있다는 것을 기억하자. 강사의 얼굴이나 강의 자료만 보여주는 것에서 끝내지 말고 교육생의 화면을 적극 활용해보자. 교육생의 파일을 공유해서 화면 공유를 하거나 교육생의 얼굴을 모두에게 추천해서 화면을 보여줄 수 있다. 저자의 경우, 서로 자기소개를 할 때 이름, 취미, 강의를 신청한 이유 등을 묻고 답을 듣기도 하지만, 교육생들의 참여도를 더 높이기 위해 아래의 질문들을 준비하기도 한다. '나를 가장 잘 나타내는 사진을 하나씩 공유해주세요', '당신이 지금 있는 장소에서 본인을 가장 잘 나타내는 소지품을 화면에 보여주세요', '당신을 가장 잘 나타내는 컬러의 소지품을 화면에 비춰주세요' 등 다양한 질문을 활용하는 것이다. 이처럼 교육생들의 화면을 적극 활용한 아이스 브레이킹 활동을 하면 교육생들의 참여도를 높이고 강의를 더 재미있게 진행할 수 있다.

4. 이심전심 아이스 브레이킹

이번에 소개하는 '이심전심 게임'은 온라인, 오프라인 강의에서 모두 적극 활용해 볼 만한 아이스 브레이킹이다. 강사가 제시하는 항목들을 보고 그중에서 선호하는 것을 외치면서 옆 사람과 내가 얼마나 통하는지, 우리 팀원들과 내가 얼마나 잘 통하는지 알아보는 게임이다. 일대일, 팀별 게임 모두 가능하다. 온라인 강의에서 강사 대 전체 교육생으로 편을 나눠 게임을 진행해도 재미있다. 위의 QR 코드 영상을 참고해 강의를 재밌게 진행해보길 바란다. 영상 뒷부분에는 실제 강의 현장에서 이심전심 게임을 어떻게 활용하는지도 볼 수 있으니 참고하자.

5. 음악을 활용해 강의 분위기를 바꾸기

강의를 시작하기 전이나 오프닝 때 경쾌하고 밝은 느낌의 음악을 미리 틀어 놓으면 교육생들이 강의에 본격적으로 참여하기 전에 분위기를 미리 연출할 수 있다. 만약 오프닝 때 틀어 놓는 음악의 분위기가 우울하거나 요란하다면 어떨까? 분명 강의의 분위기를 흐릴 것이다. 따라서 강사가 연출하고 싶은 분위기나 강의 주제에 맞는 음악을 미리 선정해 활용하는 것이 중요하다.

그렇다면 강의 중간에 교육생들이 서로 얘기를 나누거나 집중해서 생각을 적어보는 시간을 가질 때는 어떤 음악을 활용하면 좋을까? 시끌벅적하지 않으면서 집중하기 좋은 잔잔한 음악을 재생하면 좋다. 가사가 있는 노래보다는 가사가 없는 뉴에이지 음악을 추천한다. 강의 클로징에도 밝으면서 감동적인 느낌이 전달되는 음악을 활용해볼 것을 추천한다. 특히 오프라인 강의에서는 강의 오프닝, 강의 중간, 강의 클로징 단계에서 음악이 강의 분위기에 큰 영향을 주기 때문에 다양한 음악 파일을 미리 준비해놓는 것이 좋다. 온라인 강의에서는 강의 오프닝 때 음악을 잘 활용하면 강의 처음부터 끝까지 강사가 이끌어가고 싶은 분위기로 잘 연출할 수 있다. 온라인 강의 때는 강의 20~30분 전에 강사가 미리 온라인 강의장 세팅을 완료해놓고, 일찍 접속한 교육생들에게 스피커를 테스트하는 용도로도 음악을 활용할 수 있기 때문에 여러 모로 활용도가 높다. 강의를 시작 할 때, 강의 중에, 강의를 마무리할 때 재생하기 좋은 추천 음악 리스트는 아래 QR 코드에 접속해 참고하길 바란다.

단, 온라인에서는 화면 공유 시 반드시 소리 공유를 체크해야지만 강사의 컴퓨터 소리가 교육생들에게 송출된다는 것을 기억하자. 간혹 강사 본인은 음악 소리가 들리기 때문에 소리 공유 체크를 하지 않은 채로 교육생에게도 음악이 들린다고 착각을 하는 경우가 있다. 반드시 소리 공유를 체크했는지 확인하고, 교육생들에게 채팅창이나 육성으로 '소리 잘 들리나요? 잘 들리시는 분들은 채팅창에 1번을 남겨주세요' 등의 멘트로 물어보자.

지금까지 다양한 강의 아이스 브레이킹을 소개했다. 온라인 강의에 필요한 아이스 브레이킹만 다루는 강의를 8시간 이상 할 만큼 소개하고 싶은 것들이 정말 많았다. 그러나 지면의 한계가 있어 모든 내용을 다루기 어려웠다. 만약 더 다양한 강의 아이스 브레이킹을 배우고 싶다면 유튜브 '에티튜드' 채널 링크에서 바로 확인하자. 다양한 아이스 브레이킹 방법과 활용법을 볼 수 있으며, 저자가 직접 만든 자료를 무료로 다운로드할 수 있도록 영상의 자세히 보기란에 링크로 연결해두었으니 적극 참고해보길 바란다. 지금까지 소개한 방법을 당신의 강의 주제나 교육생들의 특징에 맞게 변형해서 활용해보자.

3.4.4 참여도를 높이는 온라인 도구 100% 활용하기

이번 장에서는 강의할 때 활용하기 좋은 다양한 도구를 소개할 것이다. 사실 소개하고 싶은 도구들은 정말 많지만, 그중에서도 가장 많이 사용하는 도구 위주로 소개하겠다.

1. 퀴즈앤(Quiz.N)

퀴즈앤은 ㈜소프트앤에서 만든 온라인 협업 도구로 저자가 온라인, 오프라인 강의를 할 때 가장 자주 사용하는 도구 중 하나다. 무료 버전은 사용 인원수 제한이 있고 유료 버전을 이용할 경우 최대 250명까지 동시 접속이 가능하다. 기능 및 기간에 따라 요금이 다르기 때문에 자세한 내용은 사이트를 참고하길 바란다. 퀴즈앤의 사용 방법은 다음과 같다.

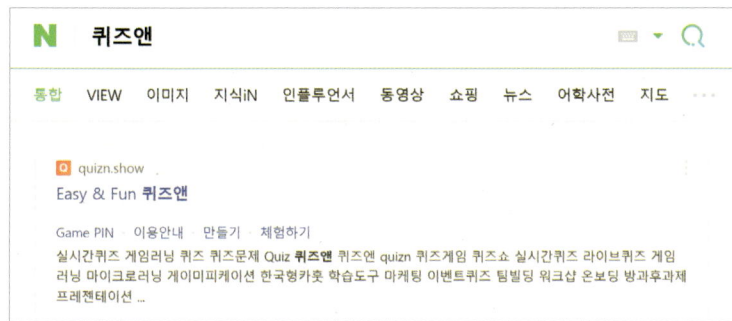

01 | 인터넷 검색창에 '퀴즈앤'을 검색하거나 퀴즈앤 사이트(https://www.quizn.show/)에 접속한다.

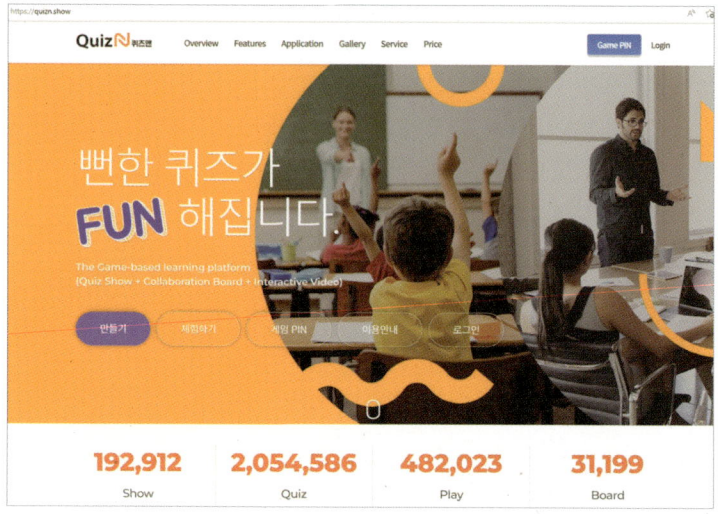

02 | 사이트 접속 후 오른쪽 상단의 'login(로그인)' 버튼을 클릭한다.

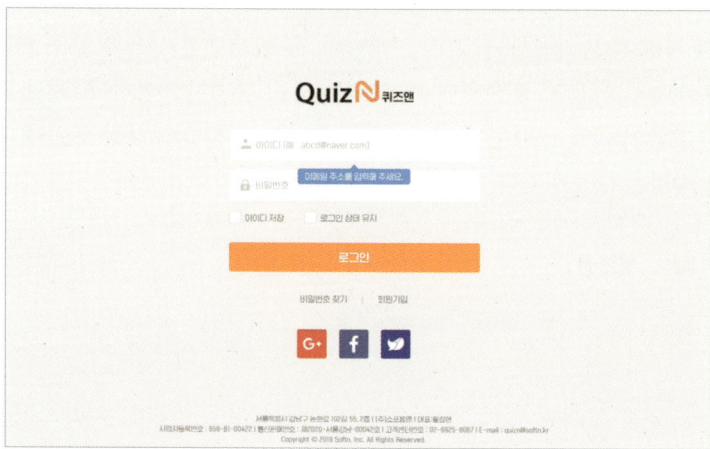

03 | '회원 가입' 버튼을 클릭해 이메일 주소로 무료 회원 가입을 완료한다. (첫 가입 시 한 달 동안 유료 버전 무료 체험 가능)

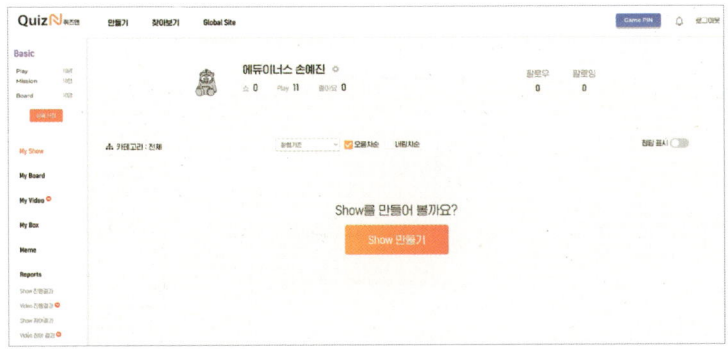

04 | 회원 가입이 끝나면 로그인 후 'Show 만들기' 버튼을 클릭한다.

05 | Show 기본 설정을 입력한다. 대표 이미지는 퀴즈앤 대표 캐릭터 이미지를 선택하거나 '내가 등록한 이미지' 클릭 후 원하는 이미지를 설정할 수 있다. Show 제목 입력, 카테고리 선택은 '전체'로, 태그는 '2개 이상 필수'로 기입하고

'등록' 버튼을 클릭한다.

- '내가 등록한 이미지' 대표 이미지 삽입과 Show 제목, 태그 입력

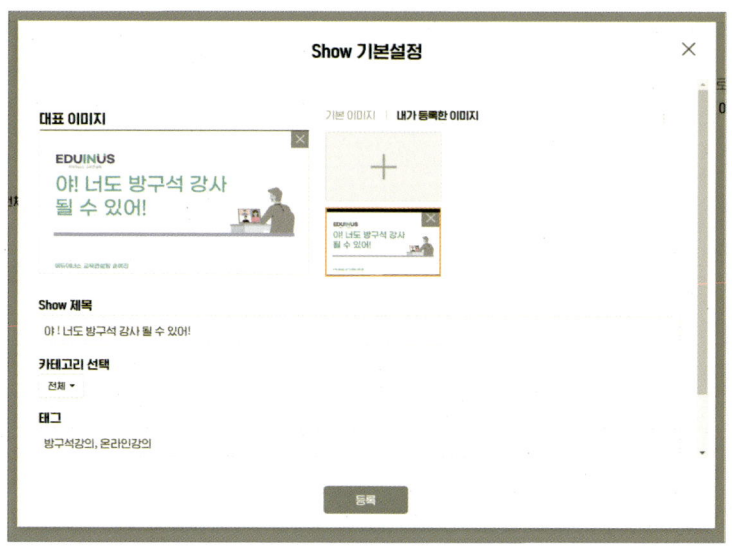

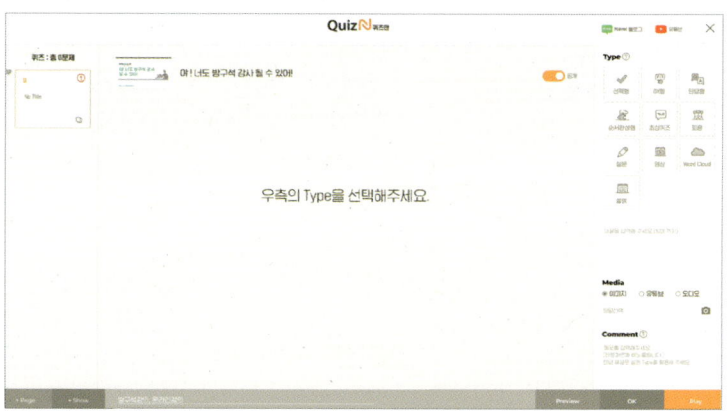

06 | Show 기본 설정 등록이 완료되면 본격적으로 Show(퀴즈)를 만들 수 있는 화면이 나온다. 오른쪽 10개의 Type 중 원하는 것을 선택할 수 있다. (선택형, OX형, 단답형, 순서 완성형, 초성 퀴즈, 토론, 설문, 영상, Word Cloud, 설명 유형 중 택1)

07 | Type을 선택한 뒤 오른쪽 하단 Question(문제) 빈칸에 질문을 작성한다. 질문 길이에 따라 단문형 또는 장문형으로 선택할 수 있다.

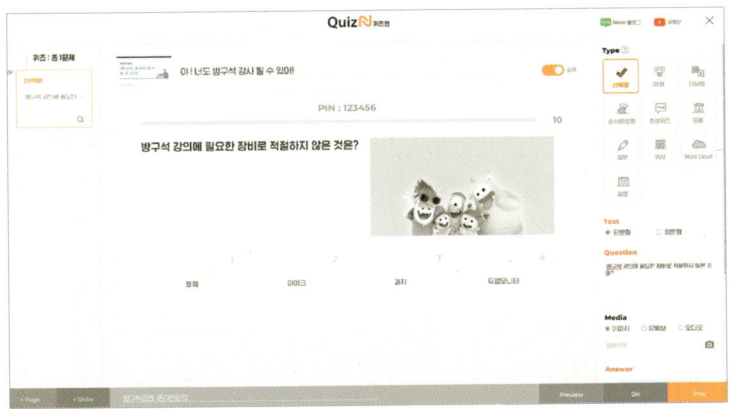

08 | 문제를 입력한 후 아래 Answer(답) 빈칸에 객관식 보기를 적는다. 보기는 최대 4개까지 작성할 수 있다. 객관식 보기를 모두 작성한 뒤 반드시 정답 1개 이상을 미리 체크해야 한다. 그다음 Options(옵션)에서 퀴즈를 푸는 시간을 설정한

다(제한 없음부터 최대 240초까지 설정 가능). 시간 제한은 문제 난이도가 낮을수록 짧게 설정하는 것이 좋다. 어려운 문제인 경우 시간을 좀 더 길거나 살짝 짧게 설정하면 교육생들과의 참여도와 몰입감을 높일 수 있다. Options에서 점수 사용 여부는 퀴즈 정답을 맞추는 사람에게 점수를 부여할 때 활성화하면 된다(주황색), 점수를 부여하지 않는 퀴즈라면 주황색을 한 번 더 클릭해 비활성한다. 퀴즈 점수를 2배로 부여하고 싶다면 '점수×2'를 체크하면 된다. 마지막으로 Result는 현재 선택이 자동으로 되기 때문에 '저장' 버튼을 누르면 퀴즈 1개가 완성된다.

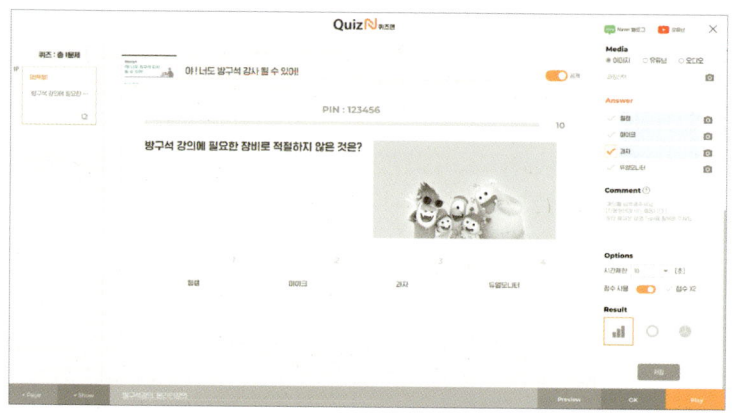

09 | 위의 방법을 반복해서 여러 개의 퀴즈를 완성하면 모든 Show가 완성된다. 모든 퀴즈가 완성됐다면 오른쪽 하단의 'Play' 버튼을 클릭한다.

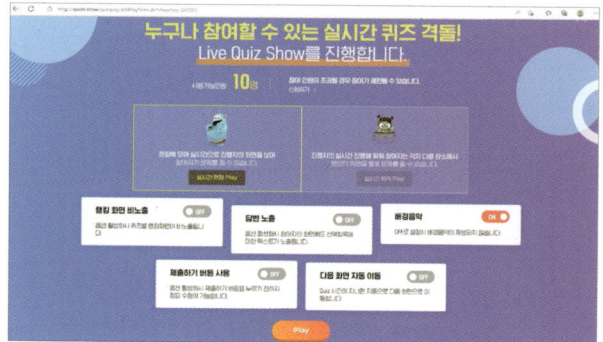

10 | '누구나 참여할 수 있는 실시간 퀴즈 격돌! Live Quiz Show를 진행합니다'라는 문구가 보일 것이다. 이때 실시간 현장 Play와 실시간 원격 Play 두 가지 옵션 중 하나를 선택해야 한다. 실시간 현장 Play는 '현장에 모여 실시간으로 진행자의 화면을 보며 참여자가 문제를 푸는 방식'으로 참여하는 교육생들의 휴대폰 화면에는 문제 보기가 나오지 않고 컬러로 선택할 수 있다. 실시간 원격 Play는 '참여자들이 실시간 진행에 맞춰 각자 다른 장소에서 본인의 화면을 통해 문제를 푸는 방식'으로 방구석 온라인 강의 때 이 옵션을 선택하면 좋다. 사실 이 두 가지 선택 중 정답은 없기 때문에 직접 체험해보고 원하는 것을 선택하면 된다. 나의 경우, 오프라인 강의에서 퀴즈앤을 활용할 때도 '실시간 원격 Play'를 선택해서 진행하곤 하는데, 그 이유는 교육생들의 휴대폰에 객관식 문항이 보이는 게 더 편하다고 판단했기 때문이다.

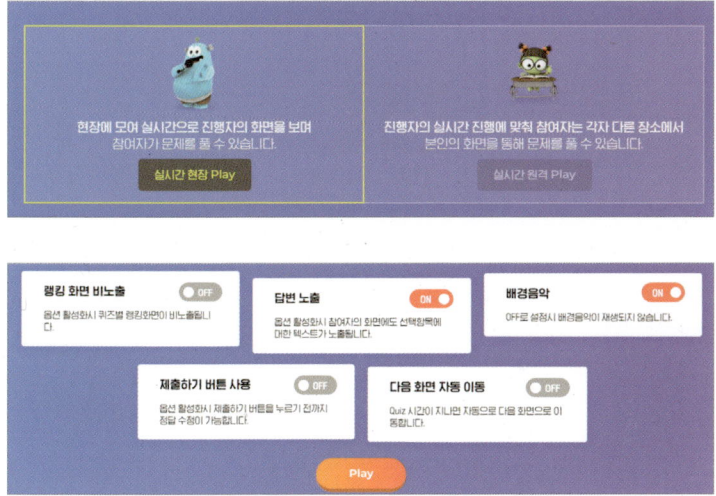

11 | 하단 옵션에서는 랭킹 화면 비노출, 답변 노출, 배경 음악, 제출하기 버튼 사용, 다음 화면 자동 이동 등을 직접 'ON' 또는 'OFF'로 설정할 수 있다. 모든 설정이 완료 다면 하단 중앙에 'Play' 버튼을 클릭한다.

12 | '뻔하지 않은 FunFun한 퀴즈'라는 문구가 뜨는 것을 볼 수 있다. 실제 퀴즈 화면으로 로딩되는 화면이다.

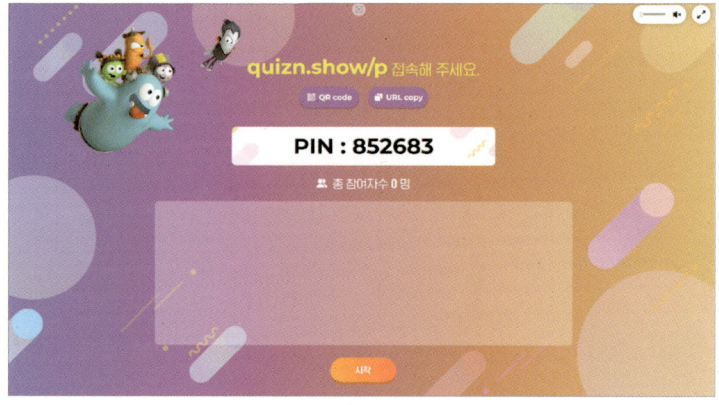

13 | 퀴즈를 풀 준비가 모두 완료됐다. 이제 교육생들을 퀴즈앱으로 불러와야 한다.

14 | 교육생이 퀴즈의 장으로 입장하는 방법은 총 3가지이다. 첫 번째는 QR 코드 입장, 두 번째는 URL 링크 입장, 세 번째는 PIN 번호 입장이다. 교육생은 아래 보이는 QR 코드를 인식해 사이트로 접속하거나 'URL copy' 버튼 또는 PIN 번호로 입장할 수 있다.

15 | QR 코드를 클릭하면 위처럼 QR 코드가 나타난다. 이때 교육생들이 휴대폰 카메라 렌즈를 실행해 QR 코드를 갖다 대면 사이트로 바로 연결이 된다.(또는 '사이트 연결'을 안내 문구를 한 번 더 클릭하면 된다) 연결 완료된 교육생들에게 닉네임을 입력한 후 입장하라고 얘기한다. URL copy의 경우는 바로 퀴즈 사이트 링크가 복사되기 때문에 온라인 강의 중 채팅창이나 카카오톡 단톡방에 링크를 복사해서 붙여넣기 하면 바로 클릭해서 들어가기가 쉽다. 교육생들이 참여하기 편한 방법을 미리 알려줘야 접속에 어려움을 겪지 않는다. 나의 경우, 온라인이나 오프라인 강의에서 퀴즈에 초대할 때 보통 QR 코드로 접속하게 한다. 연령대가 높은 교육생들의 경우는 QR 코드 접속이 낯설 수 있기 때문에 자세한 자세하게 안내한다.

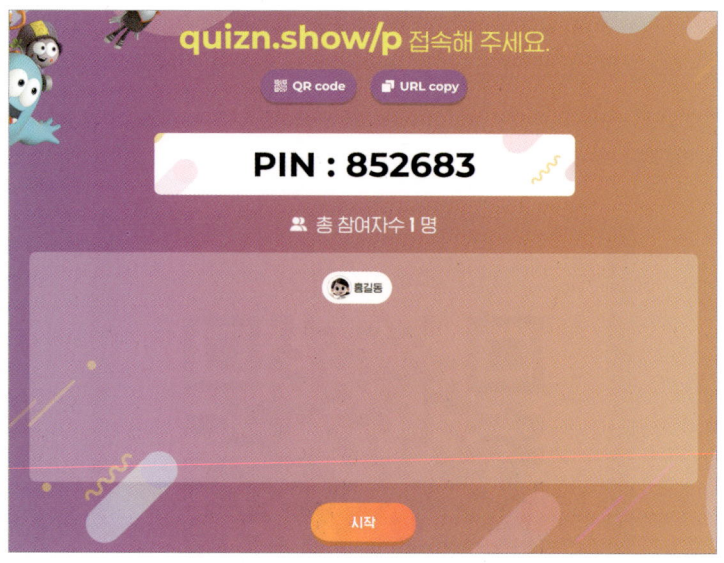

16 교육생들이 닉네임을 입력하고 정상적으로 접속하면 위 사진처럼 총 참여자 수가 표시되고 실시간으로 접속한 교육생들의 닉네임이 나타난다. Show(퀴즈)의 경우 최소 5명 이상 참여해야 몰입감 있게 퀴즈를 풀 수 있으니 참고하자. 모든 교육생이 들어왔는지는 인원수나 닉네임으로 확인한다. 혹시 접속하지 못했거나 과정을 어려워하는 교육생이 있는지 꼭 확인하고 모두 참여하도록 최종 확인을 한다. 그다음 '시작' 버튼을 눌러 강사가 만들어 놓은 퀴즈를 교육생들과 실시간으로 풀면 된다.

17│ 위 화면처럼 강사가 만들어 놓은 퀴즈가 순서대로 진행된다. 참여하고 있는 교육생의 수는 0/1로 표시된 것으로 확인할 수 있다. 만약 20명 중에 18명이 퀴즈를 풀었다면 18/20으로 표시된다. 중간에 퀴즈를 빠르게 넘기고 싶으면 '다음' 버튼을 눌러 바로 다음 퀴즈로 넘어갈 수 있다. 여기서 교육생들에게 '빠르게 정답을 체크한 사람이 더 높은 점수를 받는다는 점'을 미리 안내하면 교육생들이 퀴즈를 푸는 데 더 집중하게 된다.

18│ 하나의 퀴즈를 풀고 나면 다음 페이지에 퀴즈를 맞춘 사람들의 점수 랭킹이 화면으로 나타난다. 점수는 각 퀴즈별로 부여된 점수가 순서대로 보이며, 마지막에 최종적으로 점수 합산이 되어 아래 화면처럼 최종 랭킹 1, 2, 3위가 보인다.

19 | '화면 캡처'를 클릭해 이 화면을 캡처할 수 있고, '랭킹 더 보기'로 4위부터 마지막 순위까지 랭킹을 확인할 수 있다. 나의 경우, 강의 맨 처음이나 마지막 시간에 퀴즈앤을 적극 활용하는 편이다. 교육생들에게 '랭킹 1등을 위한 선물이 준비되어 있다'고 말해준 뒤 퀴즈를 풀기 시작하면 훨씬 더 높은 집중력을 이끌어낼 수 있다. 보상도 최고의 강의 도구 중 하나다. 선물은 온라인 강의인 경우는 주로 커피 기프티콘이나 카카오톡 이모티콘, 책 기프티콘 등을 활용한다. 오프라인 강의인 경우는 직접 실물로 전달할 수 있는 로또, 스크래치 복권, 책, 간식 등을 미리 준비한다. 선물의 가격도 중요하지만 선물을 받는다는 자체가 즐겁기 때문에 모두가 즐겁게 참여할 수 있는 도구로 적극 활용하길 바란다.

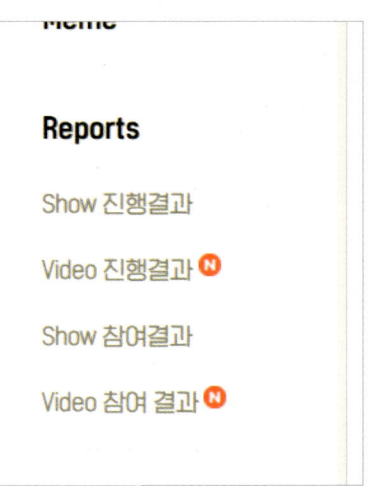

20 | 퀴즈앤을 강의 도구로 사용하고 나면 Report(보고서)를 파일로 다운로드 받을 수 있다. 퀴즈 진행 결과를 엑셀로 다운로드할 수 있고 교육생별, 문항별 자세한 결과 보고서를 한눈에 볼 수 있다는 점도 퀴즈앤의 매력포인트 중 하나다.

지금까지 퀴즈앤으로 실시간 퀴즈를 만들고 활용하는 방법을 소개했다. 퀴즈앤은 퀴즈뿐만 아니라 Board, Video, Box, Meme(밈) 기능도 있다. 이 기능들도 하나씩 클릭해보면서 어떤 기능인지 확인해보고 강의 때 적극 활용해보기 바란다.

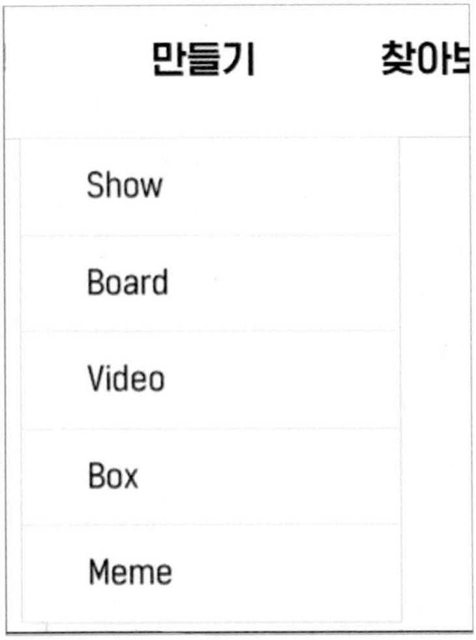

만들기	찾아보
Show	
Board	
Video	
Box	
Meme	

마지막으로 퀴즈앤의 다른 사용자들이 만들어놓은 Show, Board, Video를 얼마든지 복사해서 사용할 수 있다는 점도 기억하자. 아래 그림의 상단 메뉴 중 '찾아보기'를 클릭한 후 원하는 메뉴(Show, Board, Box)를 선택해 다른 사용자들이 만든 Show, Board, Video를 복사하고 편집해서 재사용할 수 있다.

만들기	찾아보기	Global Site
	Show	
	Board	
	Box	

검색 키워드를 사용하면 원하는 것을 더 빠르게 찾을 수 있다. 원하는 것을 선택한 후 '복사하기' 버튼을 클릭해 My show, Board, Video에 붙여넣기 하면 된다.

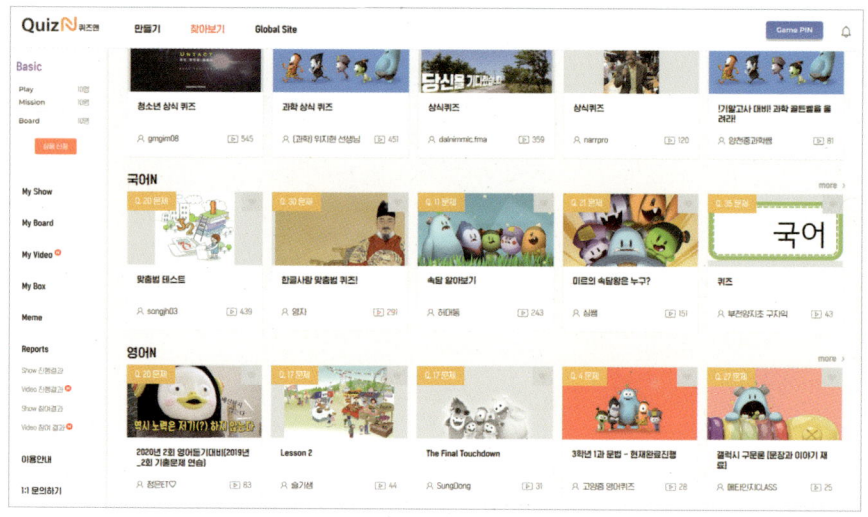

지금까지 소개한 퀴즈앤은 당신의 강의 주제에 맞게 얼마든지 활용할 수 있는 강의 도구다. 퀴즈로 재미있는 실시간 경쟁을 유도해 교육생의 집중력을 향상시키고 유익한 내용을 정리하거나 예습하는 용도로도 사용할 수 있다. 이 외에도 온라인 방 탈출, 영상을 활용한 퀴즈 등 활용할 수 있는 것들이 많으므로 꼭 활용해보자.

저자가 운영하는 강사들을 위한 커뮤니티 '에듀이너스쿨'에서는 2022년 7월에 퀴즈앤을 만든 ㈜소프트앤 정신운 이사의 '강사들을 위한 퀴즈앤 200% 활용법' 클래스가 진행되었다. 선착순 100명 신청이 며칠 만에 마감될 만큼 상당히 인기 있는 클래스였다. 이 클래스의 녹화본을 아래 사이트에서 판매하고 있으니 퀴즈앤을 제대로 배워 강의에 활용하고 싶다면 QR 코드에 접속해 배워보길 바란다.

2. 구글 잼보드(Jam board)

오프라인 강의에서 5~6명씩 나눠 전지와 같은 종이에 그림이나 글을 쓰며 의견을 나누는 조별 활동을 했던 경험을 떠올려보자. 이러한 활동을 구글 잼보드를 이용해 온라인에서도 할 수 있다. 구글에는 강의에 활용하기 좋은 다양한 도구들이 있다. 그중 잼보드(Jam board)를 다뤄보겠다. 잼보드를 추천하는 이유 중 하나는 링크 하나만으로도 실시간 접속이 가능해 공동 작업, 실시간 의견 공유 등이 가능하기 때문이다. 오프라인 강의처럼 모두 한자리에 모이지 않아도 공유 링크 하나만 있으면 교육생 각자의 자리에서 실시간으로 공동 작업을 할 수 있기 때문에 강의를 할 때 강사와 교육생 간의 쌍방향 소통을 위한 도구로 제격이다. 온라인상에서도 교육생들이 팀을 이뤄 브레인스토밍을 하거나 공동 작업을 하며 그림, 글, 제품 디자인을 완성해야 할 때 유용하게 쓰일 수 있다. 구글 잼보드를 만드는 방법을 배워보자.

01 구글 사이트(www.google.com)에 접속 후 로그인한 뒤에 오른쪽 상단의 9개의 점 표시를 클릭한다. 아래로 드래그해 Jam Board를 클릭한다.

02 | 잼보드를 처음 사용하는 경우 빈칸에 'Jam이 아직 없음'이라고 표시될 것이다.

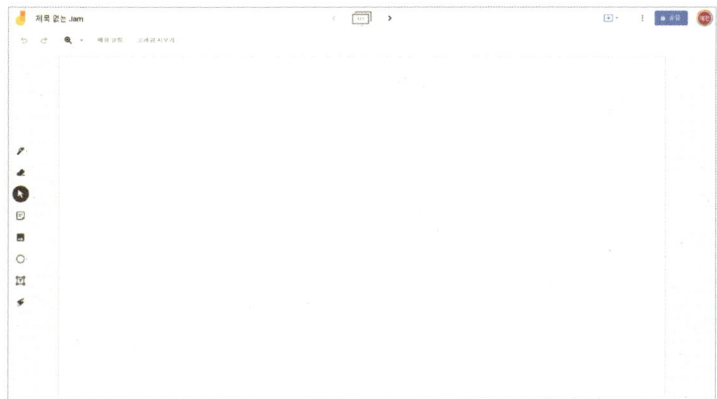

03 | 오른쪽 하단의 '+' 버튼을 클릭해 새로운 Jam을 생성한다.

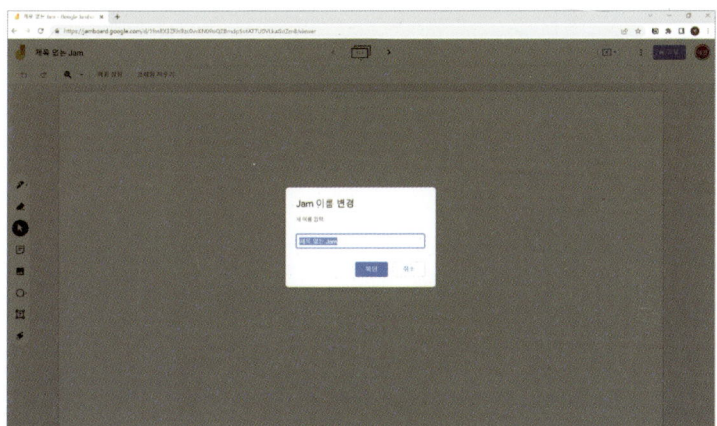

04 왼쪽 상단의 '제목 없는 Jam'을 클릭하면 Jam의 전체 제목을 변경할 수 있다.

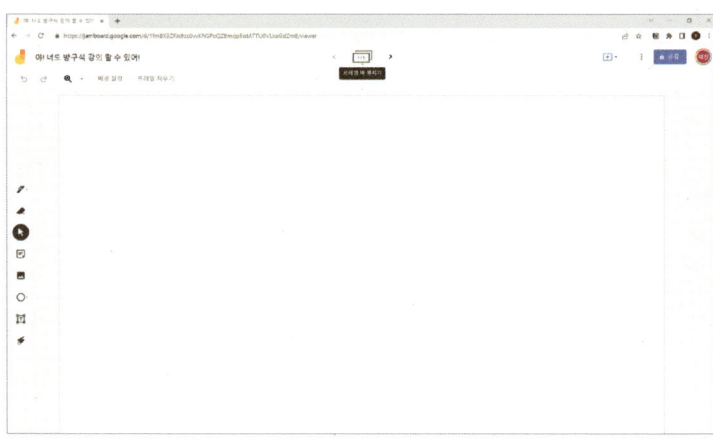

05 화면 상단의 중간에 있는 '1/1'을 클릭하면 프레임 바를 한 번에 여러 개 생성할 수 있다. (최대 20개까지 생성 가능)

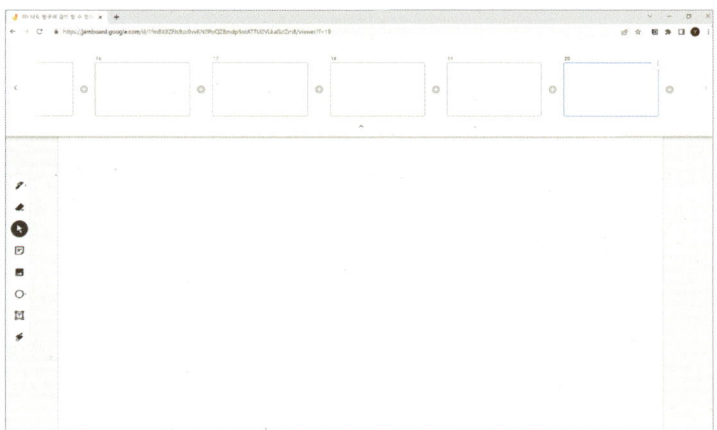

06 가운데 네모 칸을 한 번 더 클릭하면 생성된 Jam을 좀 더 크게 볼 수 있고 원하는 Jam으로 바로 선택해서 이동할 수 있다.

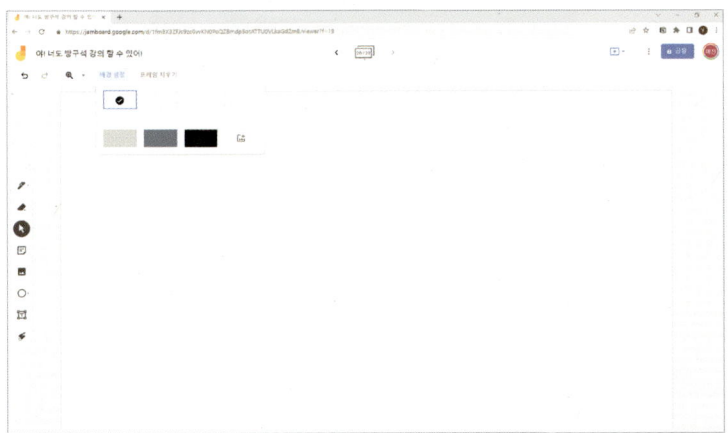

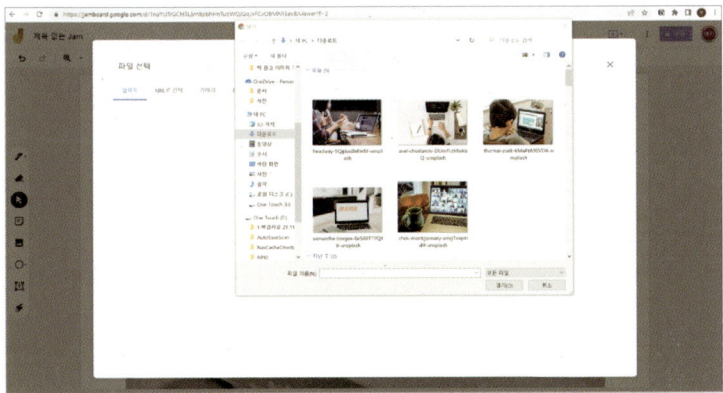

07 Jam의 기본 배경은 하얀색이지만 배경 설정을 클릭해서 기본 제공되는 배경(줄무늬, 컬러)을 선택할 수 있고, 내가 가지고 있는 이미지 파일이나 원하는 그림으로 배경을 변경할 수 있다. 원하는 배경 이미지를 선택한 후 오른쪽 하단에 '프레임 배경으로 설정'을 클릭하면 배경 이미지가 적용된다. 이렇게 설정하면 아래처럼 배경 이미지가 변경된 것을 확인할 수 있다.

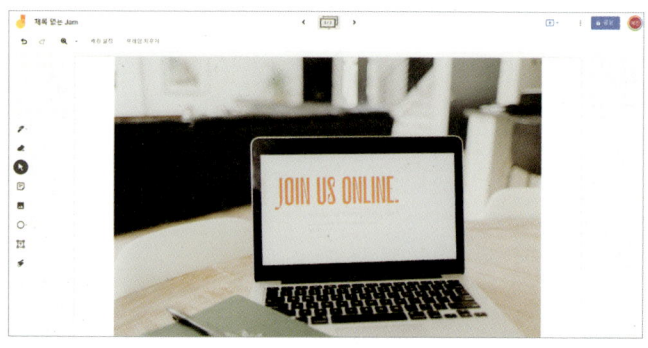

08 Jam에서 작성할 수 있는 다양한 도구를 소개하겠다. 왼쪽에 세로로 나열되어 있는 도구들은 위에서부터 펜, 지우개, 선택, 스티커 메모, 이미지 추가, 도형, 텍스트 상자, 레이저 기능이다. 각 도구를 클릭한 후 작은 화살표를 클릭하면 굵기, 모양, 컬러를 변경할 수 있다.

09 앞의 그림처럼 각 조별 팀원을 미리 구성해 Jam에서 활동할 수 있는 페이지를 미리 설정하는 것도 가능하다. 나의 경우, 미리 조원을 구성해 각 페이지에 조원들의 의견을 실시간으로 작성할 수 있도록 가이드를 제공한다. 이렇게 함께 페이지를 완성해 나갈 수 있다.

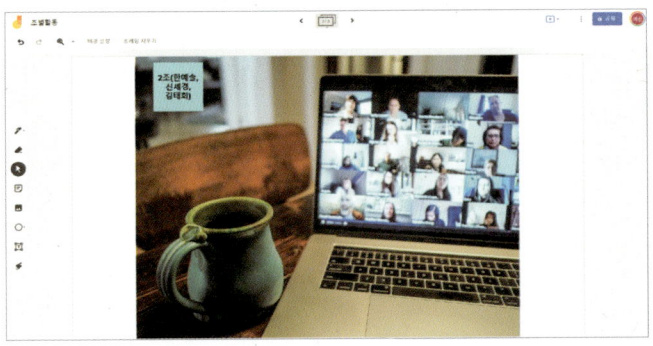

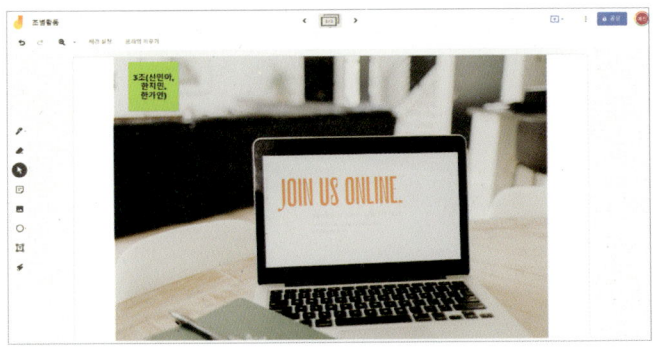

10 | 이렇게 조별로 미리 Jam 페이지를 안내하거나 주제를 선정하면 각자 의견을 자유롭게 나눌 수 있는 온라인 페이지가 완성된다.

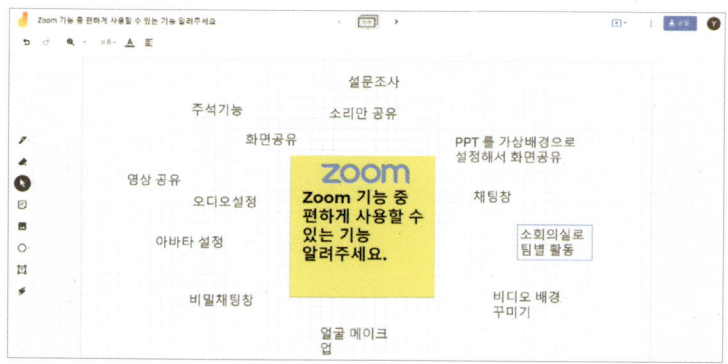

11 | 스티커 메모장 외에도 텍스트 입력 기능이나 그림 그리기 기능을 통해 교육생들과 다양한 공동 작업을 함께할 수 있다. 어떠한가? 채팅창이나 음소거 기능 외에도 이러한 다양한 도구를 통해 교육생들의 의견을 자유롭게 도출할 수 있다. 잼보드(Jam Board)를 활용해 교육생들이 능동적으로 참여하는 강의를 만들어보자.

3. 패들랫(Padlet)

패들랫은 구글 잼보드나 퀴즈앤의 Board 기능과 비슷하지만 좀 더 다양한 페이지를 구성할 수 있다.

01 | 패들랫 사이트(https://padlet.com/)에 접속해 회원 가입을 한다. 패들랫은 무료로 가입할 수 있으나 만들 수 있는 패들랫 수가 3개로 제한된다. 따라서 필요 없는 것은 삭제하면서 활용해야 한다.

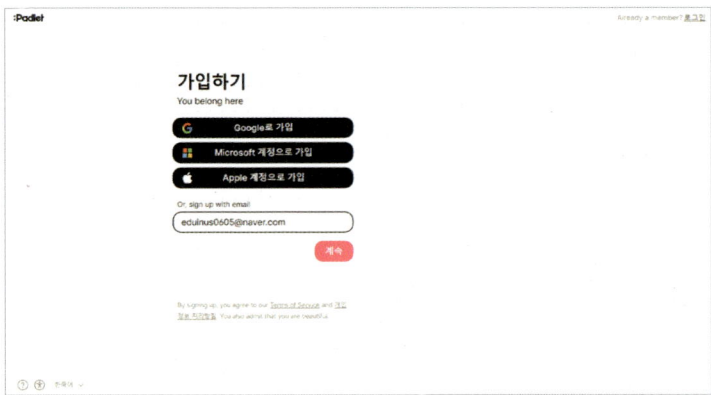

02 패들랫 무료 회원 가입 하기(Google, Microsoft, Apple 계정이나 이메일 주소로 가입 가능)

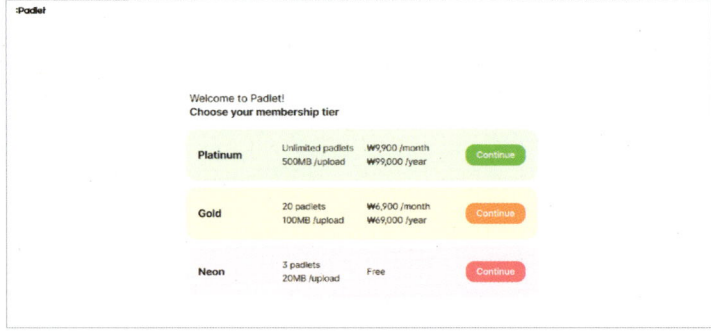

03 회원 가입 후 Neon 버전(무료)을 선택한다. 처음부터 유료 플랜을 결제하기보다는 일단 무료로 이용해본 다음 본인에게 잘 맞는지 판단한 후에 구매 결정하는 것을 추천한다.

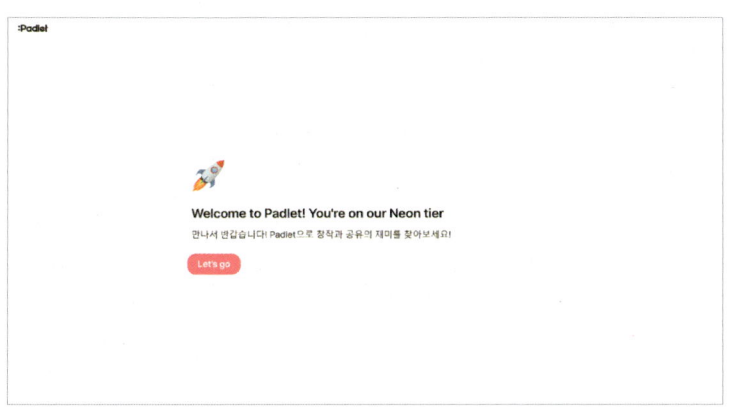

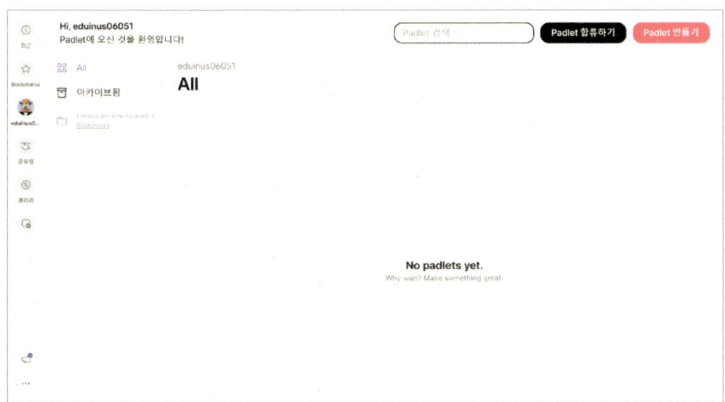

04 왼쪽 메뉴 중 '갤러리'를 클릭하면 다른 사용자들의 패들렛을 볼 수 있다. 패들렛을 어떻게 만들어야 할지 막막하다면 이를 참고하거나 복사해서 사용해도 좋다.

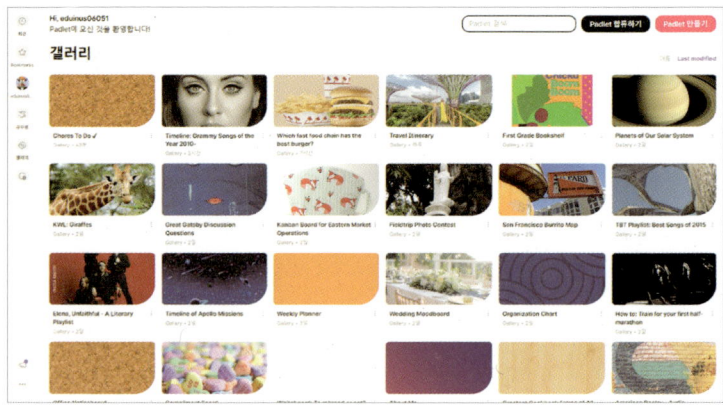

05 오른쪽 상단의 'Padlet 만들기' 버튼을 클릭해 직접 만들어보자. 패들렛은 담벼락, 스트림, 그리드, 셀프, 지도, 캔버스, 타임라인까지 총 7종류의 페이지를 만들 수 있다.

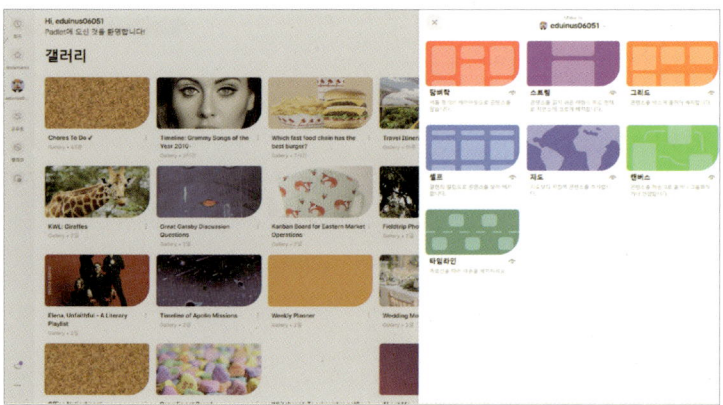

06 | 각 패들렛 페이지의 특징은 다음과 같다. 원하는 페이지를 선택하면 페이지가 바로 생성된다.

07 | 페이지를 생성하면 빈 페이지(랜덤 배경화면)가 나타나고 화면 오른쪽에는 수정 탭이 나타난다.

08 여기서 제목, 설명 칸의 내용을 기입하고 아이콘, 패들랫 공유 주소, 배경화면 설정, 색상 스킴, 글꼴, 게시 관련(저작자 표시, 새 게시물 위치, 댓글 사용 여부, 반응 5가지 중 선택 가능) 항목, 콘텐츠 필터링(승인 필요, 비속어 필터링) 등을 설정할 수 있다. 모든 설정을 마쳤다면 오른쪽 상단의 '다음' 버튼을 클릭해 적용한다.

09 배경화면은 패들랫에서 제공하는 기본 이미지나 원하는 파일을 업로드해 설정할 수 있다. 모든 설정을 하고 나서 반드시 오른쪽 상단의 '저장' 버튼을 눌러야 적용된다.

10 | 담벼락 패들렛의 경우 오른쪽 하단의 '연필 모양' 버튼을 클릭하거나 화면을 더블 클릭해서 페이지에 글, 그림, 파일, 음성, 영상 등을 삽입할 수 있다.

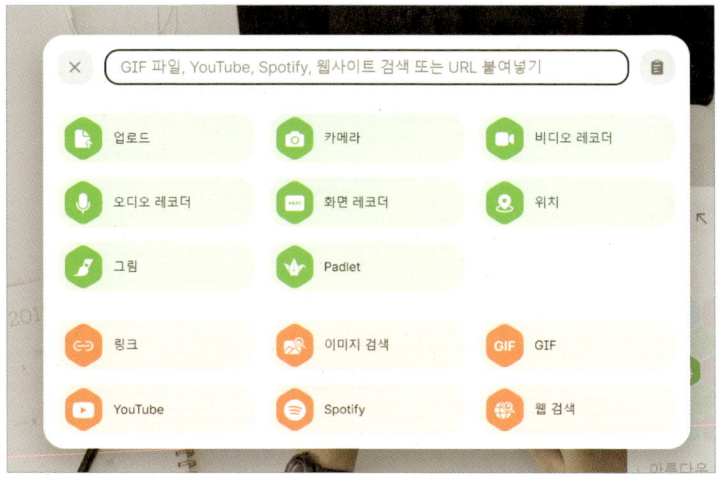

11 | 문서 업로드, 카메라 촬영, 링크, 이미지 검색 외 다양한 기능은 '…' 더 보기 아이콘을 클릭하면 볼 수 있다.

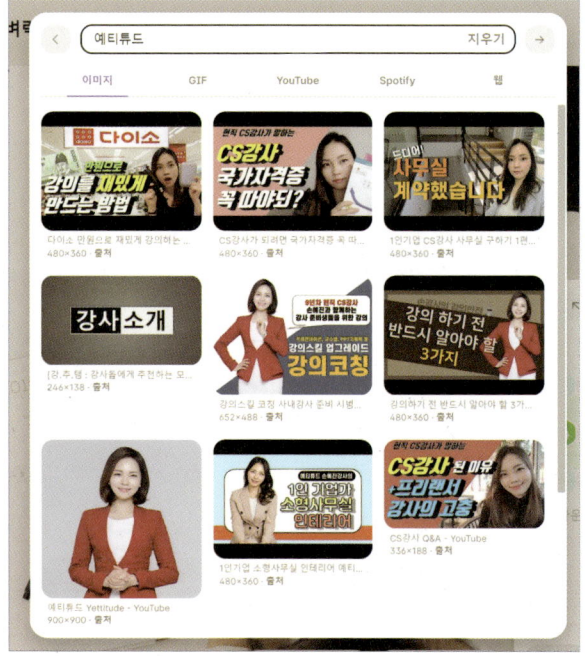

12 | 이렇게 구글 검색, 이미지 검색을 활용해서 업로드할 수 있다.

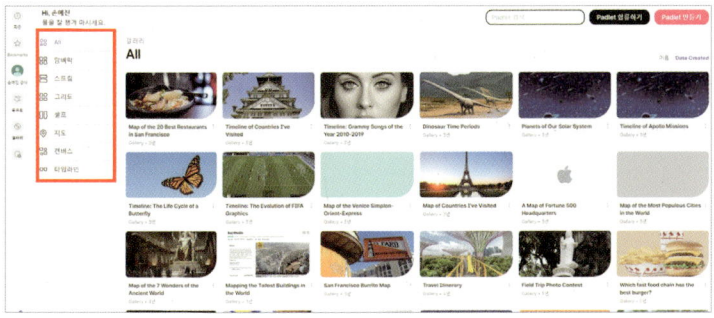

13 | 다른 사용자들의 다양한 페이지를 복사해 사용할 수도 있다. 아래를 참고하자.

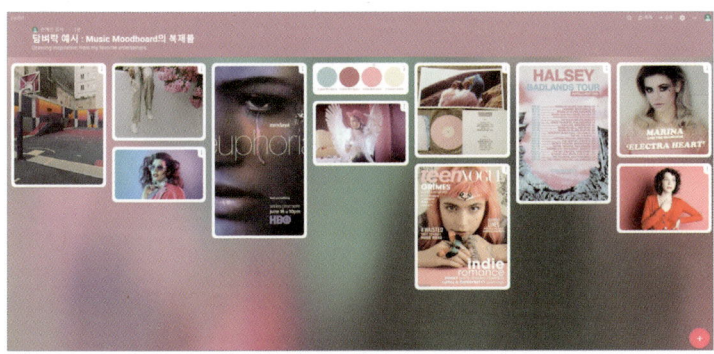

패들렛 활용 사례: 담벼락(작성자: Gallery)

패들렛 활용 사례: 스트림(작성자: Gallery)

패들랫 활용 사례: 그리드(작성자: Gallery)

패들랫 활용 사례: 셀프(작성자: 손예진 강사)

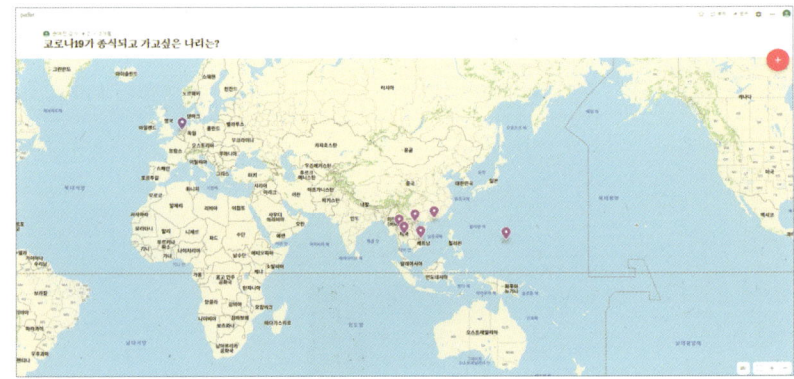

패들랫 활용 사례: 지도(작성자: 손예진 강사)

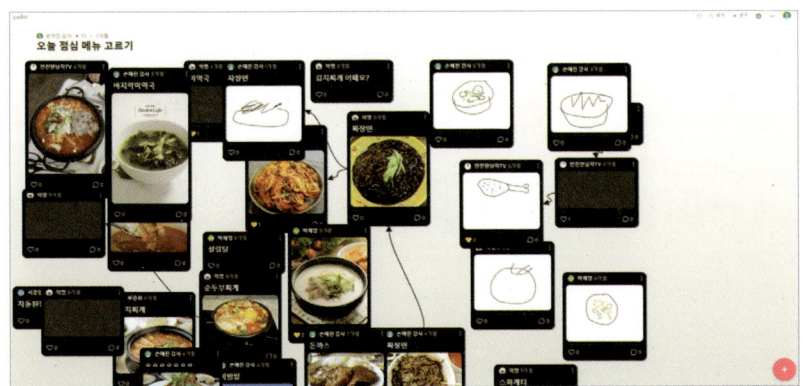

패들렛 활용 사례: 캔버스(작성자: 손예진 강사)

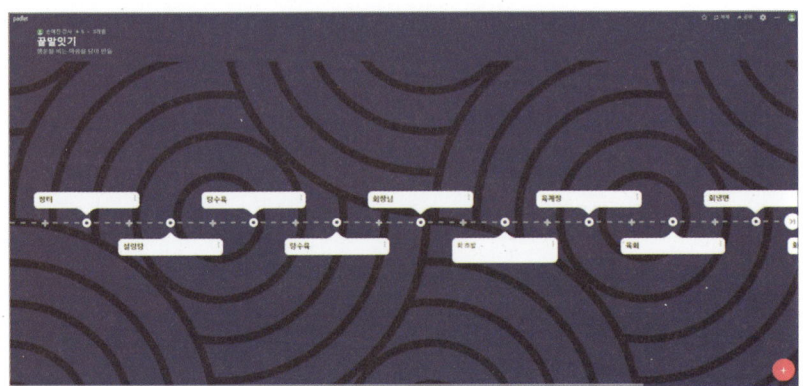

패들렛 활용 사례: 타임라인(작성자: 손예진 강사)

3장. 강의 자료 만들기

CHAPTER 04

강의 프로그램 배우기

4.1 강의를 위한 장비 갖추기
4.2 강의 프로그램 다루기(Zoom)

4.1 강의를 위한 장비 갖추기

이번 장에서는 강의에 필요한 장비와 프로그램 다루는 법을 자세히 다뤄보겠다.

4.1.1 강의 장비 추천

온라인 강의를 위해 필요한 장비들이 있다. 지금부터 그 장비들을 하나씩 소개할 예정이다. 저자의 유튜브 영상에서도 관련 내용을 자세히 다루었다. 아래 QR 코드를 통해 영상을 확인해보자.

[필수 장비: 반드시 필요한 것]

1. 노트북 or 데스크톱 컴퓨터

강의에서 가장 첫 번째로 필요한 장비는 단연 컴퓨터(노트북)다. 종종 '강사도 휴대폰으로 강의하면 안 되나요?'라는 질문을 받기도 한다. 그러나 강사는 강의 자료를 모든 참여자들에게 화면으로 공유하고 그와 동시에 채팅창, 설문조사, 소회의실, 주석 등 다양한 기능을 사용해야 한다. 또한 강의 중 갑자기 교육생의 마이크가 켜져 불필요한 소리가 발생하면 어떨까? 강의 자료 공유 중에 주석 기능으로 낙서하는 교육생이 있다면 이 외에도 예기치 못한 돌발 상황들이 많이 발생할 것이다. 이 모든 걸 모바일에서 관리하기는 어렵다. 따라서 컴퓨터로 강의하는 것을 추천한다.

2. 인터넷 환경

모든 온라인 강의는 인터넷 네트워크를 기반으로 진행된다. 따라서 인터넷 네트워크 속도가 강의 퀄리티에 상당한 영향을 미친다. 강의 중에 인터넷이 끊기거나 느려지면 어떻게 될까? 일단 모든 교육생은 강사의 멈춰 있는 화면과 얼굴을 보게 될 것이다. 또한 강사의 목소리가 뚝뚝 끊기면 교육생들의 집중력은 저하되고 불만이 가중될 것이다. 따라서 강의 장소의 인터넷 속도를 반드시 미리 체크하자. 미리 접속해 원활하게 접속이 되는지 확인하고 영상이나 소리 재생이 있다면 미리 다른 기기에서 재생을 해봐야 한다. 또한 와이파이나 유선랜이 아닌 핸드폰 테더링 연결로 접속하는 것은 인터넷 네트워크 연결이 불안정하기 때문에 추천하지 않는다.

3. 카메라(웹캠)

카메라는 강사의 얼굴을 보여주는 도구다. 교육생들이 강의를 듣는 내내 웹캠에 비춰진 강사의 얼굴을 보기 때문에 강사의 카메라는 매우 중요하다. 가급적 고화질 화면을 제공할 수 있는 제품이 좋으며 이 책에서는 다양한 가격대에 맞는 성능을 고려해 평이 좋은 제품들을 추천하니 참고하기 바란다.

〈추천 상품(2022년 8월 가격 기준)〉

- 일반형: 앱코 APC930(약 6만 5천 원)

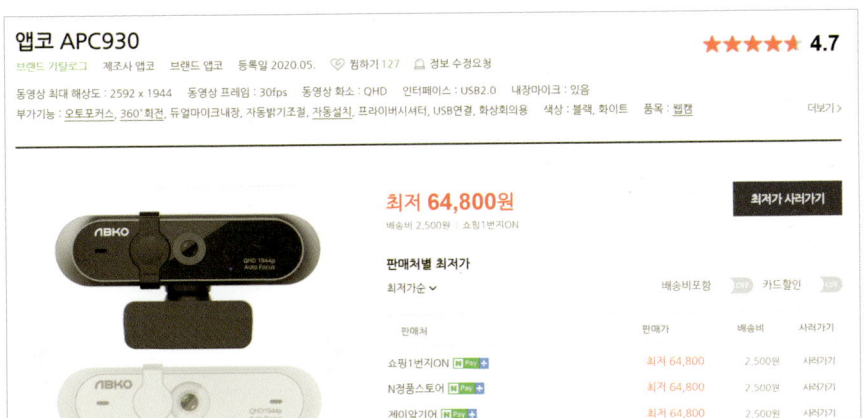

■ 로지텍 웹캠 c922(약 8만 원)

■ 고급형: 로지텍 BRIO 4K 프로 웹캠(약 19만 원)

4. 마이크

마이크는 강사의 음성을 전달하는 도구이다. 마이크와 웹캠 중에 어떤 걸 먼저 구매해야 하는지 묻는다면, 단연코 마이크라고 대답할 정도로 마이크는 매우 중요하다. 강사의 목소리에 계속해서 잡음이 들린다면 어떨까? 바로 화면을 꺼버리고 싶을 것이다. 웹캠 자체에 마이크가 내장되어 있는 경우도 있다. 저자가 2년 넘게 사용하는 로지텍 c922 상품은 카메라 자체에 내장 마이크가 있는데, 마이크 음질이 괜찮아 지금껏 만족하면서 사용하고 있다. 이 외에도 핀 마이크나 콘덴서 마이크라고 하는 스탠드형 마이크도 강사들이 주로 사용하는 마이크 형태이다. 아래 추천 상품을 참고해보자.

〈추천 상품〉

- PC용 콘덴서 마이크(일반형)

- PC용 콘덴서 마이크(고급형)

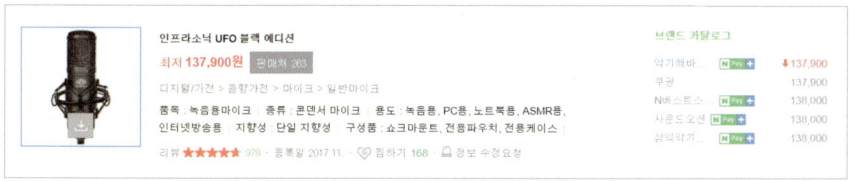

5. 스피커 또는 이어폰

마이크만큼 중요한 장비는 교육생들의 목소리를 듣는 스피커 또는 이어폰이다. 강의를 할 때 교육생들에게 다양한 질문과 활동을 하며 교육생들의 목소리를 듣게 된다. 이때 스피커나 이어폰의 성능이 떨어지면 교육생들의 목소리가 잘 들리지 않아 강사가 되물어야 하는 번거로움이 생길 수 있다. 또한 온라인 강의를 진행하면서 다른 기기로 접속해 실시간 강의를 모니터링할 때 이어폰이 필요하다. 나의 경우, 온라인 강의를 할 때 휴대폰으로도 접속한다. 이때 휴대폰에 이어폰을 꽂고 한쪽 귀로 내 목소리가 잘 송출되고 있는지, 영상은 끊김 없이 재생되고 있는지, 휴대폰에서 나오는 소리등을 체크 한다. 이렇게 해야 온라인 강의 중에 발생하는 문제를 빠르게 파악하고 해결할 수 있다. 위기 상황에서 강사가 어떻게 대처하는지에 따라 강사의 전문성이 더 돋보이기도 한다. 그러므로 스피커나 이어폰을 미리 준비하자.

6. 강사의 조용한 공간

강의에 온전히 집중할 수 있는 조용한 공간에서 강의를 하면 강사와 교육생 모두 몰입하는 강의 분위기를 만들 수 있다. 그러나 많은 사람이 오가는 곳이나 소음이 발생하는 곳에서 강의를 하면 강사와 교육생 모두 강의에 100% 집중하기가 어렵다. 얼마 전 이런 일이 있었다. 어떤 강사의 강의를 듣는데 갑자기 아파트 단지에서 나오는 안내방송이 계속 들렸다. 교육생 중에 한 분이 음소거를 하지 않으셨나? 하고 찾아봤는데, 알고 보니 강사의 스피커에서 나오는 소리였다. 교육생에게서 나오는 소리라면 음소거를 하면 되지만 강사에게서 나는 소리는 음소거를 할 수도 없지 않은가? 그때 그 강사는 당황하지 않고 꿋꿋하게 강의를 이어 나가긴 했지만 강사의 목소리와 아파트 단지 안내 방송의 소리가 겹쳐서 강의 내용이 잘 기억이 남지 않았다. 이렇듯 집에서 강의를 하다 보면 내가 컨트롤 할 수 없는 소음이 자주 발생할 수 있다. 이웃집 공사 소리, 아파트 주민 안내 방송, 초인종 소리, 아기 울음소리, 개 짖는 소리 등 말이다. 이럴 땐 어떻게 해야 할까? 모든 상황을 우리가 제어할 수 는 없지만 추천하는 방법이 있다. 바로 Zoom 오디오 설정 탭에서 '배경 소음 억제 기능'을 가장 높음으로 설정하는 것이다. 이렇게 높음으로 설정해두면 주변 소음을 대부분 제거 할 수 있다. 따라서 강의를 할 때 미리 이 기능을 설정해놓는 것을 추천한다. 주변이 조용하더라도 어떤 소음이 발생할지 모르기 때문이다. 그러나 무엇보다 강사 본인이 집중할 수 있는 조용한 공간을 미리 마련하는 것이 중요하다.

[권장 장비: 반드시 필요한 것은 아니지만 갖추면 좋은 것]

1. 조명

가장 좋은 조명은 자연광이다. 그러나 강의 환경의 조도에 따라 조명이 필요한 경우가 있다. 강의 공간이 어두운 편이라면 조명 설치를 추천한다. 조명 구매가 부담스러운 분들에게 한 가지 팁을 드리면, Zoom 비디오 설정 탭에서 '저조도 환경에 맞게 조정'을 수동으로 선택한 후 가장 높게 설정을 해두면 마치 앞에 조명이 있는 것과 같은 느낌을 낼 수 있다. 그럼에도 불구하고 얼굴이 어둡게 나온다면 아래 추천하는 조명 장비를 참고해보자.

〈추천 상품(2022년 8월 가격 기준)〉

■ 스탠드 뷰티 조명(링 라이트 조명)

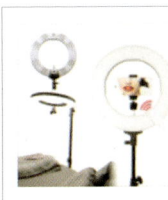

LED 링라이트 14인치 제품 음식 방송 사진 촬영 조명 단품 화이트
97,800원 가격비교
디지털/가전 › 카메라/캠코더용품 › 플래시/조명용품 › 라이트
조명타입 : 지속광   LED조명 : LED조명   부가기능 : 광량조절, 다양한각도조절
색온도 : 3000~5500K   LED개수 : 336개   무게   라이트패드 bj조명 줌조명 온라인수업조명
리뷰 3,416 · 등록일 2018.07. · ♡ 찜하기 274 · 신고하기   톡톡

1. 듀얼 모니터

듀얼 모니터는 하나의 본체에 모니터 2개를 연결하는 것이다. 컴퓨터 2대를 동시에 쓰거나 컴퓨터 1대, 노트북 1대를 쓰는 것과는 다르다. 하나의 화면을 두 개로 나눠서 활용할 수 있기 때문에 마우스 하나로 자유롭게 이용하면서 모니터를 더 넓게 사용할 수 있는 장점이 있다. 또한 두 모니터를 각각 다른 용도로 사용하면 훨씬 더 활용도가 높아진다. 저자의 경우, 왼쪽 모니터에는 교육생들에게 공유하는 강의 자료를 띄워 놓고 강의할 때 화면 공유를 한다. 그리고 나머지 오른쪽 모니터에는 교육생들에게 보여지지 않는 화면으로 강사가 수시로 확인해야 하는 채팅창, 참가자 리스트, 설문지, 음악 파일, 그 외 사이트 등을 띄워 놓는다. 이렇게 하나의 본체로 2대의 모니터를 활용하면 더 효율적으로 강의를 진행할 수 있다.

듀얼 모니터는 기존에 사용하고 있는 모니터와 비슷한 스펙의 모니터를 사용할 것을 추천한다. 두 모니터의 화질이 비슷해야 이질감 없이 사용할 수 있기 때문이다. 한쪽 모니터는 화질이 상당히 높은데 나머지 모니터가 상대적으로 화질이 떨어진다면 눈이 금방 피로해질 수 있다. 아래 사진은 저자의 듀얼 모니터 사용 예시이다.

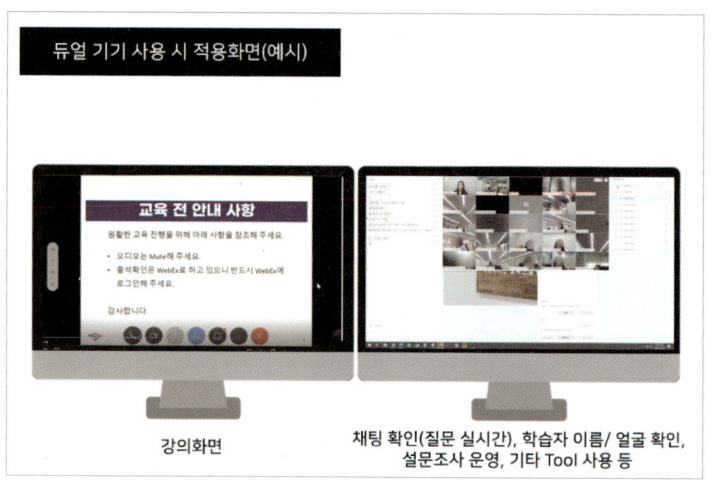

4.2 강의 프로그램 다루기(Zoom)

이번 장에서는 강의 프로그램으로 가장 인기 있는 Zoom의 사용법을 알아볼 것이다. Zoom을 처음 접하는 독자도 쉽게 이해할 수 있도록 하나씩 순서대로 설명할 예정이니 참고 바란다.

01 | Zoom 사이트(https://zoom.us) 접속하기: 네이버 검색창에 'zoom' 또는 '줌'을 검색한다.

02 | Zoom 프로그램 설치하기: 검색 화면 중 '다운로드 센터 - Zoom'을 클릭하고 '회의용 Zoom 클라이언트' 다운로드를 클릭한 뒤 파일을 설치한다.

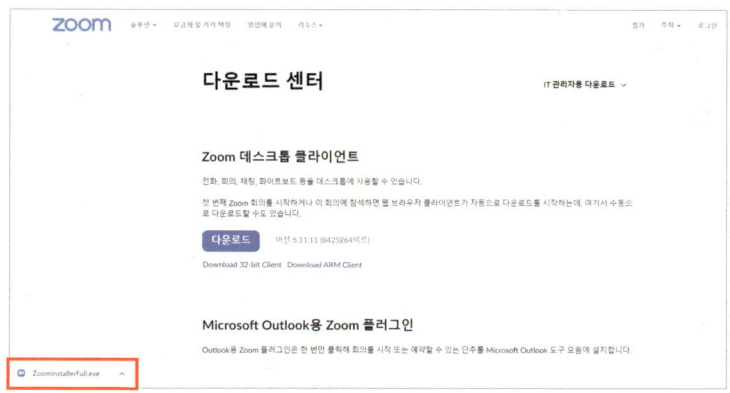

4장. 강의 프로그램 배우기 269

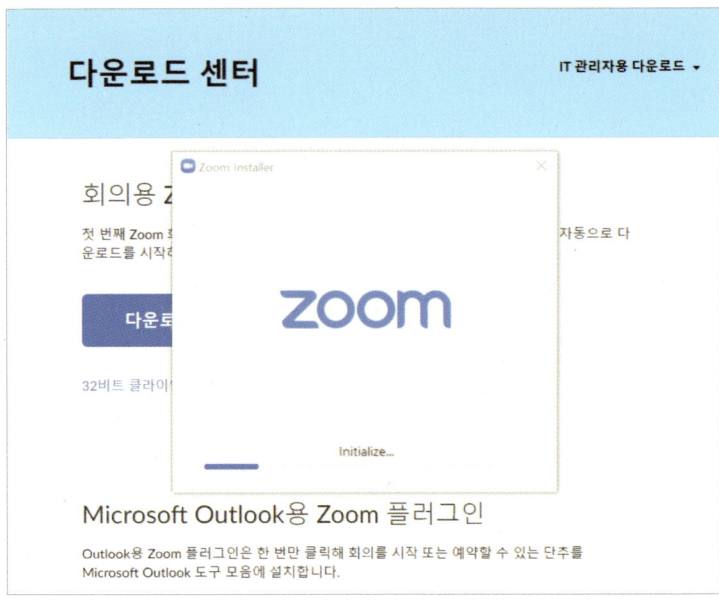

03 Zoom 회원 가입: Zoom 클라우드 회의 창에서 회원 가입을 진행한다.

04 생년월일을 입력한 후 '계속' 버튼을 클릭한다.

05 이메일 주소로 가입하거나 Apple, google, Facebook 아이디 연동 가입을 할 수 있다.

06 회원 가입 시 입력한 메일 계정으로 Zoom에서 활성화 메일을 보냈다는 안내 문구를 확인한다.

07 가입 계정 메일에 로그인한 후 새로온 메일 중 'Zoom 계정 활성화하십시오.'를 클릭해 인증을 완료한다.

08 이메일 인증 후 Zoom 회원 가입 사이트로 돌아와 '계정 활성화'를 클릭한다.

09 Zoom 사이트에서 사용할 이름과 성, 비밀번호까지 입력하면 회원 가입이 완료된다.

4장. 강의 프로그램 배우기

10 | 단, 가입 비밀번호는 아래의 조건을 충족해야 한다. 충족되지 않은 조건은 빨간색으로 표시된다.

> 비밀번호는 다음과 같아야 합니다.
> ✓ 8자 이상이어야 함
> ✓ 문자(a, b, c...) 1개 이상 포함
> ✓ 숫자(1, 2, 3...) 1개 이상 포함
> ✗ 대문자 및 소문자 모두 포함

11 | '주변에도 Zoom을 알려주세요'라는 창은 필수 입력창이 아니기 때문에 '이 단계 건너뛰기'를 클릭해도 무관하다.

12 | 가입이 완료된 메일 주소와 비밀번호로 최초 로그인을 하면 Zoom 회원 가입과 로그인이 완료된다.

13 | 강의 예약하기: 회원 가입 후 로그인한 다음 '예약' 버튼을 클릭한다.

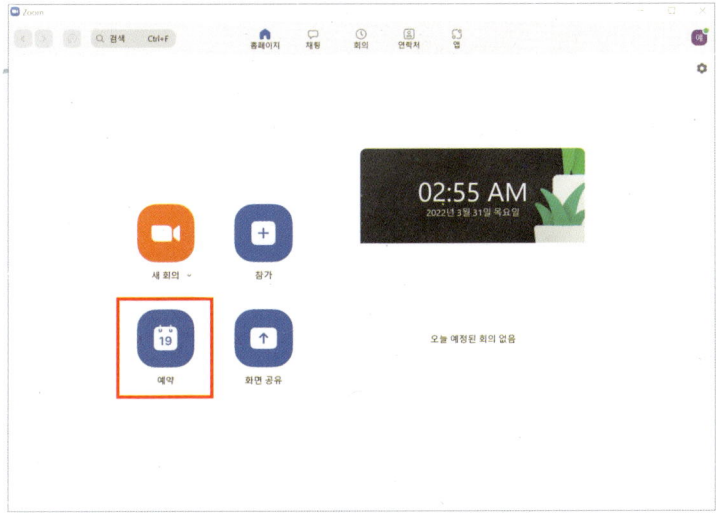

14 회의예약 창에 있는 빈칸을 채운다.
- 주제: 강의 주제 입력
- 시작: 강의 날짜/시작 시간 설정
- 기간: 강의 소요 시간(TIP. 1시간 강의면 1시간 30분 정도로 여유롭게 설정하기)
- 되풀이 회의: 이번 강의가 이후에도 되풀이되는 강의일 경우 체크, 그렇지 않을 경우 해제
- 무료 회원인 경우 참가자가 3명 이상이면 회의 시간이 40분으로 제한된다. 따라서 40분 이상 강의를 하는 강사라면 유료로 사용하는 것을 추천한다.

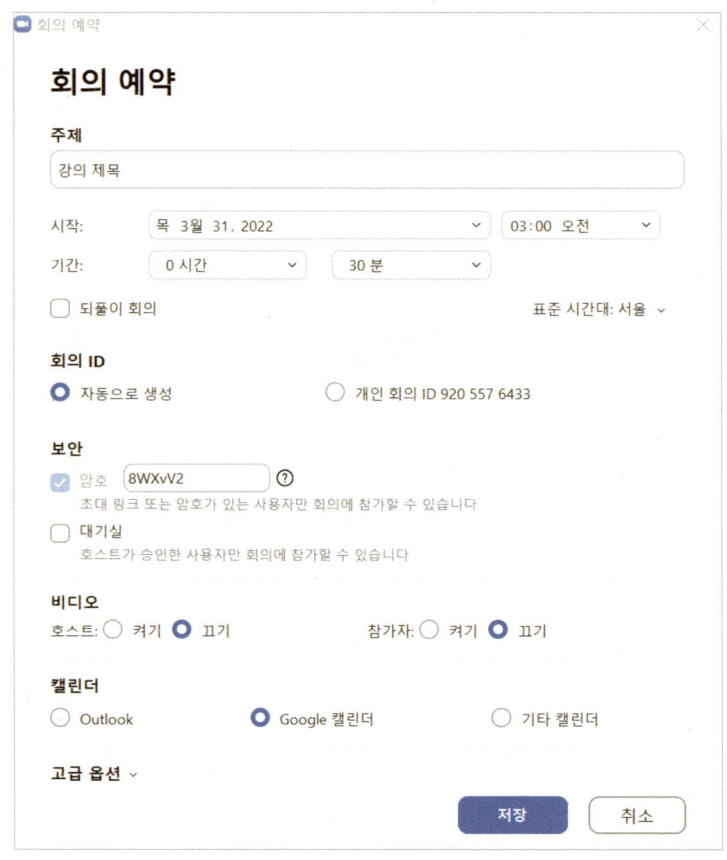

15 Zoom 유료 플랜 가격은 다음과 같다. (2022년 8월 기준)

16 회의 예약 후 변동 사항이 있는 경우 '회의 편집'을 클릭해 회의 내용을 변경할 수 있다. 자세한 방법은 아래 내용을 참고하자.

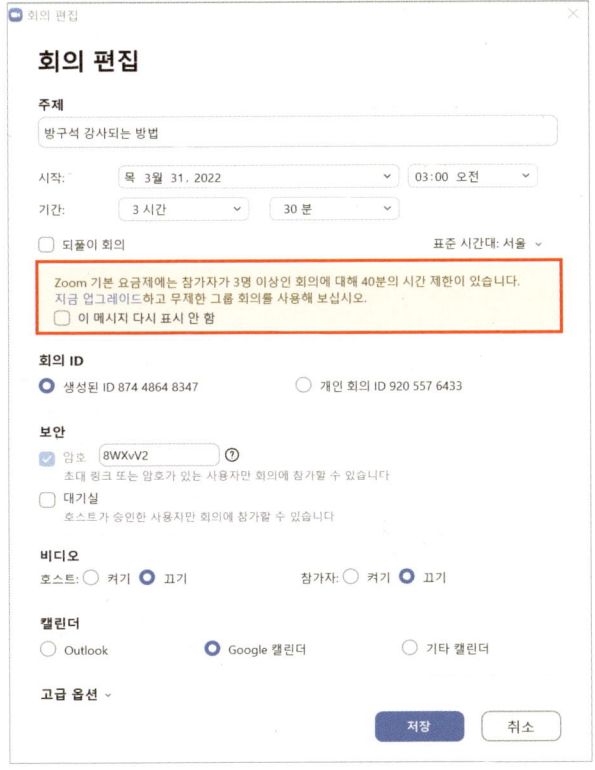

17 | 회의 편집 메뉴는 다음과 같다.
- 회의 ID: 생성된 ID는 현재 강의 예약 건에 대한 ID 서버가 1회용으로 생성 되는 것이고 개인 회의 ID는 고유의 ID이므로 변하지 않는다.
- 보안: 암호를 설정하거나 대기실 기능 중 1가지 이상을 선택해야 한다. 암호는 숫자, 알파벳 모두 사용 가능하며 교육생들을 강의에 초대할 때 비밀번호를 알려줘야 입장 가능하다. 대기실은 이 방을 만든 호스트(강사)가 승인을 해준 사람만 들어올 수 있게 하는 기능으로 온라인에서 대기실 공간을 만드는 것이라고 생각하면 된다.
- 비디오: 호스트, 참가자가 강의장에 입장할 때 비디오를 켜고 들어오게 할지, 끄고 들어오게 할지 설정할 수 있다. 그러나 참가자들이 들어올 때 비디오 OFF를 누르면 끄고 입장하게 된다.
- 캘린더: Outlook, 구글 캘린더, 기타 캘린더와 연동해 Zoom 회의 일정이 자동으로 입력된다. 강의에 자주 사용되는 기능은 아니다.

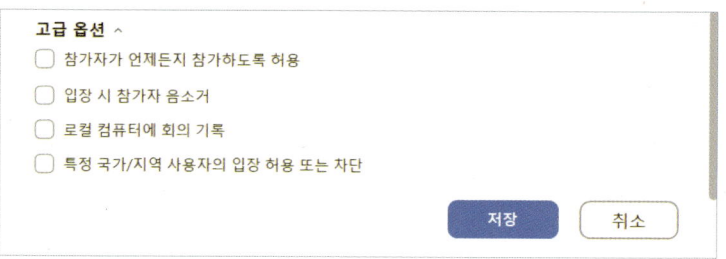

18 | 고급 옵션: 호스트가 입장하기 전에 참가자가 언제든지 참가할 수 있도록 허용하는 기능, 참가자를 마이크가 음소거된 상태로 입장하게 하는 기능, 회의를 컴퓨터에 녹화 기록하는 기능, 특정 국가나 지역 사용자의 입장을 허용 또는 차단하는 기능을 미리 설정할 수 있다.

19 | 모든 설정을 마치면 '저장' 버튼을 클릭한다.

20 | 강의 초대하기: 강의 링크를 (비밀번호가 있을 경우 비밀번호도 함께) 교육생에게 공유할 때는 '초대 복사'를 클릭해 카카오톡이나 이메일 등으로 공유할 수 있다.

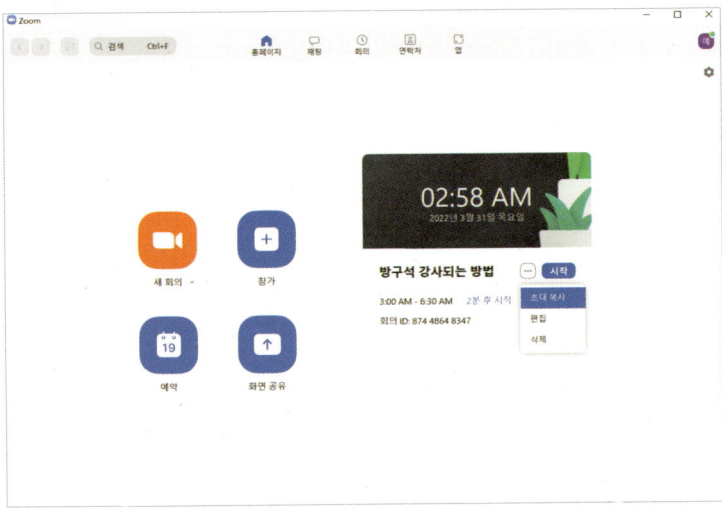

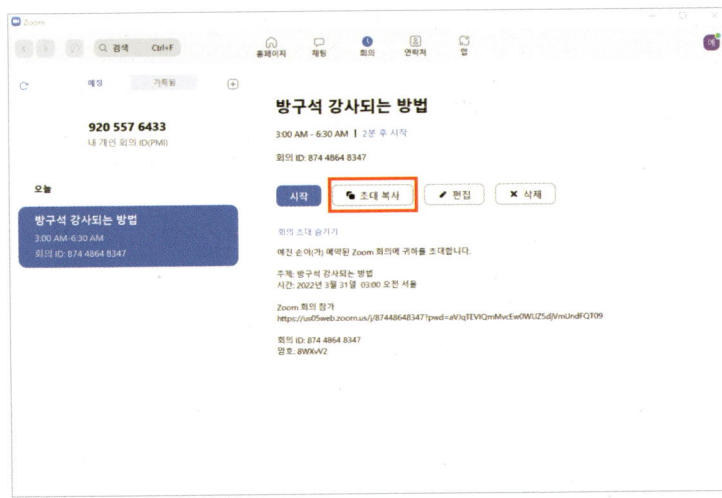

21 | 강의 시작하기(강의장 입장): 왼쪽 탭에서 회의를 선택한 후 '시작' 버튼을 클릭해 입장한다.

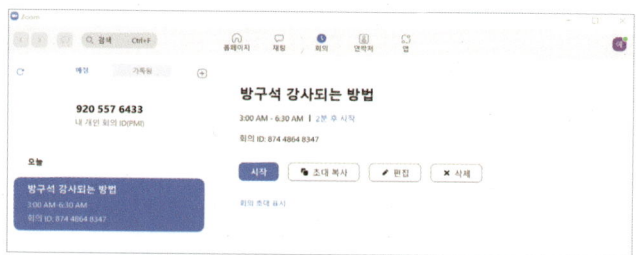

22 | 교육생들에게 강의안 보여주기(화면 공유 기능)

Zoom으로 강의할 때 가장 먼저 사용하는 기능은 화면 공유 기능이다. 강의안을 교육생에게 공유할 때 바로 이 화면 공유 기능을 사용하는 것이다. 아래 그림에서 정중앙 하단의 '화면 공유' 버튼을 클릭하면 '공유하려는 창 모든 앱 선택'이라는 새로운 창이 나타날 것이다. 이때 화면 공유를 3가지 중 하나로 선택할 수 있다. 첫 번째 옵션은 기본(공유)이다. 기본을 클릭하면 강사 컴퓨터에 열려 있는 화면들을 선택할 수 있다.

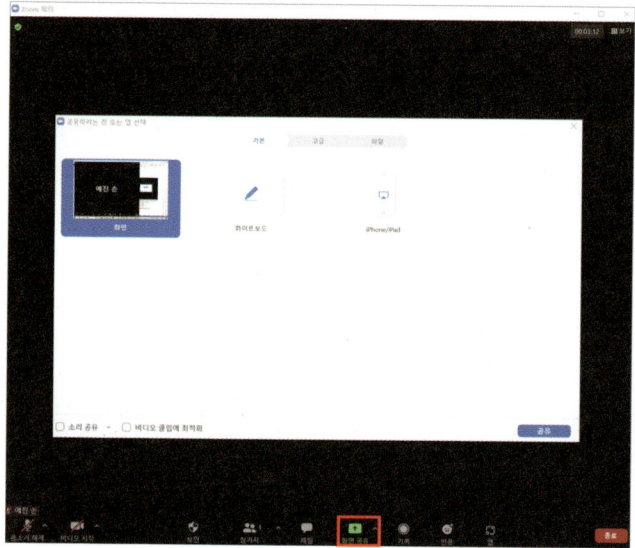

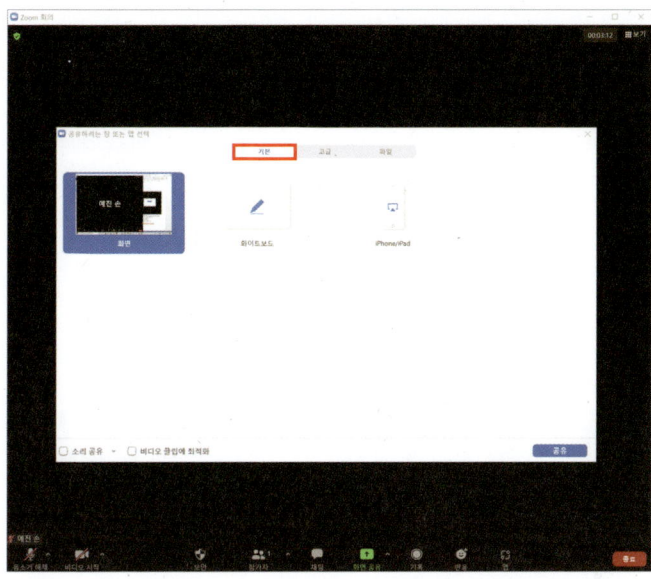

23 원하는 장면을 선택한 후 오른쪽 하단의 '공유' 버튼을 클릭하면 화면이 교육생들에게 공유된다.

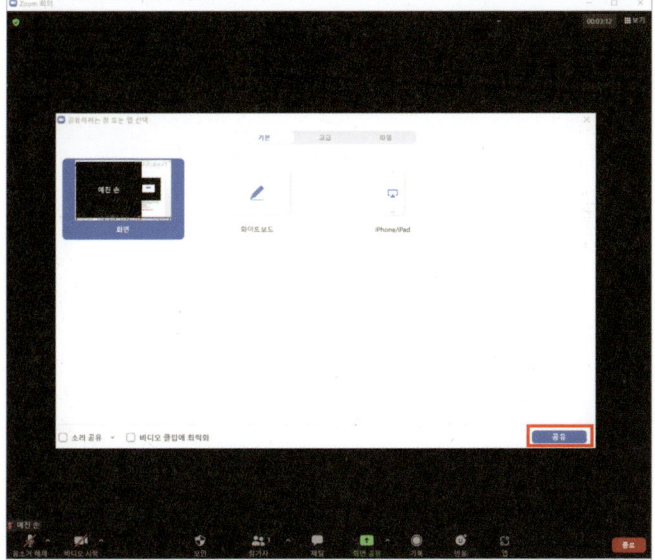

24 | 화면 공유를 하는 동안에는 화면 상단 중앙에 검은색 '컨트롤 바'가 나타날 것이다. 화면 공유를 일시 중지하거나 중지해야 할 경우 컨트롤 바에서 '공유 일시중지' 또는 '공유 중지' 버튼을 누르면 된다. 다른 방식의 공유로 변경하고 싶다면 '새로 공유' 버튼을 클릭하면 된다.

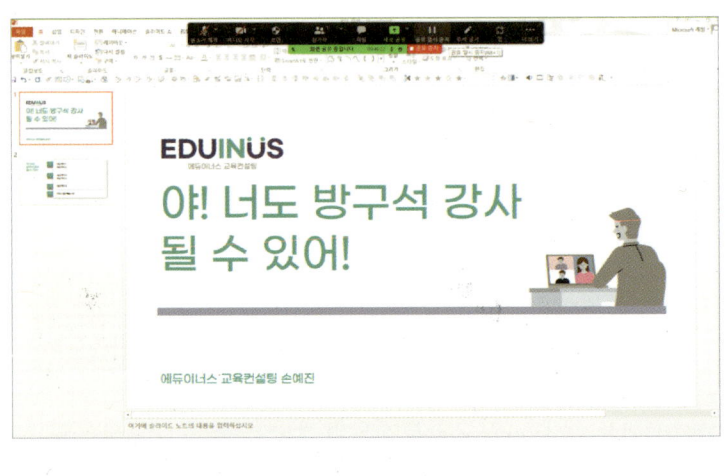

25 | 이번에는 '고급 공유' 버튼을 클릭해보자. 'PowerPoint를 가상 배경으로 설정'은 강사가 원하는 파워포인트 파일을 선택한 후 열면 그 자료 자체가 가상 배경으로 공유된다. 아래를 참고해 따라해보자.

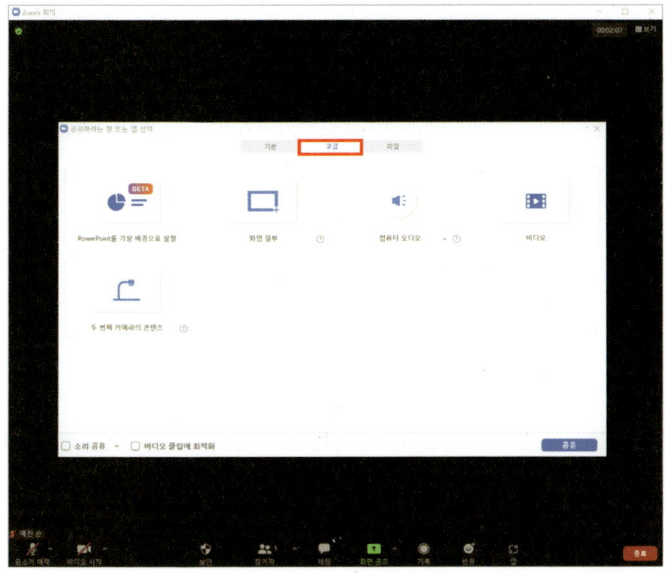

26 | 'Powerpoint를 가상 배경으로 설정'을 클릭하고 오른쪽 하단의 '공유' 버튼 클릭

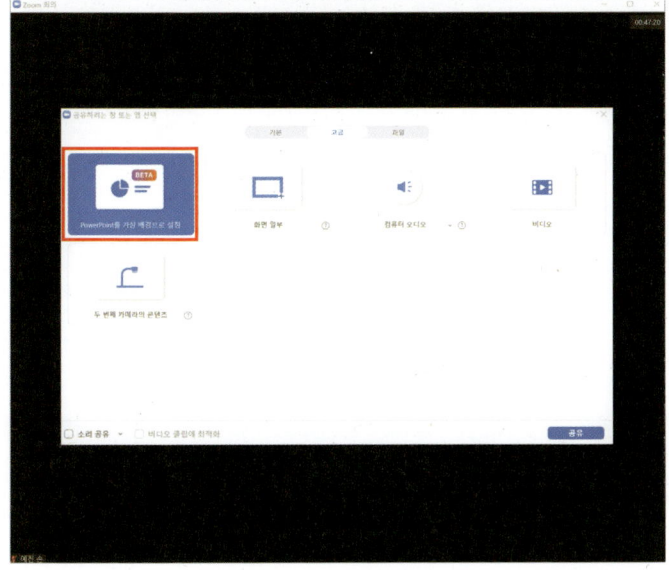

4장. 강의 프로그램 배우기 283

27 | 'PowerPoint를 가상 배경으로 공유'를 실행하려면 플러그인이 필요하다. 자동으로 설치가 완료된다.

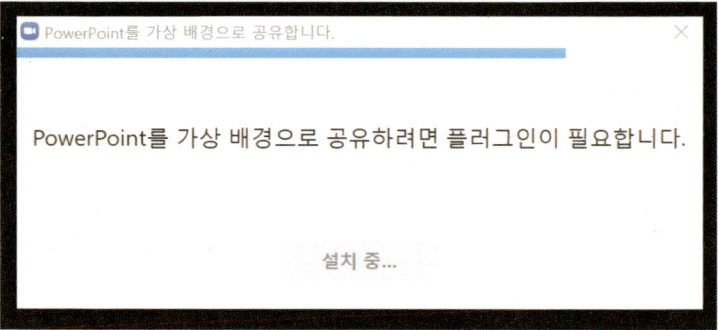

28 | 플러그인 설치가 완료되면 선택한 파워포인트 파일이 열린다.

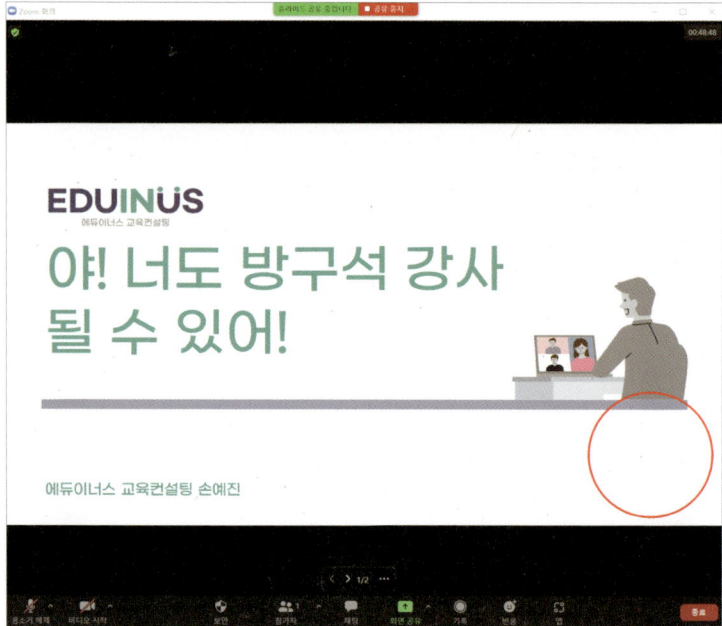

29│ 위 그림에서 빨간색 동그라미 부분에 강사의 얼굴이 나온다. 파워포인트 파일이 가상 배경으로 공유되는 것이다.

30│ 파워포인트 파일을 다음 장표로 넘기려면 중앙 하단의 화살표 버튼을 누르면 된다.

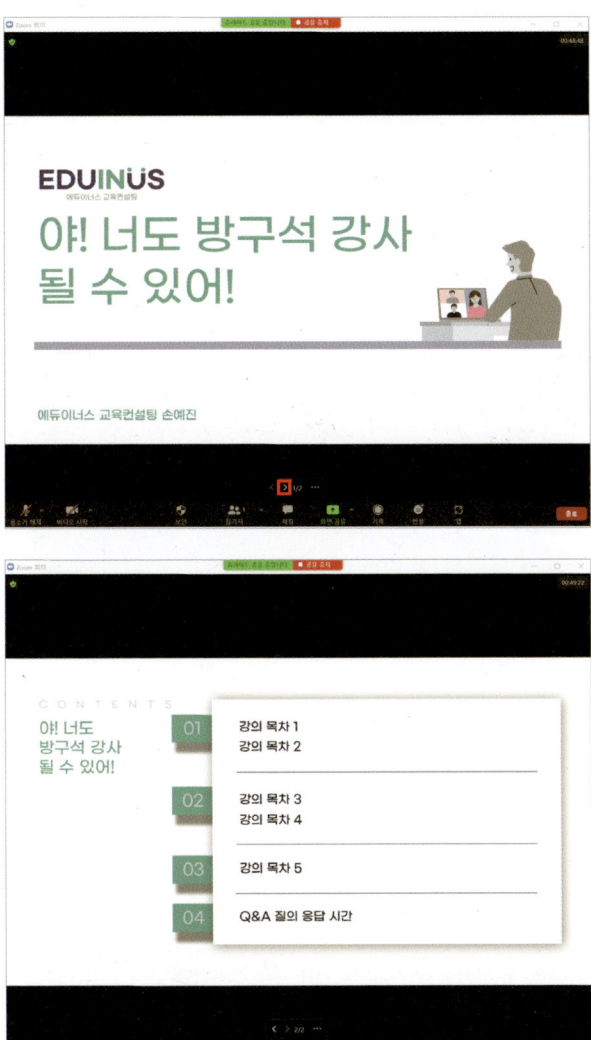

31 | 다음은 '화면 일부' 공유를 선택해보자. 화면 일부는 내가 원하는 부분만 초록색 창으로 선택하여 부분 공유하는 것이다.

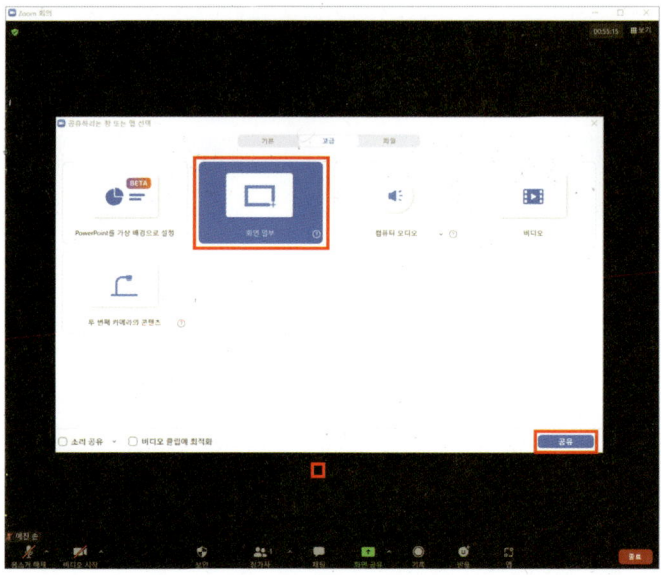

32 | 아래 초록색 창이 보일 것이다. 이 창은 크기와 위치를 자유자재로 변경할 수 있다. 대각선 모서리를 잡고 드래그하면 크기를 변경할 수 있으며, 초록색 창 안에 있는 내용만 교육생들의 화면으로 공유된다.

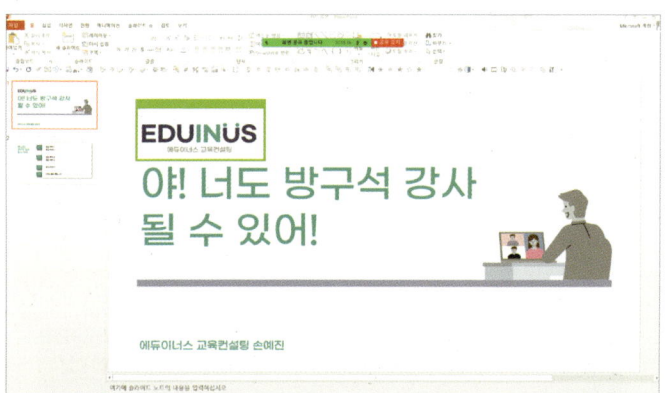

33 이 외에도 '파일 공유' 탭을 선택하면 파일 자체를 공유할 수 있다.

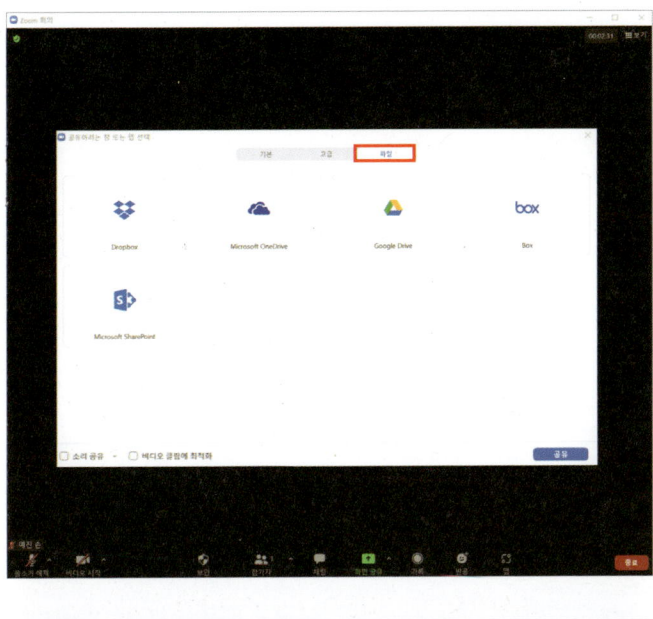

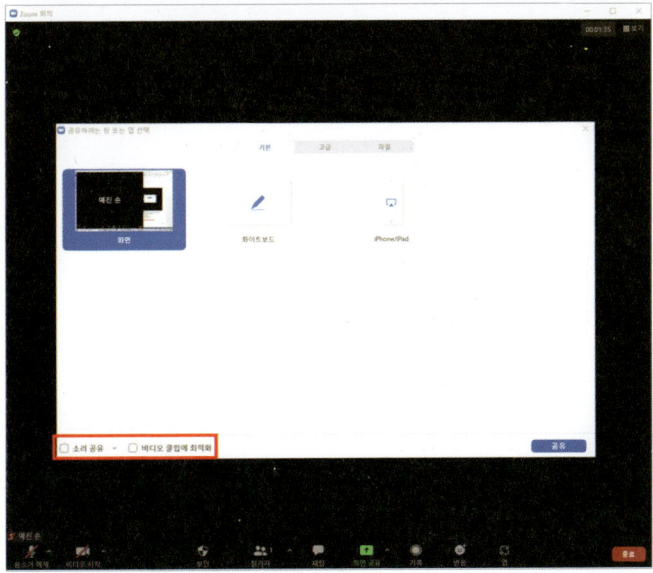

34 | 화면 공유 시 오디오 송출이 필요하다면 왼쪽 하단의 '소리 공유'를 체크한다. 강사 컴퓨터에서 나오는 음악과 영상의 소리를 송출하려면 반드시 체크해야 한다. 비디오 영상 파일을 공유할 때는 '비디오 클립에 최적화'를 체크한 후 공유 버튼을 누르면 영상 재생 시 끊김을 최소화하여 매끄럽게 공유할 수 있다.

35 | 교육생들의 참여도를 높이는 주석 기능 활용하기

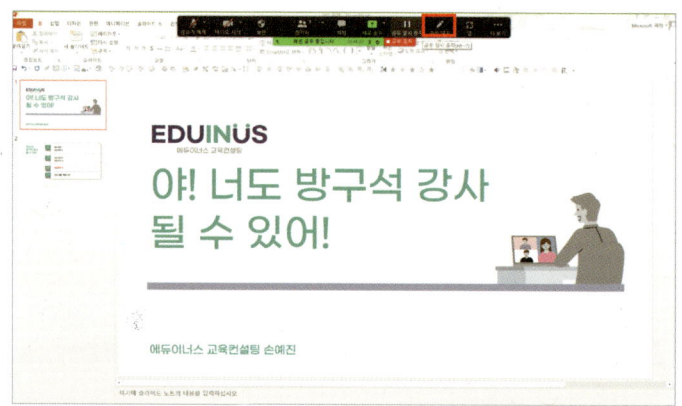

36 | 주석 버튼은 화면 공유 중에 나타난다. 화면 공유를 하는 동시에 위의 그림처럼 컨트롤 바가 보일 것이다. 컨트롤 바의 오른쪽에서 3번째 메뉴인 '주석 달기' 버튼을 클릭한다.

37 | '주석 달기' 버튼을 클릭하면 마우스, 선택, 텍스트, …. 등 저장 메뉴가 보일 것이다. 주석 기능은 화면을 공유하는 동안 호스트뿐만 아니라 교육생들도 동시에 사용할 수 있다. 주석을 달면 공유된 화면에 동시 송출이 된다. 따라서 강의를 할 때 교육생과 함께 주석을 달면서 소통할 수 있다. (주석 기능을 활용한 강의 활용법은 5장의 그림을 적극 참고하자)

38 | 호스트(강사)는 주석 달기 허용 권한을 갖는다. 따라서 교육생들은 주석 기능을 사용하지 못하게 설정할 수도 있다. 컨트롤 바 오른쪽 끝의 '더 보기' 버튼을 클릭하고 '다른 사람에 대한 주석 비활성화'를 선택하면 호스트를 제외한 모든

사람은 주석 달기를 사용할 수 없다. '주석 활성화'를 다시 클릭하면 모두가 주석 달기를 사용할 수 있다.

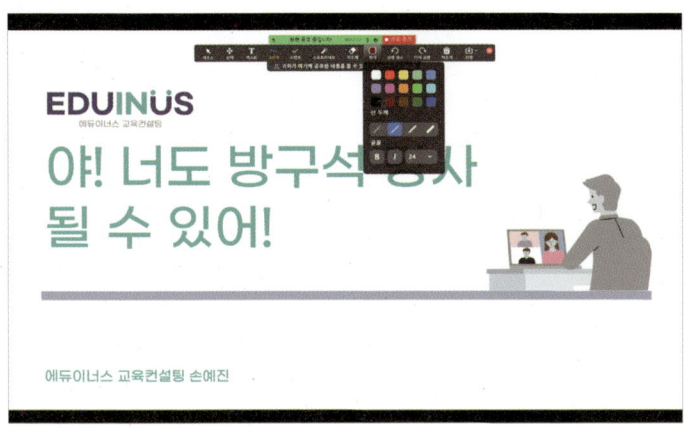

39 | 소회의실 기능을 사용한 그룹핑 활동

소회의실 기능은 참여자들을 그룹으로 나누어서 각 그룹만의 회의실을 별도로 만드는 것이다. 오프라인 강의에서 책상을 조별로 배치해서 조원들끼리 의견을 나누거나 브레인 스토밍을 하듯이 조별 활동을 할 수 있는 기능인 것이다. 이 기능을 잘 활용하면 참여자들끼리 자유롭게 의견을 나누는 유익한 강의를 할 수 있다.

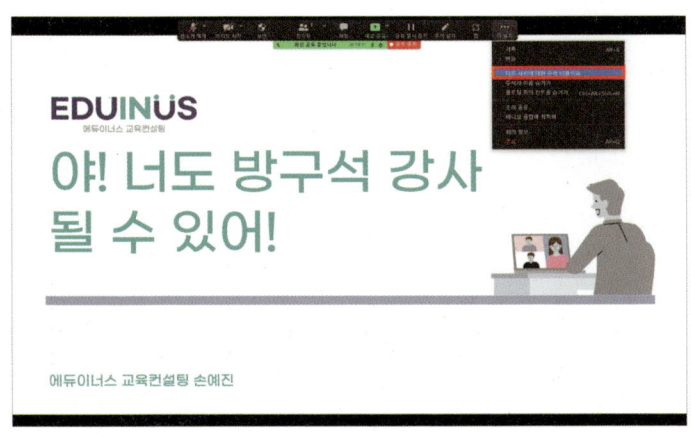

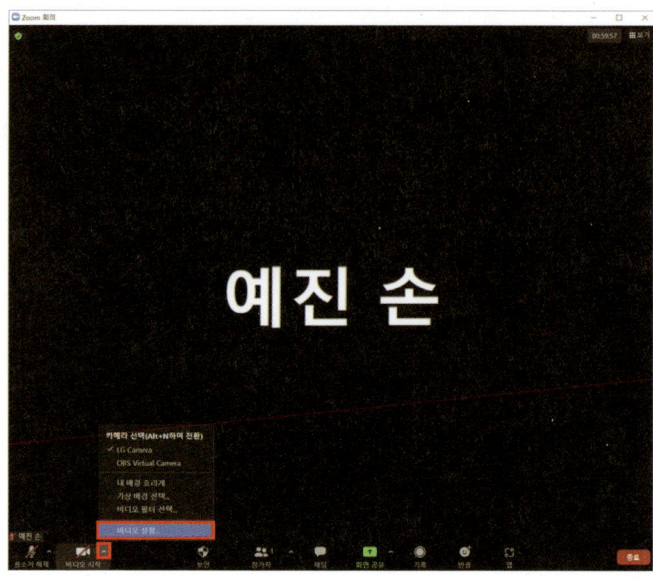

40 | 소회의실 기능을 사용하기 위해서는 Zoom 설정에서 '소회의실'을 활성화해야 한다. Zoom 기본 창에서 비디오 시작 옆에 있는 작은 화살표를 클릭한 후 '비디오 설정'을 클릭한다.

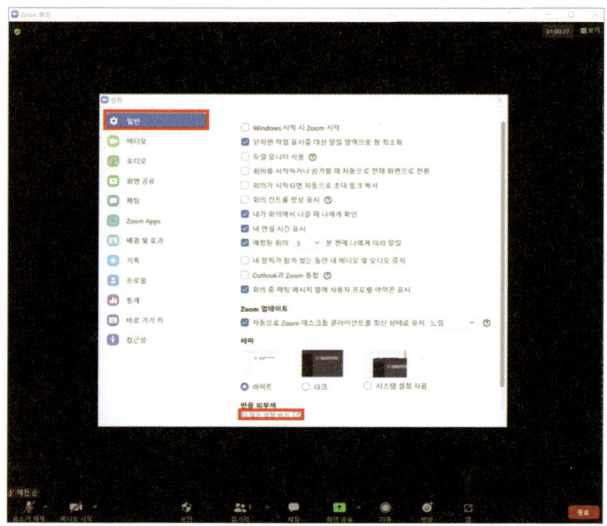

41 | 설정 창에서 '일반' 탭을 클릭한 후 하단에 '더 많은 설정 보기'를 클릭하면 Zoom 웹사이트로 연결된다.

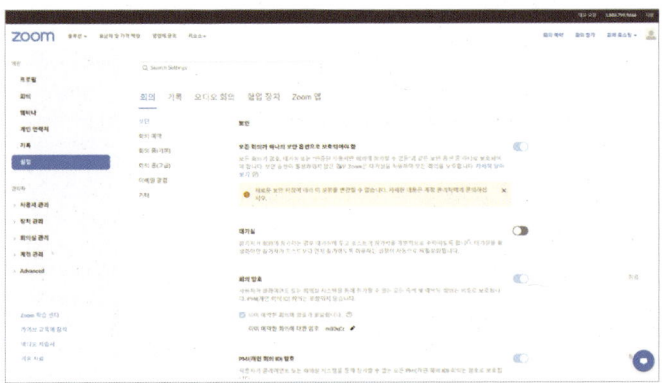

42 | 웹사이트에서 로그인을 하면 '설정' 화면으로 연결된다.

43 | '회의 중(고급)'을 클릭한 후 두번째 메뉴인 '소회의실'을 활성화한다.

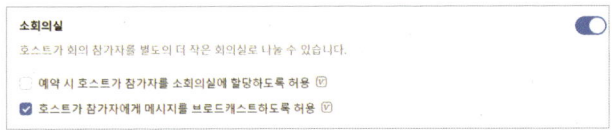

4장. 강의 프로그램 배우기 291

44 | '호스트가 참가자에게 메시지를 브로드캐스트하도록 허용' 옵션을 체크한다.

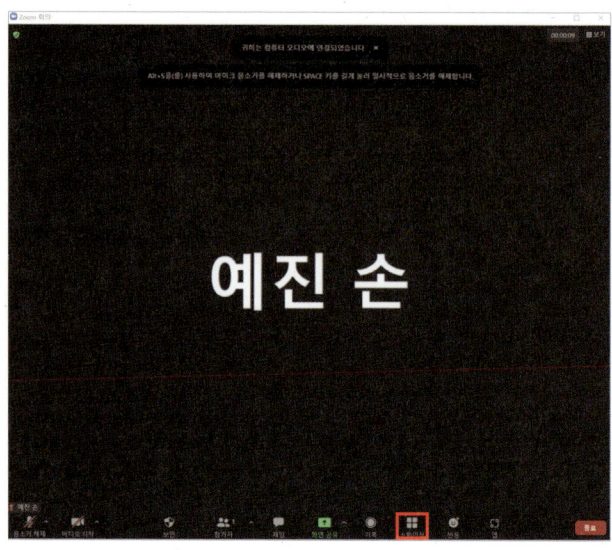

45 | 소회의실 기능을 활성화하고 Zoom 회의 창으로 다시 돌아오면 하단에 소회의실 메뉴가 생성된 것을 확인할 수 있다. 만약 보이지 않는다면 회의 창에 재접속해 확인한다.

46 하단의 '소회의실' 메뉴를 클릭하면 소회의실 만들기 창이 뜬다. 여기서 필요한 소회의실 개수를 설정한다. '할당'은 소회의실의 구성원을 자동으로 할당할 것인지, 호스트가 수동으로 할당할 것인지, 참여자들이 직접 소회의실을 선택하게 할 것인지를 선택하는 것이다.

47 소회의실의 수와 할당 방식을 정하고 나면 소회의실이 생성된다. 여기서는 '할당'으로 설정했으므로 소회의실 구성원들이 자동으로 할당되었다. 소희의실의 이름은 '이름 바꾸기' 버튼을 클릭해 변경할 수 있다. '삭제'를 클릭하면 해당 소회의실이 삭제된다. 소회의실 구성원을 변동하고 싶다면 해당 구성원의 아이디를 클릭한 후 우클릭하면 된다.

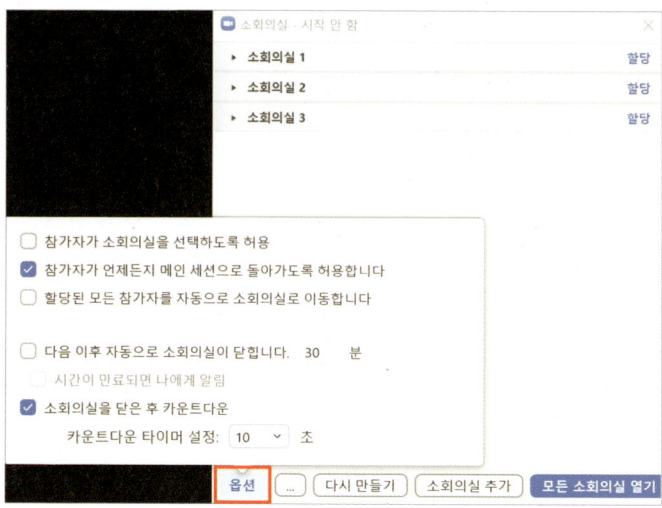

48 | '옵션'을 클릭하면 기본적인 옵션을 선택할 수 있다. 모든 옵션 선택을 마치고 나면 '모든 소회의실 열기' 버튼을 클릭한다. 그러면 모든 참여자가 할당된 소회의실로 이동한다.

49 | Zoom 단축키 활용하기

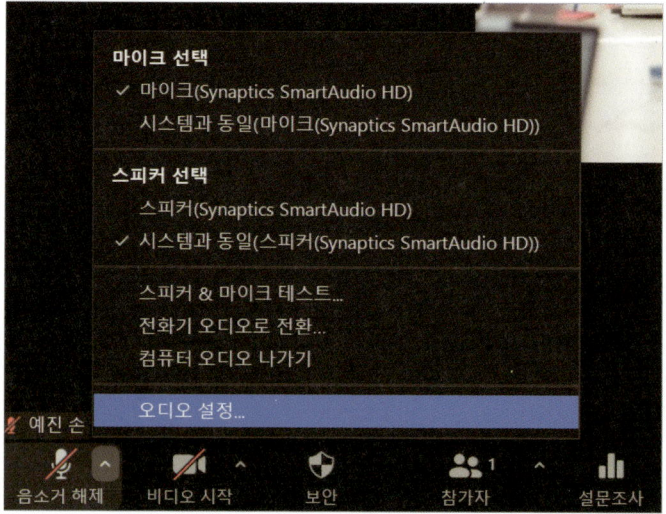

01 | Zoom 기본 회의 창 하단의 '음소거 해제' 옆 작은 화살표를 클릭하고 '오디오 설정' 버튼을 클릭한다.

02 | 설정 창 왼쪽의 '바로 가기 키'를 클릭한다.

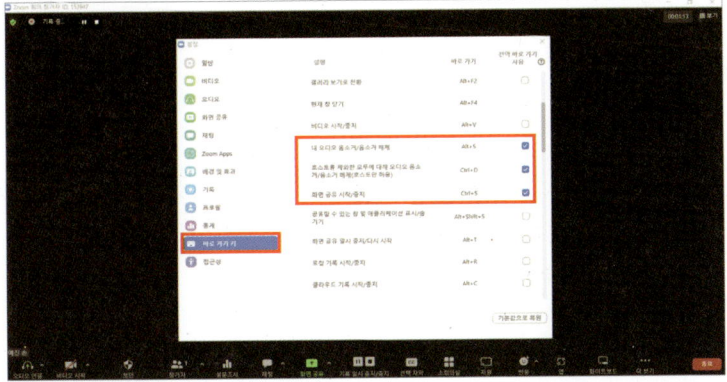

03 | 평소 자주 사용하는 Zoom 기능을 생각한 후 단축키를 사용하면 좋을 만한 기능을 오른쪽 '전역 바로 가기 사용'에서 체크한다. 나의 경우, 특히 자주 사용하는 기능 3개를 단축키 설정해두었다. 내 오디오 음소거/음소거 해제, 호스트를 제외한 모두에 대해 오디오 음소거/음소거 해제(호스트만 허용), 화면 공유 시작/중지 기능이다. 단축키는 클릭하여 내가 원하는 키로 변경할 수 있다.

4장. 강의 프로그램 배우기   295

CHAPTER 05

강의 스킬 익히기

5.1 강의를 잘하는 말하기 방법
5.2 강의의 퀄리티를 좌우하는 한 끗 차이

5.1 강의를 잘하는 말하기 방법

5.1.1 강의를 망치는 강사의 말

말 한마디로 천냥 빚을 갚는다는 말이 있듯 말 한마디가 강의 퀄리티를 좌우할 수 있다. 초, 중, 고등학교 수업이나 대학교 수업, 직무 교육, 신입사원 교육 등 강의를 들었던 경험을 한번 떠올려보자. 강사의 말로 인해 기분이 상하거나 강의에 방해를 받은 적이 있는가? 또는 강사의 말 한마디로 힘을 얻었던 경험은 없는가? 저자의 경우, 수백 명의 강사들의 강의 컨설팅을 해온 경험이 있다. 그런데 강의를 듣다 보면 간혹 교육생들이 불쾌감을 느낄 만한 표현이나 단어를 사용하는 강사가 있다. 가장 빈번하게 발생했던 경우는 교육생들에게 반말을 하거나, 다른 사람(회사)을 험담하고 비속어를 사용하는 것이다. 간혹 연령이 높은 강사가 본인보다 나이가 어린 교육생들이라는 이유로 첫 만남부터 반말을 하는 경우를 종종 본 적이 있다. 그럴 땐 경악을 금할 수 없다.

이뿐만이 아니다. 강사는 교육생에게 창피를 주거나 민망하게 하는 말을 피해야 한다. 강사의 컨디션을 그대로 드러내는 것도 지양하자. '제가 오늘 좀 힘들어서요', '오늘 제가 기분이 별로네요' 등의 말은 굳이 하지 않아도 될 말이다. 물론 강의하는 내내 마냥 기분 좋은 이야기만 할 수는 없을 것이다. 그러나 당신의 강의를 듣기 위해 모인 교육생들은 강사에게서 부정적인 말과 에너지를 느끼려고 소중한 돈과 시간을 지불한 것이 아니라는 것을 명심하자. 강사의 말 한마디 한마디에는 본인이 가지고 있는 무의식적인 생각, 사고, 습관들이 드러나기 마련이다. 따라서 강사는 특히 언어 사용에 신중해야 한다. 다음은 강의할 때 피해야 할 언어들이다. 혹시 나도 이렇게 강의를 하고 있진 않은지? 늘 염두하고 체크하길 바란다. 본인의 강의를 모니터링하는 방법은 실전 강의를 촬영해보거나 전문가에게 컨설팅을 받아보는 것을 추천한다. 내가 생각하지 못했던 불필요한 언어 습관들이 나올 것이다. 반드시 기억하고 개선하려 노력해야 함을 명심하자.

> **TIP** 강의할 때 피해야 할 강사의 언어

- 강사 소개나 인사 없이 본론으로 들어가는 강의
- 강사 본인의 자랑만 하며 떠드는 강의
- 전체 교육생 앞에서 특정 교육생을 민망하게 하며 웃음을 유도하는 강의
- 질문에 틀린 답을 이야기한 교육생들을 민망하게 하는 강의
- 본인의 개인 감정만 털어놓는 강의
- 혼내는 느낌의 화난 목소리로 하는 강의
- 교육생에게 반말로 대하는 강의
- 심한 욕을 하는 강의
- 타인, 타 부서 회사를 비방하는 강의

5.1.2 메시지를 효과적으로 전달하는 말하기 방법

1. 강의는 첫 오프닝 멘트가 중요하다.

흔히 상대방의 첫 인상을 결정 짓는 데 불과 3초도 걸리지 않는다고 한다. 강의도 마찬가지로 첫 인상이 중요하다. 즉, 강사와 교육생의 첫 만남은 매우 중요한 순간이다. 오프닝에 어떤 멘트를 어떻게 하느냐에 따라 계속 듣고 싶은 강의가 될 수도 있고, 화면을 바로 끄고 싶은 강의가 될 수 있다. 그렇다면 강의 첫 시작을 어떻게 해야 할까? 우선, 교육생들과 친밀감과 공감대를 형성할 수 있는 간단한 멘트를 준비해보자. 상대방과 친밀감 또는 신뢰 관계를 형성하는 것을 심리학 용어로는 '라포(Rapport)'라고 한다. 특히 비대면으로 만나는 강의는 교육생과 강사의 친밀감 형성이 더욱 중요하다. 나의 경우, 교육생과의 라포 형성을 위해 많은 준비를 한다. 그 이유는, 강의 초반에 신뢰 관계를 잘 형성해야 그 이후에 이어지는 강의의 참여도를 높이고 쌍방향으로 소통하는 강의를 진행할 수 있기 때문이다. 몸과 마음이 열리지 않은 상태에서 강사가 뭘 자꾸 하라고 하면 귀찮은 강의가 될 수밖에 없다. 그러므로 교육생들과 만남에서 라포 형성을 할 수 있는 첫 멘트를 준비해 보자. 그리고 단순히 재밌고 공감 가는 대화에서 그치지 말고 교육생들이 이 강의

를 들으면 어떤 점이 좋은지, 왜 들어야 하는지에 대해 언급하는 것이 좋다. 그래야 교육생들이 흥미와 기대, 설렘을 안고 강의에 집중하게 될 것이다. 특히 오프닝부터 부정적인 멘트, 교육생을 혼내거나 꾸짖는 말, 비난하는 말은 절대 금물이다. 교육생들이 충분히 공감할 수 있는 이야기로 긍정적인 분위기를 유도해야 한다.

> **TIP** 성공적인 강의를 위한 오프닝 노하우
>
> - 교육생이 이번 강의를 통해 얻을 수 있는 이익, 효과, 혜택, 개선점이 무엇인지 알려주기
> - 첫 시작부터 강의 자료 화면을 보여주지 말고 교육생과 모니터로 눈 맞춤하며 소통하기(온라인 강의는 모니터를 바라보며 아이 컨택하기)
> - 긍정적인 이야기로 시작하기
> - 교육생이 공감할 수 있는 친숙한 이야기로 시작하기
> - 교육생 수준에 맞는 내용, 단어 사용하기
> - 교육생을 강의의 주인공으로 맞이하기: 강의 30분 전에 모든 준비를 마치고 교육생을 반갑게 맞이하기
> - 자신감 넘치고 위트 있는 오프닝 멘트로 시작하기
> - 정시에 시작하기(지각 금물): 최고의 강사는 시간을 잘 지키는 강사다

2. PREP 화법으로 메시지를 설득력 있게 전달하자

간혹 어떤 강의를 듣다 보면 강사님이 대체 무슨 얘기를 하고자 하는지 헷갈리는 강의가 있다. 전달하려는 핵심 메시지가 없기 때문이다. 이번 장에서는 강의 메시지를 효과적으로 전달하는 PREP 화법을 다뤄보겠다. PREP이란 Point, Reason, Example, Point의 앞자리를 줄여 말한 것이다. 당신강의도 마찬가지다. 첫 번째 P(Point)는 핵심 포인트를 먼저 말하는 것이다. 쉽게 상사에게 업무 보고를 하는 경우를 생각해보자. 상사는 과정보다 결론을 먼저 듣기를 원하기 때문에 요점을 먼저 얘기해야 한다. 강의도 이와 비슷하다. 만약 강사가 핵심 메시지를 얘기하지 않고 구구절절 장황한 설명을 먼저 늘어놓으면 교육생은 '그래서 강사가 하고자 하는 얘기가 뭐지?'라는 물음표가 생길 것이다. 따라서 첫 번째 P(Point)는 핵심

메시지를 먼저 전달하는 것이다. 저자의 경우, 강의를 시작하는 오프닝에 라포 형성을 하면서 교육생들이 이번 강의를 통해 배울 수 있는 점을 먼저 제시한다. 또한 아래와 같이 강의 자료를 준비해 함께 설명하기도 한다. 아래 예시 멘트를 참고해 보길 바란다.

'오늘의 강의 주제는 _____입니다.'
'오늘 강의 목표는 _____입니다.'
'여러분께서 오늘 강의를 들으시면 _____을 배우실 수 있습니다.'

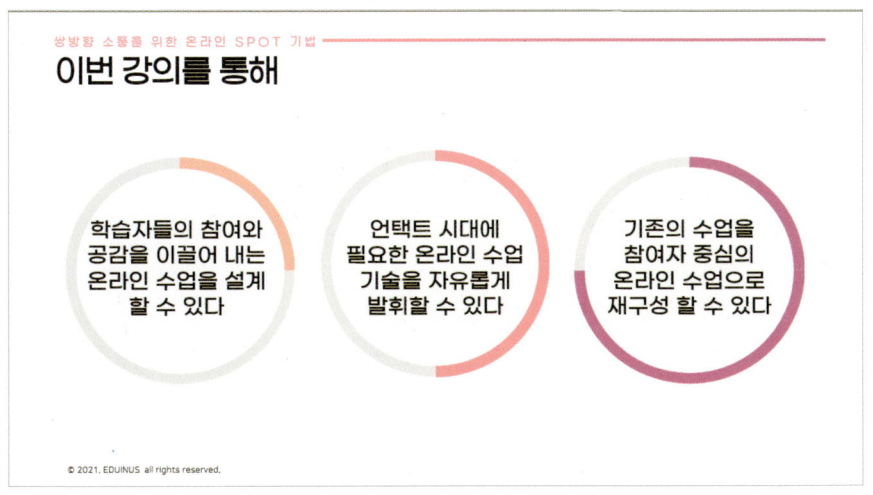

'오늘 강의를 통해 _____를 하실 수 있습니다.'
'이번 강의에서 말씀 드리고 싶은 것은 바로 _____입니다.'
'여기서 가장 중요한 것은 _____입니다.'

두 번째 R(Reason)은 바로 앞에서 말한 핵심 메시지를 뒷받침하는 근거를 이야기하는 것이다. 왜 이런 결론이나 핵심 메시지를 다루게 되었는지에 대한 논리적인 이유를 밝히는 단계다. 앞서 말한 Point 내용의 필요성을 느끼게 하는 명확한 근거 자료, 통계 자료, 모두가 인정할 만한 내용 등을 제시해 설득력을 높이는 것이 좋다. 아래 예시를 참고하길 바란다.

'이번 강의 주제를 다루게 된 이유는 ~'
'왜냐하면 ~이기 때문입니다.'
'이러한 통계 결과에 따르면~'
'어제 올라온 신문 기사(뉴스)를 보니 ~라는 기사가 있더라고요. 요즘 많은 사람들이 가장 관심있는 것이 이것은 아닐까 생각합니다. 그래서 오늘 강의로 준비했습니다'

이처럼 근거를 뒷받침하는 R(Reason)을 언급함으로써 강의 주제나 내용에 대한 필요성과 집중력을 높일 수 있다. 또한 명확한 근거 자료는 강의의 신뢰감 및 전문성을 높인다.

세 번째 E(Example)는 요점과 근거에 대한 충분한 사례를 제공하는 것이다. 상대방을 설득하려면 상대가 공감을 해야 한다. 핵심 메시지와 그에 대한 근거를 제시한 후 교육생이 공감할 수 있는 사례를 잘 인용하는 것이다. 이렇게 해야 교육생들은 '맞아 나한테 필요한 강의야!', '아 나도 저런 생각했었는데…', '맞아, 나도 저런 고충을 겪고 있었어'라며 충분한 공감을 할 수 있다. E(Example)는 강의 메시지가 필요한 교육생들의 실제 사례, 이번 강의를 통해 얻는 이점에 대한 사례, 성공적인 교육생의 사례, 이번 강의를 듣지 못했을 때 발생되는 상황이나 사례 등을 구체적이고 실감 나게 다루는 것이 효과적이다. 다음 예시와 같이 말해보자.

'저도 여러분과 같습니다. 저도 이럴 때 정말 어렵더라고요'
'여러분, 혹시 이런 생각 해보신 적 있지 않나요?'
'○○업무를 하고 계시는 다른 분들의 이야기를 들어보면~'
'다른 교육생들의 사례를 보면~'
'구체적으로 말씀 드리자면~'
'~의 경우를 보면~'
'만약 ~~을 모르고 ○○을 하면 어떻게 될까요?'

마지막 P(Point)는 결론(Point), 이유(Reason), 사례(Example)를 거쳐 마지막으로 결론(Point)의 방점을 찍는 단계다. 강의에서 가장 중요하게 해야 할 말, 즉 처음과 끝에 공통 맥락이 있는 요점을 이야기하며 강의를 마무리하는 것이다. 이렇게 하면 강의 내용이 교육생의 기억에 오래 남고, 핵심 내용을 다시 한번 짚을 수 있기 때문에 강의 메시지를 효과적으로 전달할 수 있다. 교육생들에게 이렇게 말해보자.

'오늘 강의 내용을 다시 한번 정리해보면~'
'마지막으로 강조하고 싶은 것은~'
'여러분께서는 앞으로 ~~을 통해 ~~을 하실 수 있을 것입니다.'
'여러분, 이번 강의의 핵심이 무엇이라고 했죠? 정리해볼까요? 바로 ~~입니다.'
'강의를 마무리하면서 결론을 다시 한번 말씀 드리면~'

3. 교육생이 스스로 생각할 수 있는 질문을 활용하자

세 번째 방법은 질문이다. 강사가 질문 하나만 잘해도 교육생들의 참여도가 달라진다. 교육생 스스로 생각해보는 기회를 주는 질문이 가장 좋다. 강의 주제에서 벗어나지 않는 범위에서 미리 질문을 준비해보자. 예를 들면, 부모를 위한 자녀교육 강의라면 '여러분의 부모님은 자녀를 양육할 때 무엇을 가장 중요하게 생각했나요?'라는 질문을 할 수 있다. 《제로창업》(요시에 마사루, 기타노 데쓰마사, 이노다임북스, 2015)이라는 책에 이런 구절이 있다. "뇌 과학적으로 5세에서 15세 정도까지의 아직 세상에 대한 면역이 적은 순수한 어린 시절의 추억 이야기를 공유하게 되면 상대방은 당신을 마치 오래전부터 알고 지내던 친구 사이로 느끼는 착각을 불러일으킨다." 교육생들의 어린 시절을 언급하며 공감대 형성을 하는 질문도 좋다. 또한 간단한 생각을 하거나 질문도 좋고, 생각을 깊이 있는 게 해야 하는 심오한 질문도 좋다. 이 질문을 강의의 메시지와 연결할 수 있어야 한다. 강의를 듣는 교육생에게 이렇게 질문을 시작해보자.

'무엇을 기대하고 이 강의를 신청하셨나요?'
'이번 강의를 통해 이루고 싶은 것은 무엇인가요?'
'오늘 강의에서 꼭 배우고 싶은 것이 있다면 무엇인가요?'

위 질문은 저자가 강의를 시작할 때 매번 활용하는 질문들이다. 이러한 질문은 교육생들의 현 수준과 문제점을 스스로 인식하게끔 하는 효과가 있다. 또한 아래 사진처럼 강의 자료를 미리 만들어 주석 기능으로 교육생의 생각을 재미있는 투표형식으로 정해보는 방법도 추천한다.

이번 시간에 가장 궁금한 것은 무엇인가요? (주석 기능 > 스티커를 붙여주세요)		
바로 강의에 써먹는 Zoom 기능	온라인강의 스팟 기법	쌍방향 소통할 수 있는 수업 도구
온라인 강의 진행 노하우	어색하지 않은 온라인 강의 스킬	온라인 강의용 PPT만들기

© 2021. EDUINUS all rights reserved.

그리고 강사가 직접 짚어주는 대신 질문을 활용하는 것도 좋다. 예를 들어, 30~40대 직장인을 위한 자기계발 강의를 한다면 '당신의 연봉이 3년째 동결된 상황이라면 기분이 어떨까요?'라고 묻는 것이다. 가만히 듣고만 있는 교육생도 있겠지만, 이 질문에 대해 본인의 답을 적어 내려가거나 생각을 해보는 경우가 대부분이다. 비만인들을 위한 다이어트 강의라면 '현재 몸무게로 평생을 살아야 한다면 어떨 것 같나요?'라는 필요성을 느끼게 하는 질문, 교육생들의 속마음을 이끌어내는 질문을 하고 자신만의 생각을 해볼 것이다. 이 질문들에 정답은 없다. 교육생 스스로 대답하고 스스로 생각하게 하는 것, 이것이 바로 강사의 역할인 것이다. 문제 인식을 통해 스스로 해결 방법을 모색할 수 있도록 돕는 것이 바로 질문인 것이다. 여기서 주의해야 할 점이 있다. 교육생들이 '네, 아니오'로 대답할 수밖에 없는 폐쇄형 질문을 최대한 피하고, 자유롭게 답변을 할 수 있는 오픈형 질문을 활용하는 것을 추천한다.

좋은 강의란?
(채팅창에 의견을 써주세요)

또한 가능하면 좋았던 기억, 긍정적인 면을 떠올릴 수 있는 질문을 하자. 예를 들어, '오늘 강의에 아쉬운 점(또는 불편한 점)이 있었나요?'라는 질문을 받은 교육생은 아쉬운 점이 무엇이었는지부터 떠올려볼 것이다. 반면에 '오늘 강의에서 가장 좋았던 점은 무엇인가요?'라고 물으면 강의의 좋은 점부터 떠올리게 된다. 아래 리스트는 강의 때 활용하기 좋은 질문 리스트이다. 참고해보자.

> **TIP** 강의할 때 강사들이 바로 활용하기 좋은 질문
>
> - 강의 내용 중 어떤 게 가장 기억에 남나요?
> - 강의의 어떤 부분이 현업에 도움이 되실까요?
> - 그렇게 생각하는 이유가 무엇인가요?
> - 오늘 배운 것 중에서 가장 기억에 남은 내용은 무엇입니까?
> - 오늘 배운 것에서 중 바로 실천해보고 싶은 것 한 가지를 얘기해볼까요?
> - 오늘 함께한 교육생들에게 칭찬의 말 한 마디를 해주신다면?

> **TIP** 강의할 때 기억해야 할 질문 스킬

- 교육생의 약점을 들추는 질문은 피하자.
- 교육생 수준에 맞는 질문의 난이도를 점검하자. 처음부터 어려운 질문을 받게 되면 그다음 질문에 대한 답변을 피하게 된다. 따라서 강의 초반에는 쉬운 질문으로 시작해 점점 난이도가 있는 질문을 하는 것이 좋다.
- 방향성 없는 막연한 질문이나 한번에 여러 가지 질문을 하는 것을 피하자.
- 질문의 대상을 정하고 질문하자. 특히 처음부터 특정 개인을 지목해 질문하면 부담스러워하기 때문에 전체 교육생을 대상으로 포괄적인 질문을 하다가, 팀, 개인을 대상으로 하는 질문을 하자.

아래 〈그림 5-4〉는 온라인 강의 중에 팀별 질문에 대한 생각을 정리하는 장표이다. 표에 팀원들의 이름을 기입하고 본인이 해당하는 칸에 '주석 텍스트' 기능으로 주제에 맞는 의견을 작성하는 팀 활동으로 제한된 시간 동안 더 많은 내용을 채우는 팀에게 보상을 주는 것도 좋다.

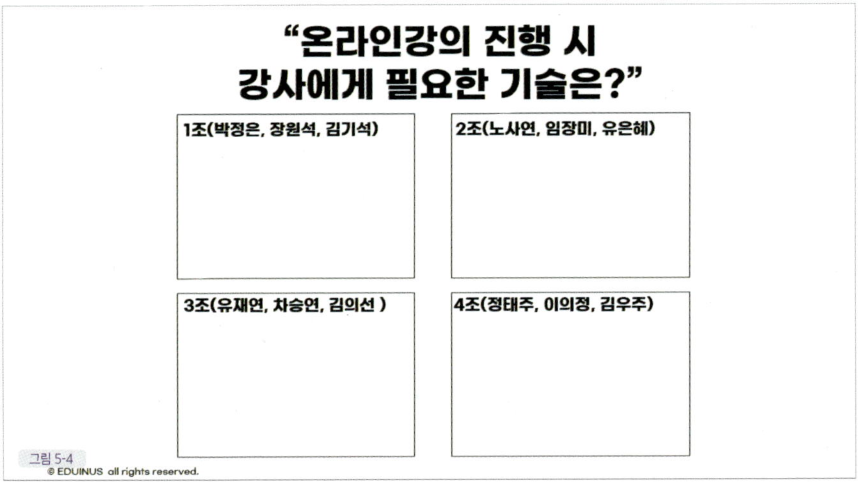

"온라인강의 진행 시 강사에게 필요한 기술은?"

1조 (박정은, 장원석, 김기석)	2조 (노사연, 임장미, 유은혜)
3조 (유재연, 차승연, 김의선)	4조 (정태주, 이의정, 김우주)

그림 5-4
© EDUINUS all rights reserved.

〈그림 5-5〉교육생들의 다양한 생각을 들어볼 수 있는 하나의 주제를 제시하고, 그에 따른 어려운 점, 좋은 점 등을 자유롭게 '주석 텍스트' 기능으로 작성해보는 개인 활동이다.

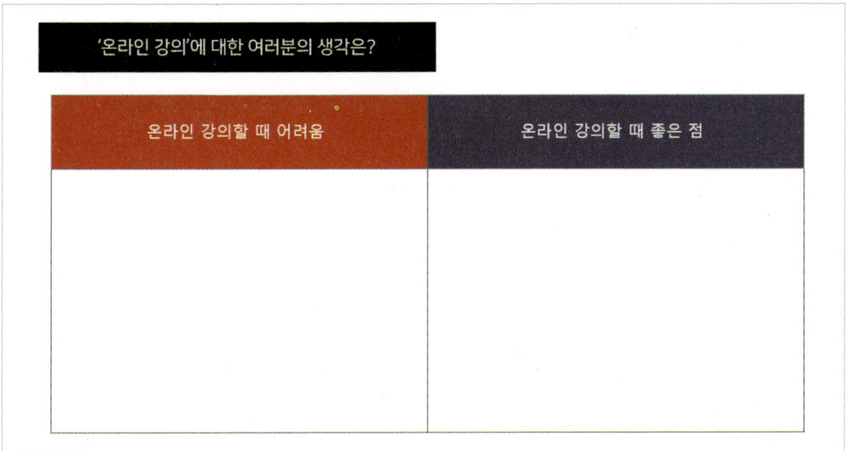

'온라인 강의'에 대한 여러분의 생각은?

온라인 강의할 때 어려움	온라인 강의할 때 좋은 점

그림 5-5

〈그림 5-6〉'주석 스티커 기능'을 활용해 설문조사를 해보는 것이다. 교육생이 다 같이 보는 화면 공유를 통해 단시간에 교육생들의 생각이나 수준 등을 파악할 수 있다.

OOO 주제에 대해 얼마나 알고 있나요?

매우 잘 알고있다	
알고만 있다	
전혀 모른다	

그림 5-6

4) 교육생에게 선택지를 제공하자

앞에서 질문을 통해 교육생이 스스로 문제를 인식하고 생각하게 했듯이, 강의 핵심 메시지를 강사가 알려주는 것이 아닌 교육생이 직접 알아가게 한다면 훨씬 기억에 남는 강의가 될 수 있다. 예를 들면, '오늘 강의의 핵심은 ○○○입니다'라고 직접적으로 말해주는 것보다 '자, 오늘 강의의 핵심은 바로 이것입니다. 빈칸에 들어갈 말은 무엇일까요?'라고 묻는 것이다. 그러면 교육생은 빈칸에 들어갈 키워드를 생각하며 강의에 흥미를 느낄 것이다.

〈그림 5-7〉 빈칸 퀴즈를 내고 채팅창에 다양한 정답 의견을 들어보는 활동을 할 수 있다.

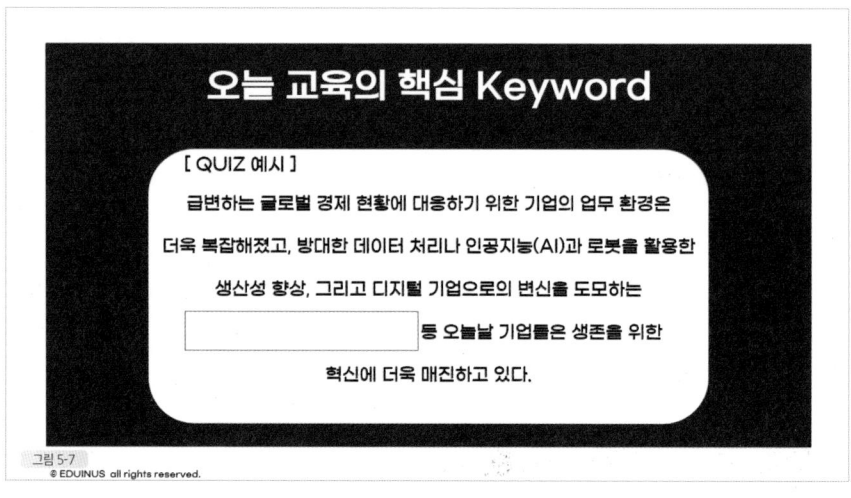

5. 강의 마무리 단계에서 Revisit 기법을 사용하자

'Revisit'은 '다시 방문하다' 또는 '(어떤 아이디어나 주제를) 다시 논의하다'라는 뜻이다. 쉽게 말해, 강의 시간에 배운 내용을 강의 마무리 단계에서 한 번 더 정리할 때 사용하는 기법이다. Revisit 기법은 다양한 방법으로 활용할 수 있다.

첫 번째, 강사가 직접 교육생들에게 질문해보는 것이다. '오늘은 우리 고객들을 응대하는 방법 3가지를 배웠는데요, 한번 정리해볼까요. 첫 번째는 무엇이었죠? (교육생들이 직접 얘기하길 기다리기), 두 번째는 무슨 응대법이었죠? (교육생들이 직접 얘기하길 기다리기) 맞습니다! 마지막 세 번째는요?'라고 질문하면 교육생들이 스스로 말을 하면서 정리하는 동시에 머릿속으로 강의 내용을 되새길 수 있다.

두 번째, 교육생들에게 '오늘 배운 강의 내용을 다 같이 적어봅시다' 또는 '오늘 강의 내용 중 가장 기억에 남는 것을 한 가지씩 적어봅시다'라고 한 후에 포스트잇이나 인쇄물을 활용해 적어보게끔 하는 것이다. 이것 또한 강의 내용을 다시 불러일으키는 Revisit 활동이 된다.

세 번째, 교육생을 2명씩 (또는 세네 명씩) 팀을 이뤄 서로 강의 내용을 점검하는 문제를 출제하고 직접 채점하게 하는 것이다. 예를 들면, '여러분에게 나눠 드린 인쇄물에 오늘 배운 내용의 핵심 키워드에 대한 문제를 직접 출제 해보기 바랍니다. 그리고 종이에 출제자의 성함을 써주세요'라고 한 뒤, 출제된 시험지를 모두 걷어 랜덤으로 교육생들과 1장씩 나눠 갖는다. 그리고 시험지에 답을 써서 제출하라고 한다. 정답 체크는 출제자에게 직접 해달라고 한다. 각자 낸 문제를 다른 교육생들이 직접 풀고 출제자가 답변하도록 하면 문제를 내면서도 강의 내용을 정리할 수 있고, 채점을 하면서도 Revisit을 할 수 있다. 단, 본인이 낸 시험지가 본인에게 돌아온 경우는 시험지를 임의로 바꿔준다.

6. 클로징 멘트는 최신 효과를 기억하자

최신 효과란, 가장 나중에 제시된 정보를 더 잘 기억하는 것을 말한다(출처: 네이버 지식백과). 교육생들은 강의에서 가장 나중에 전달한 메시지를 더 잘 기억한다. 이러한 최신 효과를 강의에 적용한다면 어떨까? 예를 들면, 강의를 마무리할 때 교육생의 뇌리에 꽂히는 클로징 멘트를 준비하는 것이다. 또는 전체 강의 내용을 정리하는 한 문장이나 키워드, 시 한 구절 등 긍정적인 잔상이 남을 수 있는 마무리를 하는 것이 좋다. 최근에 저자가 박물관 도슨트를 위한 고객 응대 기법에 대한 강의를 한 적이 있다. 4시간 동안 박물관에 방문하는 고객들을 위한 인사, 전화 응대, 커뮤니케이션 방법 등을 다루는 강의였다. 저자는 모든 강의를 마친 뒤, 마무리에 시 한 구절을 인용하며 이렇게 클로징 멘트를 했다.

"여러분, 오늘은 우리를 만나는 방문객들을 응대하는 방법을 배웠습니다. 이곳에 오는 방문객 한 분 한 분은 소중한 고객입니다. 그런 의미에서 이번 강의를 정리하면서 정현종 시인의 〈방문객〉이라는 시를 나누고 싶습니다. 함께 읽어볼까요?

"사람이 온다는 건 실은 어마어마한 일이다. 그는 그의 과거와 현재와 그리고 미래와 함께 오기 때문이다. 한 사람의 일생이 오기 때문이다. 부서지기 쉬운 그래서 부서지기도 했을 마음이 오는 것이다. 그 갈피를 아마 바람은 더듬어 볼 수 있을 마음, 내 마음이 그런 바람을 흉내 낸다면 필경 환대가 될 것이다."

어떠신가요? 이 시의 방문객처럼, 여러분을 찾아 오는 방문객은 곧 그 사람의 일생이 오는 것과 같습니다. 얼마 전 이곳을 찾은 방문객이 남긴 후기가 인상 깊었습니다. '제가 다녀본 전 세계 박물관 중 이곳이 가장 좋았습니다. 도슨트 분의 눈높이에 맞는 설명 하나하나가 진심이 담겨 있어서 너무 좋았습니다. 저희 아이에게 잊지 못할 시간을 선물해주셔서 감사합니다'라고요. 진심을 다해 방문객을 환대하는 여러분은 정말 멋지고 대단하십니다. 그리고 그 환대는 방문객이 평생 잊지 못할 값진 순간일 것입니다. 제 소중한 방문객인 여러분과 함께해서 저도 너무 행복했습니다. 감사합니다."

어떠한가? 강의 마지막에 하는 인상 깊은 클로징 멘트는 교육생의 머릿속에 그 어떤 강의 내용보다 오래 남기 때문에 중요하다. 당신도 지금 바로 클로징 멘트를 작성해볼 수 있다. 아래 표에 작성해보길 바란다. 작성이 어렵다면, 인상 깊었던 TV 프로그램, 강연 등의 클로징 멘트를 작성해도 좋다.

[나만의 강의 클로징 멘트 작성하기]

5.2 강의의 퀄리티를 좌우하는 한 끗 차이

5.2.1 무대를 망치는 강사의 행동

지금까지 강사의 언어적 행동에 대해 자세히 다뤘다. 이번에는 강사의 비언어적 행동에 대해 이야기할 것이다.

강사들이 가장 많이 놓치는 비언어적 행동은 '흐트러진 자세'로 강의를 하는 것이다. 특히 온라인 강의는 컴퓨터나 모바일 화면이 교육장이다. 그리고 모니터에는 강사의 모습이 그대로 노출된다. 따라서 앉아 있는 상체 자세에 신경 써야 한다. 모니터에 나오는 강사가 삐딱하게 앉아 있다면 어떨까? 팔짱을 끼거나 손으로 턱을 괴면서 강의를 한다면 교육생들은 어떻게 강사를 바라볼까? 강의를 장시간 하다 보면 강사 본인도 모르게 편안한 자세나 행동이 나오기 마련이다. 이처럼 강사의 바른 자세는 매우 중요하지만 의외로 놓치는 강사들이 많다.

> **TIP** 강의를 할 때 피해야 할 강사의 행동
>
> - 모니터의 어느 한쪽으로 기울어진 모습으로 강의하기
> - 모니터 화면에 얼굴을 가득 채워 강의하기
> - 손으로 턱을 괸 채로 강의하기
> - 본인의 모습을 과하게 포토샵 처리하거나 눈이 부실 정도로 비치는 과한 조명 사용하기
> - 팔짱 끼고 강의하기
> - 강의 내내 화난 표정이나 무표정으로 강의하기
> - 자신감 없어 보이는 자세로 강의하기
> - 화면으로 손가락질하면서 강의하기
> - 화면의 교육생과 눈 맞추지 않고 강의 자료만 보면서 강의하기(소통 단절)
> - 화장기가 전혀 없는 얼굴로 강의(특히 여성 강사인 경우)
> - 과한 화장을 하고 나오는 강의(특히 여성 강사인 경우)

- 턱을 들어 거만해 보이는 모습으로 강의하기
- 너무 편한 복장이나 과한 노출이 있는 복장으로 하는 강의

5.2.2 초보 강사가 실수를 피하는 가장 쉬운 방법

초보 강사들은 보통 강의를 통째로 외워서 하려고 한다. 그러나 외워서 하는 강의는 한계가 있다. 어떻게 모든 내용을 토씨 하나 틀리지 않고 외울 수 있겠는가? 만약 가능하다고 해도 언제까지 매번 강의를 외워서 할 수 있을 것인가? 특히 강의 중 예상치 못한 상황이 발생하면 외운 것은커녕 머릿속이 새하얘지는 경험을 하게 될 수도 있다. 실제로 저자가 강의하면서 발생했던 예기치 못한 상황들 중 대부분은 기기나 장비의 문제였다. 몇 주 동안 밤새서 만든 강의 자료가 열리지 않는다거나, 준비한 강의 자료가 컴퓨터 바이러스로 인해 먹통이 되거나, 가져간 노트북에 앰프를 꽂았더니 컴퓨터 액정이 나가버리는 등 다양한 문제 상황이 발생했다. 이런 상황이 닥치면 말 그대로 머릿속이 하얘지고 온몸에 땀기 나기 시작한다. 결국 이번 장에서 말하고자 하는 핵심은 외워서 하는 강의는 한계가 있다는 것이다. 강의는 외워서 하는 것이 아니다. 머릿속에서 흐름을 그릴 수 있을 정도로 연습을 반복해야 하는 것이다.

그리고 말실수를 피하는 또 다른 팁은, 나만의 강의 매뉴얼을 만드는 것이다. 저자 또한 11년 가까이 수만 명에게, 수천 번을 강의했는데도 강의 첫 시간이 되면 늘 긴장되고 떨린다. 그래서 버튼을 누르면 튀어나올 정도로 연습해둔 나만의 강의 시작 멘트로 시작한다. 그리고 멘트와 함께 제스처, 눈 맞춤 등 비언어적 행동까지 절묘하게 맞춘 나만의 강의 매뉴얼대로 수도 없이 연습하는 것이다. 특히, 앞서 말했던 교육생과의 라포 형성도 중요하지만, 무엇보다 강사 본인이 강의 무대와 친해져야 한다. 따라서 강의 첫 시간에 가장 익숙하고 자신 있는 나만의 매뉴얼로 시작을 하면 긴장도 줄고 강의 분위기를 좋게 이어갈 수 있다. 예를 들면, 분위기를 편안하게 유도하고 웃음을 자아낼 수 있는 질문이나 간단한 아이스 브레이킹을 준비하면 좋다. 또한 이제 막 강의를 시작하는 초보 강사라면, 먼저 대사(스크립트)를 적어보자. 그리고 대사를 무작정 외우지 말고 키워드와 흐름을 기억하면서

자연스러워질 때까지 강의 연습을 해보는 것이다. 특히 혼자 말하는 것보다는 실제로 강의하듯이 가족이나 친구 앞에서 연습해보는 것이 효과적이다. 누군가에게 강의 연습을 하는 게 여의치 않다면 강의하는 모습을 직접 촬영해서 셀프 모니터링을 해보자. 연습을 반복하다 보면 대본에 의지하는 순간이 점점 줄어들 것이다. 점차 대본의 양을 줄이들 것이고, 대본을 줄이다 보면 결국 대본 없이도 강의를 할 수 있는 수준에 오를 것이다.

5.2.3 강사의 첫 인상은 자신감에서 나온다

사람의 첫인상은 3초 안에 결정된다는 말도 있듯이, 상대의 첫 인상을 판단하는 데 그리 오랜 시간이 걸리지 않는다. 강의도 마찬가지다. 교육생이 오늘 처음 만나는 강사와 강의의 퀄리티를 판단하는 데는 첫 인상이 중요한 역할을 한다. 강사의 첫인상은 강의를 시작할 때 판가름된다. 여기서 말하는 강사의 첫인상은 강사의 외모만을 의미하는 것이 아니다. 교육생들을 진심으로 환영하는 강사의 모습, 진정성이 느껴지는 말이나 태도, 신뢰감과 전문성이 느껴지는 말과 태도, 이미지나 모습 등을 말한다. 태도가 실력이라는 말도 있듯이, 강사의 태도에 따라 화면을 꺼버릴 수도, 교육장을 박차고 나가고 싶을 수도 있고, 또는 호기심 가득한 자세로 강의를 들을 수도 있다.

무엇보다 교육생들에게 강사로서 좋은 첫인상을 심어주는 것은 자신감이다. 그리고 그것을 교육생이 느끼게 해야 한다. 실제로 강사는 자신감이 있어야 한다. 자만심이 아닌 자신감이다. 본인의 강의 콘텐츠에 대한 자신감, 강사로서의 자신감, 오늘 강의에 대한 자신감을 말한다. 이런 자신감은 굳이 강사 본인 입으로 말하지 않아도 교육생들이 단번에 알아차릴 수 있다. 강사의 표정, 행동, 말투, 목소리에서 느껴지기 때문이다. 처음부터 자신감을 갖기가 어려운가? 자신감은 연습을 통해 얻을 수 있다. 저자가 강의를 막 시작했던 1년차에는 자신감이 어찌나 부족했는지 강의 무대에만 서면 긴장이 돼서 표정이 굳고 목소리가 떨리기 일쑤였다. 그도 당연한 것이 강의 경험이 거의 없는 20대 사회초년생이 본인보다 연차와 연배가 훨씬 높은 대리, 과장, 차장, 사장님 앞에서 사내 강의를 해야 했기 때문이다. 그때만 생각하면 아직도 아찔하다. 그러나 지금은 다르다. 1년에 200번 넘게 강의를 반복하면서 수만 명을 만나다 보면 어느 새 강의장이 친근하고 편안해진다. 그만큼 실전에서 경험하는 연습이 필요하다. 자신감은 타고나는 것이 아니다. 자신감 넘치는 본인의 모습은 이미지 트레이닝과 함께 연습하면서 늘려갈 수 있다.

CHAPTER 06

강사로 월급쟁이 탈출하기

6.1 강사의 몸값을 결정하는 세 가지
6.2 잘 나가는 강사들의 공통점
6.3 돈이 되는 강의 영업 방법
6.4 매일 강의하지 않아도 강의로 돈 버는 법

6.1 강사의 몸값을 결정하는 세 가지

강사에게 강의료는 가장 현실적인 지표를 나타내는 것 중 하나가 아닐까? 저자가 운영하는 성장하는 강사들의 커뮤니티 '에듀이너스쿨'에서 매월 다양한 강사들의 클래스를 기획하고 홍보하면서 알게 된 사실이 있다. 바로 강의료는 강의 콘텐츠 60%, 콘텐츠 홍보력 30%, 나머지 10%가 강의력이라는 것이다. 결론적으로 강의 콘텐츠가 탄탄해야 한다. 그리고 고객들이 듣고 싶고 구매하고 싶은 강의 콘텐츠여야 한다는 것이다. 그다음 그것을 세상에 알려야 한다. 강의를 잘하고는 그다음의 문제다. 아무리 강의를 잘하는 강사여도 콘텐츠가 매력적이지 않으면 소용없다. 아무리 오랜 강의 경험이 있어도 홍보를 제대로 하지 않으면 소용없다. 결국 강의는 콘텐츠와 홍보의 싸움이다.

그렇기 때문에 이제 막 강의를 시작하는 강사들에게 현실적이지 않은 목표를 세워 당장 강의를 시작할 수 있다고 말하지 않겠다. 이 장에서는 현실적으로 나의 콘텐츠로 강의를 하고 돈을 벌 수 있는 방법과 그 과정을 통해 강사의 몸값을 꾸준히 높이는 방법을 얘기해보고자 한다.

6.1.1 강사의 몸값을 높이는 세 가지 방법

첫째, 나만의 주력 강의 콘텐츠를 정하자. 쉽게 비유해보겠다. 오늘 돈까스가 엄청 당기는 날이다. 그때, 당신은 김밥천국 돈까스와 돈까스 전문식당 중 어디를 가겠는가? 대부분은 후자인 '돈까스 전문 식당'에서 돈까스를 먹고 싶을 것이다. 수십 가지의 메뉴를 판매하는 식당이 나쁘다는 것이 아니다. 그러나 특정 메뉴의 전문 맛집이라고 떠올리기는 어렵다. 강의도 마찬가지다. 당신은 강의를 판매하는 가게가 되는 것이다. 당신의 강의 콘텐츠 메뉴가 전혀 연관성이 없는 '수십 가지 다양한 분야의 강의를 파는 김밥 천국'이 되어서는 안 된다. 당신의 강의 분야에서 맛집이 되어야 한다. 온라인 녹화강의로 비유하면, 클래스101 플랫폼에서 '정리정돈' 클래스를 열고 나서 다른 플랫폼인 '클래스유'에서 또 다른 클래스를 열고 싶다면 '정리정돈과 관련된 다른 강의 콘텐츠'가 되어야 한다는 것이다. 그래야 '정리정돈' 분야의 전문 강사가 되는 것이다. 다시 말해, '정리정돈' 강의를 하다가 다른 데서는 '요리' 강의를 하는 것을 피해야 한다. 이럴 땐 '요리할 때 정리정돈 잘하는 방법, 요리 칼 정리하는 법, 부엌 선반 정리하는 법' 등에 대한 강의를 해야 한다는 것이다. 당신의 주력 강의 콘텐츠는 무엇인가? 저자는 이것을 '코어(Core) 콘텐츠'라고 얘기한다. 코어 콘텐츠가 있어야 그 분야에서 강사로서 브랜딩이 성공적으로 된다. 저자는 매월 10명 정도의 강사들을 만나 무료로 강사 진로 상담을 하고 있다. 이 강사들의 가장 큰 고민이 바로 이것이다. "저는 다양한 강의 경험도 있고, 할 수 있는 강의도 많아요. 그런데 제 주력 강의가 없어요." 적게는 3년, 많게는 15년 이상 강의를 해왔음에도 자신의 주력 강의 분야를 아직 못 찾은 강사들이 꽤나 많다. 이유가 뭘까? 저자는 그 이유를 너무나도 잘 안다. 왜냐하면 저자 또한 주력 강의를 정하는 데 거의 8년이란 시간이 걸렸기 때문이다. A 분야의 강의로 처음 시작했지만, 어떤 때는 완전히 다른 B 강의가 요즘 관심이 많은 강의 분야인 것 같으면 B 강의를 더 공부해서 강의를 조금씩 하기 시작했다. 그러다가 또 C 강의가 필요하다고 생각하면, C 강의를 공부해서 하게 된다. 이렇게 하다 보니 A, B, C 분야의 강의를 모두 할 줄은 아는데 깊이는 없고 강의 경력은 쌓이는데 주력 강의가 없었다. 흔히 말해, 넓고 얕은 수준의 강의만 하게 되는 것이다. 물론, 처음부터 내 주력 분야를 정해 강의를 하는 것은 쉽지 않다. 그래서 처음 3~4년 간은 나에게 맞는 강의 분야가 무엇인지 알아보는 시기가 반드시 필요하다. 직접 부딪혀보고 나서 나만의 노선을 정해야 하는 것이다. 그러나 5년~10년 사이에는 반드시 주력 콘텐츠를 하나 정하고 그와 관련된 강의 콘텐츠를 가지고 있어야 한다.

그렇다면 왜 강사에게 주력 콘텐츠가 필요할까? 왜냐하면 시간과 에너지는 늘 한계가 있기 때문이다. A 분야를 깊이 있게 공부할 시간과 에너지도 부족한데 또 다른 분야를 배우고 익혀서 강의를 한다는 것은 사실상 어렵다. 하더라도 장기적으로 지속하기가 어렵다. 그렇기 때문에 결국은 당신이 정한 그 분야의 전문 맛집이 되어야 한다. 그리고 깊게 파야 한다. 어떤 강의를 떠올렸을 때 머릿속에 바로 생각나는 강사가 되어야 하는 것이다. 이것이 바로 강사가 주력 콘텐츠가 필요한 두 번째 이유다. 이것이 바로 강사 브랜딩이기도 하다. 브랜딩이 되면 많은 경쟁자들과 치열한 경쟁을 하지 않아도 된다. 시장에서 살아남을 힘이 계속해서 생긴다. 사람들이 A 분야 강의가 필요하면 당신을 가장 먼저 찾을 것이다. 결국 전문 강의 분야를 정해야 그 분야의 영향력 있는 사람이 된다. 결국 강사 몸값 또한 꾸준히 올라가게 할 것이다.

그러니 당신의 주력 강의 콘텐츠를 반드시 정하길 바란다.

강사의 몸값을 높이는 두 번째 방법은 시장조사를 하는 것이다. 하나의 예를 들어 보겠다. 만약 당신이 노인 인구가 높은 동네에서 세련된 분위기의 고급 레스토랑을 오픈한다면 어떨까? 장사가 잘 되지 않을 가능성이 크다. 초반에야 호기심으로 고객들이 찾겠지만, 포크와 나이프로 고기를 썰고 질긴 고기를 씹어야 하는 불편함, 어두컴컴한 분위기의 인테리어 등은 노인들이 선호하는 것과 거리가 있기 때문이다. 반면 20~30대 데이트 성지로 불리는 동네에서 레스토랑을 연다면 어떨까? 노인 인구가 많은 동네보다 확실히 장사가 잘 될 것이다.

조금 극단적인 예를 들긴 했지만, 강의라는 상품을 판매하는 것도 음식점을 차리는 것과 비슷하다. 당신의 강의를 어디서, 누구에게, 어떻게 판매할 것인지 시장조사를 반드시 해야 한다. 그렇다면 시장조사는 어떻게 해야 할까? 우리는 일단 강사가 되는 것이 목표이기 때문에, 수많은 강의가 몰려 있는 시장을 눈여겨봐야 한다. 예를 들면, 클래스101, 클래스유 등과 같은 온라인 강의 플랫폼이다. 이곳에서 어떤 강의가 잘 팔리는지, 잘 팔리는 강의의 상세페이지, 커리큘럼, 가격은 어떻게 되는지, 고객들은 어떤 것에 만족하고 또 불만족 하는지 리뷰를 샅샅이 조사해야 한다. 그리고 내 강의를 어떤 콘텐츠로 구성해서 어느 시장에 판매할 것인지, 이미 판매되고 있는 상품과 어떤 차별점을 어필할 것인지 고민해야 한다.

마지막은, 꾸준히 콘텐츠를 업그레이드해야 한다. 저자의 강의력 스킬 향상 과정 수업을 들으러 오는 현직 강사들 중에는 오프라인 강의는 익숙한데 온라인 강의는 두렵고 낯설어서 코로나19가 터지고 나서도 3년째 오프라인 강의만 해온 강사가 있었다. 결국 그 강사는 온라인 강의법을 배우려고 저자를 찾아왔다. 그 강사가 '결국은 온라인 강의를 해야만 하나 봐요', '저는 기계치라서 온라인 강의는 피하고 싶었는데, 이젠 온라인 강의를 할 줄 모르면 정말 도태되는 것 같아요'라고 한다. 이 말이 딱 맞다. 강사는 꾸준히 콘텐츠와 방식을 업데이트하지 않으면 결국 시장에서 도태된다. 반대로 꾸준히 업데이트를 한다면? 시장의 물결을 타서 훨씬 더 몸값이 뛰어 오를 것이다. 그러니 최저임금이 오르듯 가만히 있어도 강사 몸값이 매년 오를 것이라는 착각은 버리자. 시대에 맞게, 트렌드에 맞게 강의 주제나 내용, 방식을 꾸준히 업데이트하는 것이 강사의 몸값을 올리는 방법이다.

양질의 콘텐츠, 고객 만족도, 홍보와 노력으로 본인 몸값의 이상을 증명해야만 그 가치를 인정받을 수 있다. 강사는 강의라는 상품을 판매하는 사람이다. 그리고 좋은 상품을 만드는 것만큼이나 중요한 것은 많이 알리고 홍보하는 것이다. 그래서 강사에게도 영업이 필요하다. 결국 아무리 유익한 콘텐츠나 뛰어난 강의 실력을 갖고 있더라도 아무도 모르면 누구도 사지 않는다. 다음 장에서는 강사들이 가장 어려워 하는 것, '그래서 제 강의를 어떻게 판매하나요?'라는 물음에 답이 될 세 가지 방법을 소개하겠다. 이 방법들은 실제 내가 직접 경험해보고 효과가 있었던 방법들이니 참고 바란다.

6.2 잘 나가는 강사들의 공통점

잘 나가는 강사들의 공통점은 꾸준히 고객이 늘어난다는 것이다. 그렇다면 강의 고객을 꾸준히 늘려가는 방법이 무엇이 있을까? 바로 SNS다.

하나의 예시를 들어보겠다. 당신이 마트에 장을 보러 간 고객이라고 가정하자. 이때, 눈 앞에 바로 보이는 상품과 선반 맨 꼭대기에 올려져 있어 잘 보이지 않는 상품 중 어떤 것을 집을 확률이 높을까? 당연히 눈 앞 진열대 상품에 더 많은 시선이 갈 것이다. 그리고 눈에 잘 띄는 것이 구매로도 이어질 확률이 높다. 이것을 '상품 노출'이라고 한다. 결국 고객의 눈에 잘 띄는 상품일수록, 상품 노출이 잘 된 상품일수록 더 잘 팔릴 수밖에 없다.

그리고 마트를 운영하는 사장이라면 고객들이 잘 사는 상품을 그렇지 않은 상품보다 더 눈에 잘 띄는 위치에 두고 싶을 것이다. 이 원리를 강의를 판매하는 우리에게 적용해보자. 우리가 자주 사용하는 포털 사이트인 네이버는 위에서 말한 마트이자 마트 사장님이다. 예를 들어 네이버 검색창에 '엑셀 강사' 라고 검색했을 때, 상위에 노출되는 블로그, 영상, 이미지가 바로 고객이 자주 보는 진열대에서 판매되는 상품인 것이다. 물론 광고비를 내고 돈을 쓰면 그 기간 동안은 상위 노출을 할 수 있을 것이다. 그러나 광고는 한계가 있다. 그래서 우리는 당장 광고를 하지 않거나 광고를 하면서도 고객들이 더 많이 검색하고, 클릭하고, 오래 보는 양질의 콘텐츠를 꾸준히 올리는 것이 필요하다. 결국 당신의 상품을 SNS에 많이 알리고 기록해야 더 많은 상품이 노출된다는 것이다. 우리의 고객들은 정보가 넘쳐나는 세상에 살고 있다. 같은 콘텐츠를 알려주는 수많은 강의가 있기 때문에 웬만해선 당신이 누군지, 어떤 강의를 하는지 알지 못한다. 그리고 내 상품을 세상에 적극적으로 알리는 일은 아무도 대신해주지 않는다. 스스로 해야 할 과제다. 당신의 강의가 필요한 고객들에게 당신을 많이 노출시키고 또 다양한 방법으로 발자취를 남겨 검색이 되게끔 해야 한다. 많이 노출되는 상품은 결국 사람들에게 알려질 수밖에 없다. 인지도가 가격을 결정한다는 말이 그냥 나온 것이 아닌 것도 그 이유와 같다.

위의 예시는 네이버 상위 노출에 대한 것이지만 인스타그램, 유튜브 등 모든 채널이 동일하다. 당신이 어느 위치에 있고, 어떻게 검색이 되고, 얼마나 많은 사람이 찾는 콘텐츠인지를 알고 자리잡아 가는 것이 중요하다. 결국 양질의 콘텐츠는 세상에 많이 알려질수록 가치가 높아진다. 그리고 이것이 강사의 몸값을 높이는 비결이다. 당신의 강의료가 매년 제자리이거나 떨어지고 있다면 반드시 고민해봐야 한다. 검색이 되지 않거나, 많은 사람에게 알려지지 않고 도태되고 있진 않은지 말이다. 또는 비슷한 강의가 너무 많거나 당신을 대체할 상품이 많은 경우 일수도 있다. 이런 상황이 계속되면 강사로서 일을 지속하기가 어려울 것이다. 따라서 본인을 객관적으로 파악하고 고객의 눈에 잘 띌 수 있도록 세상에 알리고 SNS를 활용한 기록을 꾸준히 해야 한다. 특히 다음에 소개하는 유튜브, 인스타그램, 네이버 블로그는 저자가 운영하면서 몸값을 가장 많이 올려준 SNS채널이니 참고하기 바란다.

6.2.1 유튜브

유튜브는 누구에게나 동등한 기회가 제공되는 SNS채널 중에 하나다. 많은 사람들이 선호하는 영상으로 나를 홍보할 수 있다. 특히 유튜브는 강사의 강의 스타일, 분위기, 다루는 내용을 글이나 문서의 형태가 아닌 영상으로 보여줄 수 있기 때문에 훨씬 더 효과적이다. 그래서 강사들에게 유튜브를 적극 활용할 것을 추천하는 편이다. 저자의 경우, 코로나19로 힘들었던 시기에도 절대 놓지 않았던 것이 '에티튜드(예진의 애티튜드)' 유튜브 영상 콘텐츠 제작과 홍보였다. 처음 유튜브를 시작했던 2019년부터 강사라는 직업에 대한 소개, 강사를 시작한 계기, 강사가 되기 위해 준비해야 할 것 등 다양한 영상 콘텐츠를 기획하고 촬영하며 지금까지 꾸준히 운영을 하고 있다. '에티튜드' 영상 중 현직 강사들을 위한 '강사 소개 방법, 강사 소개 멘트, 강의 아이스 브레이킹 기법'과 '강의 게임', '강의를 잘하고 싶다면 이 영상 필수' 등의 영상이 조회수 1만을 넘기자 강의 역량을 향상 시키고 싶은 1~2년차 강사들에게 쉴 틈 없이 일대일 문의가 들어오기 시작했다. 뿐만 아니라 구독자가 500여 명 정도 됐을 때 내 영상을 본 한 회사로부터 처음으로 강의 섭외 연락을 받았다. 현재는 구독자가 10배 이상 늘었다. 내가 하는 강의가 무엇인지, 나는 어떻게 강의를 하는지 또 내가 강사로서 어떤 장점과 특징을 갖고 있는 사람인지 영상을 통해 자유롭게 내 방식으로 어필하는 나만의 광고 무대로 삼으며 유튜브를 적극 활용한다. 그래서인지 기업이나 기관에서 먼저 내 유튜브 영상을 보고 연락을 해온다. 특히 '온라인 강의법을 알려주는 영상을 보고 온라인 강의도 충분히 잘하실 것 같다는 생각이 들어 바로 연락했다'는 전화를 많이 받았다. 유튜브 덕분에 불과 2년 전에 백수였던 강사가 월 천만 원 이상을 벌게 되었다고 해도 과언이 아니다. 결국 강사 브랜딩을 위한 유튜브는 나를 대변해주는 브랜딩이자 영상 포트폴리오가 될 것이다. 또한 잘 만든 유튜브는 내가 잠을 자는 시간에도 나를 영업해주는 역할을 톡톡히 한다.

초보 강사인데 어떻게 강의를 해야 할지, 어떻게 모객을 할지 막막하다면 유튜브 채널에 나만의 강의 영상을 올려보자. 여기서 중요한 것은, 사적인 일정을 공개하거나 먹방을 하는 등 개인적인 영상이 아니라 본인이 강의하고자 하는 분야에 대한 영상 콘텐츠를 만들어 올려야 한다는 것이다. 이런 영상 하나하나가 모여 강사의 포트폴리오가 된다. 사람들이 당신의 유튜브 영상을 보고 강의를 듣고 싶게끔 해야 한다. 그렇게 하기 위해서는 강사의 분위기, 사용하는 용어, 전문가로서의 캐릭터 등이 필요하다. 모객이 잘 안 되고 어떻게 강의해야 할지 감이 잡히지 않는다면 본인의 유튜브 채널을 만들어 잠재 고객들을 만난다는 생각으로 유튜브를 시작해보자. 그리고 일단 시작했다면 꾸준히 하자. 적어도 50개 이상의 영상을 꾸준히 올리길 권장한다.

저자의 수강생 중에 본인의 성과를 가지고 강의를 시작하고 싶은데 어떻게 시작해야 할지 몰라 난감해하며 찾아왔던 분이 있었다. 나는 이 분에게 유튜브를 시작하라고 강조했다. 강의하고 싶은 분야와 본인의 성과를 최대한 쉽고 간결하게, 그리고 꾸준히 영상 콘텐츠로 올려보라고 했다. 그리고 그 수강생은 꾸준히 영상을 올리기 시작했다. 결과는 어땠을까? 놀랍게도 구독자 50명이 됐을 때 일대일 강의 의뢰가 들어오기 시작해 230만 원이나 되는 유료 수업 결제가 처음으로 이뤄졌다. 상당히 큰 액수였는데도 불구하고 유튜브 영상을 보고 바로 강의 의뢰 연락이 왔다고 한다. 나중에 유튜브를 보고 결제한 수강생에게 수업을 신청한 이유를 물었더니 '제가 다른 분들 강의도 들어봤는데, ㅇㅇ님이 유튜브로 말하시는 걸 보니까 강의 스타일이 저랑 잘맞을 것 같아서요'라고 대답했다는 얘길 전해들었다. 지금은 구독자가 1,000명이 넘어 훨씬 더 많은 강의 고객을 유치하고 있다. 유튜브로 강의를 판매하는 얘기는 남 일이 아니다. 당신도 할 수 있다. 그러니 당장 유튜브를 시작하자. 만약 처음부터 혼자 출연하는 것이 부담스럽다면, 자신의 강의 분야와 관련된 사람들과 함께 인터뷰 채널을 운영하는 것도 추천한다. 하나의 예로, 저자는 2021년 10월부터 '전국강사자랑'이라는 전국에 있는 강사들을 인터뷰하며 다양한 분야의 전문 강사들을 소개하고 교육생과 강의를 연결해주는 유튜브 영상 콘텐츠를 만들고 있다.

6.2.2 네이버 블로그

두 번째 SNS는 네이버 블로그다. 블로그는 정보 제공을 하는 대표적인 SNS다. 저자의 경우 프리랜서 강사를 시작한 2017년부터 본격적으로 블로그를 운영하기 시작했다. 유튜브보다 더 오래 전부터 블로그를 운영한 것이다. 블로그에는 무엇을 올려야 할까? 유튜브가 영상 콘텐츠를 올리는 플랫폼이라면 블로그는 글과 사진 콘텐츠를 올리는 곳이다. 당신의 강의 콘텐츠와 관련된 글을 체계적으로 정리해 올릴 수 있다. 블로그에 글을 올릴 때는 직접 촬영한 사진 5장 이상과 최소 글자수 1,500자 이상으로 작성하는 것을 추천한다. 네이버 키워드 도구 사이트를 사용해 강의 주제 관련 메인 키워드 찾아 올리면 더 많은 고객들에게 검색이 될 것이다. 블로그에 실제 강의하며 찍은 사진들, 교육생들의 강의 후기를 꾸준히 어필해보자. 당신이 어떤 콘텐츠를 제공할 수 있는 전문가인지를 꾸준히 알리는 것이 중요하다. 간혹 내게 상담을 받는 강사들에게 블로그 운영을 하라고 하면 이렇게 얘기한다. '강사님 저는 글 쓰는 게 자신이 없어요.' 또는 '블로그 중요한 건 알겠는데 막상 꾸준히 하는 게 너무 어려워요.', '무슨 글을 올려야 할지 모르겠어요'라고 말이다.

블로그 글을 쓰는 방법이 따로 정해진 것은 아니다. 규칙도 없다. 다만 위에 언급한 대로 블로그 글을 작성할 때 1,500자 이상의 글과 사진을 같이 올려주고, 검색되는 태그 키워드를 사이트를 통해 도움 받아 작성하는 것이 필요하다. 블로그 글을 작성하는 데 큰 요령은 없다. 꾸준히 하는 수밖에. 돈 한 푼 안들이고 SNS를 운영하며 많은 고객들에게 홍보하는 방법인데 이것마저도 못한다면 대체 무엇을 할 수 있을까? 또한 꾸준히 하는 것이 어려운 분들이라면, 함께 하는 블로그 스터디 모임 등을 활용해볼 것을 추천한다. 혼자할 때는 게으름을 피우고 안 하게 되지만, 막상 같은 목적을 가지고 함께 하는 이들이 생긴다면 행동의 변화는 남다를 것이다. 저자가 운영하는 성장하는 강사 커뮤니티 '에듀이너스쿨'에서는 매월 4주 동안 강사 블로그 스터디를 운영하고 있다. 블로그 브랜딩을 하겠다는 같은 목적을 가지고 다양한 분야의 강사들이 매일 열심히 스터디에 참여하고 있다. 그리고 무엇을 올려야 될지 고민하는 분들은 미리 정한 강의 콘텐츠 분야에 대한 내용을 하나씩 잘게 쪼개서 글을 올리기를 추천한다. 저자가 유튜브를 시작할 때, CS 강사에 대한 내용으로 영상을 쪼개서 하나씩 다뤘던 것처럼 말이다. 당신의 주력 강의 콘텐츠, 강의 기록, 수강생 후기 등 다양한 관점에서 당신의 강의를 홍보할 수 있는 블로그 글을 꾸준히 작성해보길 바란다. 분명 고객이 당신의 강의를 구매하는 데 블로그가 톡톡히 역할을 할 것이다.

6.2.3 인스타그램

인스타그램은 이미지와 짧은 영상(릴스)으로 홍보할 수 있는 SNS다. 인스타그램을 무조건 해야만 하는 것은 아니다. 당신의 잠재 고객이 주로 이용하는 SNS 채널에 인스타그램도 포함된다면 꼭 해보기를 추천한다. 저자의 경우, 인스타그램으로 소통하는 고객들은 대부분 현직 강사나 예비 강사들이다. 강사들에게 도움이 되는 내용이 담긴 글, 강사로서 나의 생각 공유뿐만 아니라 강의할 때 찍은 사진 등을 자주 업로드한다. 이런 이미지 정보를 통해 내가 어떤 강의를 하는 사람인지 명확히 드러낸다. 그리고 나를 팔로우 하는 고객들에게 나는 어떤 도움을 줄 수 있는 사람인지, 강의를 들은 고객들이 어떻게 만족을 하고 있는지 후기 증명, 도움되는 강의를 제공하는 사람이라는 브랜딩을 꾸준히 하며 인스타그램을 운영하고 있다. 또한 요즘 많은 인기를 얻고 있는 인스타그램의 '릴스'라는 숏폼 콘텐츠를 활용해도 좋다. 조회수가 높은 기존 릴스 콘셉트, 구성 등을 참고해 나만의 콘텐츠로 제작해보길 바란다.

6.2.4 카페

카페는 커뮤니티를 운영할 수 있는 플랫폼이다. 사람들의 글이 축적되고 포트폴리오가 되기 때문에 사람들과 잠재 교육생들을 모으는 데 도움이 된다. 강의 주제와 관련된 다양한 사람들이 모여 있는 카페에서 커뮤니티 활동을 하며 강의를 키워나가는 것도 좋은 방법이다. 또한 강의를 들은 사람들의 후기 글이나 교육생들의 네트워킹 장으로 카페를 활용해보는 것도 좋다.

6.2.5 카카오톡 오픈 채팅방

카카오톡 오픈 채팅방은 비슷한 목적, 주제의 사람들이 좀 더 빠르게 소통할 수 있는 장점이 있다. 저자의 경우 현직 강사 400명이 모여 있는 오픈 채팅방 '에듀이너스쿨'을 운영하고 있다. 이 오픈 채팅방에 모인 사람들의 목적은 같다. 성장하는 강사, 가치를 높이고 싶은 강사, 자신의 전문성을 높이고 싶은 강사, 자신의 주력 강의 콘텐츠를 찾고 싶은 공통점이 있다. 그렇기 때문에 오픈 채팅방 운영자로서 꾸준히 도움이 되는 정보를 제공한다. 매월 강사들에게 꼭 필요한 강의를 열고 있다. 강사 브랜딩을 위한 강의 사이트 만드는 방법, 쌍방향 강의 도구 퀴즈앤 200% 활용하는 법, 영업에 성공하는 강의 제안서 기획 노하우, 몸값을 올리는 강사 유튜브 운영 노하우 등 각 분야의 전문 강사를 모시고 유, 무료 클래스와 스터디를 운영하고 있다. 결국 사람들은 자신에게 도움이 되는 것을 원한다.

우리는 그것을 줄 수 있는 사람이 되거나 그럴 힘이 있어야 오픈 채팅방에 사람이 모일 것이다. 만약 이 책을 읽는 당신도 에듀이너스쿨 가입을 원한다면 아래 에듀이너스 파트너 강사 지원 & 에듀이너스쿨 가입 신청서를 작성하길 바란다. 기입한 정보로 에듀이너스쿨 가입 링크를 받을 수 있을 것이다.

6.2.6 기타

영상이나 이미지 대신 글을 통해 강의를 홍보하고 싶다면 '브런치' 채널 운영을 추천한다. 또한 목소리 당신의 강의 분야에 대한 콘텐츠를 만들고 싶다면 오디오클립, 팟빵, 팟캐스트를 추천한다.

고도로 정보화된 시대에서 강사로 활동하면서 하나의 SNS만 활용하는 것은 부족하게 느껴질 것이다. 잠재 고객이 될 만한 사람들이 모여 있는 커뮤니티와 채널이 무엇인지 파악하고 그들이 있는 곳으로 먼저 다가가야 한다. 그리고 그에 맞는 효과적인 방법으로 SNS를 꾸준히 운영하는 것이 중요하다.

지금까지 내 강의 콘텐츠를 유튜브, 네이버 블로그, 인스타그램, 카페 등 SNS에 알리고, 기록하고, 브랜딩 하는 법에 대해 이야기했다. 이 과정이 하루 아침에 뚝딱 만들어지는 것은 아니다. 다만, 이러한 당신의 노력이 결국 강사로서의 몸값을 높이고 롱런할 수 있는 강의 영업 방식이라는 것을 다시 한번 강조하고 싶다. 그리고 12년 째 강사라는 직업으로 먹고 살고 있는 저자는 아무리 좋은 강의라고 해도 그것을 세상에 알리지 않으면 구매할 사람은 단 하나도 없다는 것을 지금도 절실히 느낀다. 하루 아침에 강사로서 몸값이 몇 만 원에서 몇 십만 원이 될 리가 없다. 강사의 모습은, 마치 겉으로는 우아하고 고상해 보여도 물 밑에서 수도 없이 발을 젓는 백조와 비슷하다. 그만큼 당신이 강사로서 성장하고 꾸준히 몸값을 높이고 싶다면 많은 노력이 필요하다. 지금까지는 SNS를 통한 강의 홍보 방법이었다면, 다음 장에서는 직접 발로 뛰어 홍보하는 방법을 소개하겠다.

6.3 돈이 되는 강의 영업 방법

의외로 많은 강사들이 영업을 하지 않는다. '강사가 영업을?', '그냥 섭외가 들어오는 거 아닌가?' 하고 말이다. 그리고 영업은 많은 에너지와 시간이 필요하고, 거절당하는 것이 두렵기 때문에 소극적인 편이다. 그렇기 때문에 직접 발로 뛰어 나의 강의 상품을 알리고 홍보하는 것은 블루오션이다. 이번 장에서는 저자가 직접 실행하고 있는 돈 되는 강의 홍보 방법 세 가지를 소개하겠다.

6.3.1 기관에 강의 제안서 보내기

첫 번째 방법은, 강사와 강의가 필요한 기관에 직접 지원하는 방법이다. 예를 들어, 자치구에서 운영하는 기관에서 외부 강사를 섭외해 구민들을 위한 다양한 교육 프로그램을 운영하는 곳이 많다. 이러한 기관은 다양한 외부 강사가 필요하다. 보통 담당 기관이나 업체가 외부 강사를 섭외할 때 검색을 하거나 주변의 추천을 받는 경우가 많다. 그렇기 때문에 먼저 그들에게 알려지지 않으면 아무리 좋은 강사여도 섭외되기가 어렵다. 그렇다면 어떻게 해야 할까? 먼저 강의 제안서를 보내보자. 여기서 말하는 제안서는 말 그대로 당신의 강의 상품을 홍보하는 소개서이다. 이것을 '강의 제안서'라고 한다. 제안서 만드는 방법은 이 책에서 다루지 않지만, 비교적 쉽게 만드는 방법은 앞서 소개한 미리캔버스(https://www.miricanvas.com/), 캔바(https://www.canva.com/)와 같은 디자인 플랫폼 템플릿을 활용해 보는 것을 추천한다. 그리고 만든 제안서를 아래에 제시한 곳에 직접 보내 것이다.

1. 여성인력개발센터 강사 모집 지원하기

여성인력개발센터 사이트(https://www.vocation.or.kr/)에 접속해 강의 가능한 지역을 선정한 후 담당자에게 연락하거나 메일을 보낸다. 여성인력개발센터는 전국에 수십 개가 있다. 여성이 능력과 개성을 개발하고 주권적 삶의 주체로 살아가도록 돕는 센터이다. 위 사이트에 접속해 맨 위 '열린마당' 메뉴에서 '강사 모집'을 클릭하면 각 주제별로 강사 모집 글을 볼 수 있다. 모집 분야, 일정, 필수 자격 사항, 접수 기간 및 방법을 참고해 본인이 할 수 있는 분야를 지원해보는 것을 추천한다. 만약 본인이 원하는 지역 센터에서 강사 모집이 이뤄지지 않는다면, 관련 센터 부서 사이트에 연락해 강사 모집은 언제 하는지, 어떤 강사가 필요한지 직접 물어봐도 좋다. 이러한 기관에서는 늘 강사 풀이 필요하다. 그리고 이 때 당신이 어떤 강의를 할 수 있는 강사인지 소개한 '강의 제안서'를 보내도 되는지 정중히 물어보고 교육담당자와 소통을 해보는 것도 좋다. 담당자가 당장 섭외하지 않더라도 분명 당신이 보낸 제안서는 검토해볼 것이다. 그리고 그 강의가 필요할 때 당신을 떠올릴 확률이 더 높아질 것이다. 뻔뻔해도 좋다. 단, 정중하고 매너있게 강사다운 모습으로 영업하자.

2. 50플러스센터 강사 지원(교육 콘텐츠 제안)

01 | 네이버 검색창에 '50플러스센터'를 검색한다.
　　서울시50플러스포털 메인 사이트(https://50plus.or.kr)에 접속한다.

02 | 메인 사이트에서 '교육+' 탭을 클릭한 후 '교육 콘텐츠 제안' 메뉴를 클릭한다.

03 교육 콘텐츠 제안 메뉴는 크게 2가지다. 50+ 역량 개발 교육 콘텐츠 공모와 50+ 강사 제안 교육 콘텐츠 공모다. 각 공모는 매년 상하반기로 나눠 접수를 받고 있으니 상세 내용은 사이트 내용을 참고 바란다. 각 센터별로 강사, 자원봉사단, 돌봄전문가 모집 등 다양한 공고가 종종 올라오니 참고하기 바란다.

50+역량개발 교육콘텐츠 공모	50+강사제안 교육콘텐츠 공모

50+세대 강사 개인
중장년층 사회활동과 노후준비를 위한 지식, 경험을 공유해주세요.

50+세대가 자신의 경험, 지식, 노하우 등을 사회와 공유하며 강사로서 활동하고 성장할 수 있도록 교육과정 개설 기회를 제공하는 공모사업입니다.

● **교육주제**
중장년층의 능동적 사회활동, 노후준비와 관련된 교육콘텐츠

● **참가자격**
만50~67세 서울시민 또는 서울시 생활권자

● **접수 및 심사 일정**

	2022년 상반기	2022년 하반기
접수마감	4월 22일(금)	※ 하반기 공모 계획은 현재 미정입니다.
서류심사 ※ 서류 완비, 사업적격성, 유사중복 여부	4월 26일(화)	
대면심사 ※ 적합성과 유익성, 강사역량, 운영전망	4월 28일(목)	
강좌개설	2022년 7~8월 중	

● **강좌개설**
서울시50플러스캠퍼스(서부/중부/남부/북부)에 배정되어 기획 협의를 거쳐 아래의 운영 조건에 따라 2022년 7~8월 교육과정으로 개설

운영 조건	- 교육기간은 4~6주(주 1회), 회당 수업 시간은 2시간 또는 3시간 - 강사비 시간당 4만원 지급 (필요성 인정될 경우 보조강사 1명 가능, 과정당 강사비 총액 100만원 이하) - 재료비와 교재비 등은 교육생 개별 부담, 강사가 수령 관리

● **문의처**
서울시50플러스재단 사업전략팀 02-460-5291 / 50edu@50plus.or.kr

3. 서울시민대학 신규 강사 지원(http://www.smile.seoul.kr/)

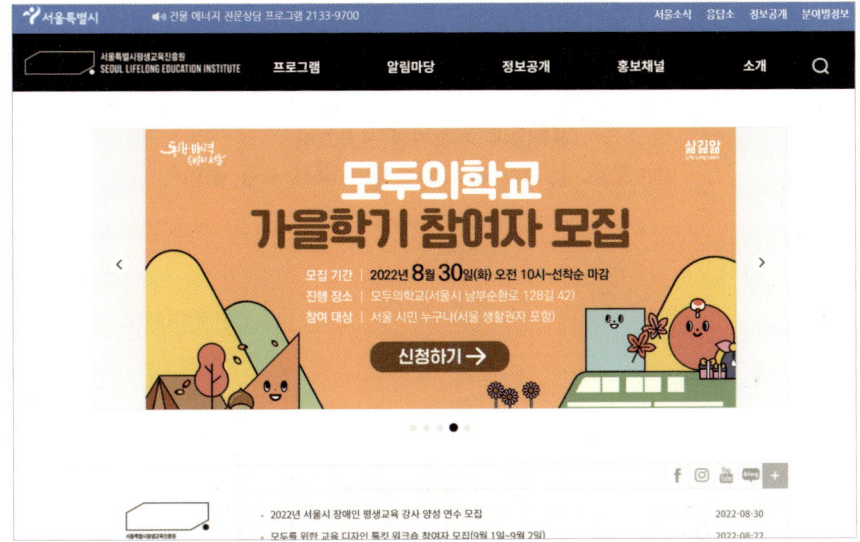

01 서울시민대학 홈페이지의 새소식 게시판에서 '강사'를 검색해보자. 그리고 현재 모집 공고나 작년 모집 공고 등을 참고해 지원해보고, 공고가 나오지 않는다면 담당 부서에 문의해서 강사 지원 방법에 대한 상세한 안내를 받아보자.

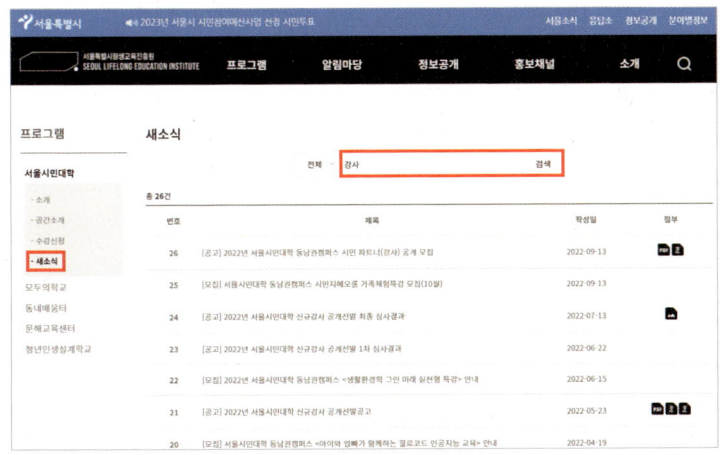

02 서울 평생교육진흥원에서 운영하는 문해교육센터에서도 각 구에서 운영하는 평생학습관의 연구 교사나 강사를 모집하는 공고가 올라오니 사이트를 참고하자.

문해교육 거점기관 프로그램
<첫 걸음, 쉽구나! 플러스+> 연구 교사 모집 공고

은평구평생학습관에서는 문해 학습자 특성을 고려한 맞춤형 디지털 문해교육 프로그램 <첫 걸음, 쉽구나! 플러스+>의 교육과정 및 교재를 개정할 문해 교사를 찾고 있습니다. 역량과 경험을 두루 갖춘 분들의 많은 관심과 지원 바랍니다.

2022년 5월
은평구평생학습관장

1. 모집 개요

○ 모집분야: <첫 걸음, 쉽구나! 플러스+> 연구 교사
○ 모집일정

모집 공고 (홈페이지) 5. 30.(월)	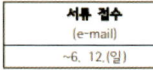	서류 접수 (e-mail) ~6. 12.(일)	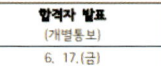	합격자 발표 (개별통보) 6. 17.(금)

※ 서류전형 합격자에 한하여 간단한 인터뷰 절차가 있을 수 있음.

○ 모집대상: 서북권 문해교육기관에서 활동 중인 문해 교사 7명

연번	구분	분야	인원	비고
1	초급	기초 스마트폰 활용법	2명	선발 심사 등에 따라 모집 인원이 변동될 수 있으며, 1순위 지원 분야에 선정되지 않을 수 있음.
2	중급	카카오톡 활용법	3명	
3	고급	키오스크 활용법	2명	

○ 활동내용

연번	구분	활동 내용	일정	비고
1	프로그램 및 교재 개정	연구 모임 운영을 통한 <첫 걸음, 쉽구나! 플러스+> 프로그램 및 교재 개정	6월~8월	연구 활동비 지원 (회당 7만원, 최대 6회)
2	프로그램 운영	서북권 문해교육기관 대상 프로그램 운영	9월~11월	강사비 시간당 3만원
3	정기모임	OT, 간담회, 평가회 등 참석을 통한 사업 관련 운영 방향 논의 및 피드백	6월~12월 (격월 1회)	필수 참석 (참석수당 미지급)

※ 세부 일정은 상황에 따라 변경될 수 있으며, 선발 후 OT(6월 中 목요일 예정)에 필수 참석해야 함.

○ 신청방법: 이메일 신청(ejlee@eplearning.or.kr)

03 위 사진은 '문해 교육 거점 기관 프로그램' 연구 교사 모집 공고다. 모집 공고 내용을 참고하기 바란다.

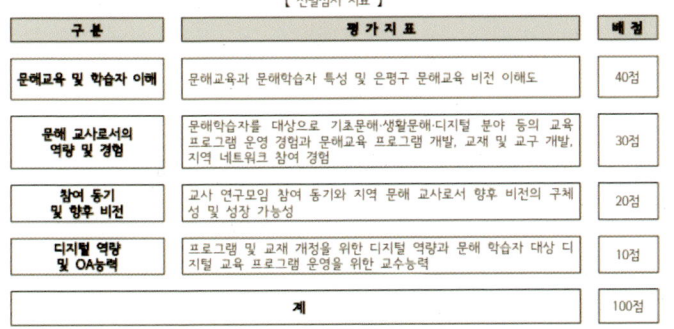

04 지난 모집 공고 내용을 참고해 지원 자격, 제출 서류 등을 미리 준비해두거나 담당 부서에 올해 공고 일정을 문의해 서류를 준비해두면 좋다.

6장. 강사로 월급쟁이 탈출하기   335

4. 서울청년포털

01 청년몽땅정보통 사이트(https://youth.seoul.go.kr)에 접속한다.

02 검색창에 '강사' 또는 '강사 양성'을 검색해 강사 지원 공고를 찾아본다.

03 | 청년 강사 모집 등 다양한 공고를 확인할 수 있다.

04 | 청년 지원 정보를 꼼꼼히 확인한 후 지원 가능한 내용을 참고해 지원한다.

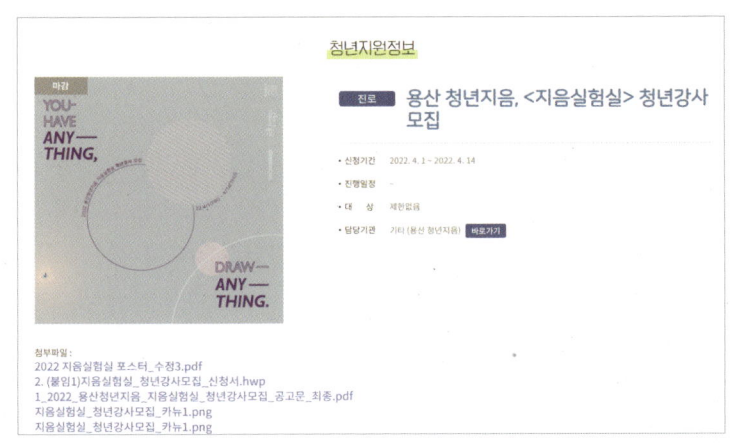

6장. 강사로 월급쟁이 탈출하기   337

05 위 사진은 2022년 4월에 용산 청년지음에서 낸 '지음실험실'의 청년 강사 모집 공고다. 지난 공고지만 참고해보자.

06 지난 공고에서 대상, 기간, 방법, 내용, 제출 서류, 담당 부서 연락처 등을 확인하고 미리 준비하는 것도 좋은 방법이다.

07 SW 교육놀이터 운영 및 강사 양성 사업 사업 공고도 참고하자. 소프트웨어 관련 강사 양성 사업에서 지원하는 다양한 교육과 서비스가 많으니 자세히 살펴보면 도움이 될 것이다.

6.3.2 마트, 백화점 문화센터 강사 지원하기

기관 외에도 기업에서 운영하는 마트, 백화점 문화센터에 지원하는 방법도 소개한다. 이곳 또한 많은 강사가 필요한 곳이기 때문에 당신이 해당 센터에 필요한 강의를 제공할 수 있다면 지금 당장 섭외가 되지는 않더라도 다음 차수나 분기 때 긍정적으로 검토해보겠다는 연락을 받을 수 있을 것이다. 다음 장에 나오는 방법을 참고해 지원해보자.

1. 마트, 백화점 문화센터 강사 지원

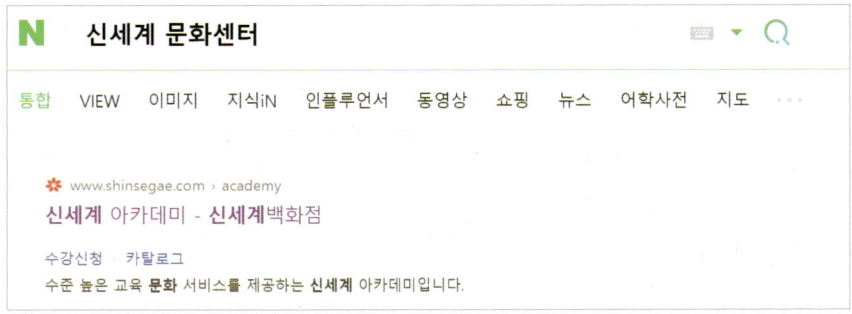

01 | 네이버 검색창에 '신세계 문화센터'를 검색한 후 맨 위에 나오는 사이트를 클릭한다.

02 | 사이트에서 메인 메뉴 중 네 번째 탭 '아트&컬처'를 클릭한 후 신세계 아카데미 > 강사 지원 메뉴를 차례로 클릭한다.

03 | 강사 지원 안내 내용을 꼼꼼히 검토한 후에 하단에 '강사 지원하기' 버튼을 클릭한다. 참고로 신세계 문화센터 아카데미 개강은 주로 3, 6, 9, 12월이며, 수강 신청은 1, 4, 7, 10월에 시작된다. 또한 정규 강좌 수업은 평균 주 1회, 3개월, 총 12회를 기본으로 하니 참고하자.

04 | 강사 지원서를 모두 작성해 제출했다면, 지원 결과 조회 탭에서 '심사 결과' 내용을 확인할 수 있다.

6.3.3 무료 상담/ 강의로 모객하기

저자의 경우, '무료 강사 진로 상담'을 꾸준히 하고 있다. 상담 시간은 보통 1시간~1시간 30분 정도며 상담에 오는 사람들은 대부분 유튜브 채널 구독자나 인스타그램 팔로워다. 이들은 내가 올린 영상 콘텐츠, 사진, 블로그 글 등을 기꺼이 자신의 시간을 내어 보는 분들이다. 상담자의 고민과 궁금한 점을 듣고 내 경험과 지식을 통해 그들의 시행착오를 줄일 수 있도록 함께 고민한다. 이 시간을 통해 무조건적인 '정답'을 제공하는 것이 아니다. 나의 경험을 토대로 이야기하되 그들 내면에 있는 고민을 끌어내고, 함께 고민하는 동료가 된다는 마음으로 상담에 임한다. 이런 내 마음가짐을 알아주는 분들이 꽤 많다. 그리고 감사하게도 내 유료 클래스 강의의 교육생이 되어주기도 한다. 무료 상담이나 강의를 대가 없이 나의 시간과 에너지를 소비하는 것으로만 생각하는 것은 금물이다. 당신을 찾아온 예비 고객들은 당신의 잠재 고객이 될 것이다. 따라서 그들에게 무료 이상의 가치를 제공해야 한다. 또한 고객들이 원하는 것, 궁금해하는 것, 강사로서 내가 제공해줄 수 있는 강의 콘텐츠 제작에 힌트를 얻을 수 있는 절호의 기회이다.

물론, 무료 상담이나 강의를 한다고 해서 모두가 유료 고객으로 전환되지는 않는다. 정말 진심으로 상담하는 것은 물론이고, 상담을 받는 사람이 미안해할 정도로 최선을 다해야만 그 10명 중 1명이 유료 클래스 고객으로 전환될 정도다. 그러나 이런 과정을 계속 반복하다 보면 당신을 찾아오는 고객층이 명확해질 것이다. 그리고 강의 콘텐츠의 사례와 프로그램이 지금보다 더 풍부해질 것이다.

이런 방법과 경험들이 당신의 월급쟁이 탈출을 도와줄 것이다. 지금 당장 영업과 홍보가 어렵다면, 당신이 무료로 제공할 수 있는 것부터 찾아보자. 그리고 바로 실행해보자.

6.4 매일 강의하지 않아도 강의로 돈 버는 방법

강사가 강의를 하지 않고도 강의로 돈을 벌 수 있을까? 물론이다. 저자 또한 매일 강의를 하지 않고도 한 달에 수 백만 원 이상 벌고 있다. 이번 장에서는 매일 강의를 하지 않아도 당신이 만든 강의 콘텐츠로 돈을 버는 방법을 소개하겠다. 이 모든 방법은 당신의 편한 장소 어디에서든 시작할 수 있다.

6.4.1 실시간 온라인 강의를 녹화본으로 판매하기

첫 번째는, 강의를 녹화해 추가로 판매하는 방법이다. 녹화 강의는 시간과 장소에 제한없이 꾸준히 판매할 수 있는 강의 수익 파이프라인 중 하나다. 녹화 강의 구매를 원하는 고객들의 신청을 받아 영상이 업로드된 구글드라이브 링크를 전달하거나 아래 소개하는 '나만의 강의 사이트'에 업로드해 판매할 수 있다. 저자가 운영하는 성장하는 강사들의 커뮤니티 '에듀이너스쿨'에서는 매월 실시간 무료 클래스를 열고, 무료 클래스를 녹화해 유료로 판매하고 있다. 실시간 무료 클래스를 신청하고 싶어도 시간이나 여건이 안 돼 듣지 못하는 수강생들을 위해 생각해낸 방법이다. 그들은 돈을 내고서라도 녹화본을 듣고 싶어하기 때문이다. 따라서 당신이 강의를 한 번 했다고 해서 거기서 수익이 끝나는 것이 아니다. 추가적으로 수익을 낼 수 있는 방법을 고민해보고 실행하자. 그렇다면, 녹화본 영상을 어떻게 판매하고 고객들이 시청하게 할 것인지 궁금할 것이다. 다음 장을 참고하자.

6.4.2 나만의 강의 사이트에 온라인 클래스 판매하기

위에 언급한 '실시간 온라인 강의 녹화본 판매하기'를 구글드라이브에 업로드해 결제한 고객들에게 메일이나 문자로 보내는 방법도 있다. 그러나 이 방법은 신경 써야 하는 것들이 꽤나 많은 편이다. 우리는 강의를 하지 않고도 강의로 돈을 버는 방법을 배우는 것이기 때문에 최대한 나의 시간을 줄이면서 추가적인 강의 수익

비즈니스를 만드는 것이 좋다. 따라서 이번에 추천하는 것은 '강의 사이트'를 만드는 것이다. 나만의 강의 사이트를 만들면 나만의 자체 클래스 사이트를 만드는 것과 같다. 약간의 결제 수수료와 이용 수수료를 지불하는 것 외에는 자유롭게 사이트를 만들어 추가 수익을 낼 수 있다. 특히 강의 사이트는 직접 모객할 수 있는 힘이 있는 강사에게 적극 추천한다. 강사들이 강의 플랫폼에 클래스를 입점하는 이유는 그 플랫폼의 시스템과 마케팅 수단, 고객 풀을 이용하기 위함이다. 그리고 그것에 대한 대가로 30~70%의 수수료를 지불한다. 그러나 직접 홍보와 시스템을 갖출 수 있다면 굳이 온라인 강의 플랫폼에 비싼 수수료를 지불하지 않아도 강의 사이트를 만들어 운영할 수 있다. 시중에는 강의 사이트를 만드는 다양한 서비스들이 있지만 이번 책에서는 내가 직접 경험해보고 추천하는 두 가지 서비스를 소개하겠다.

1. 네이버 스마트스토어

아래 사진은 저자의 강의를 판매하는 스마트스토어 첫 페이지다. 우리나라 사람 대부분은 네이버 계정을 가지고 있기 때문에 스마트스토어는 접속하고 결제하기가 쉽다는 장점이 있다. 따라서 네이버 스마트스토어를 가장 먼저 추천한다. 스마트스토어 개설 방법은 유튜브나 블로그 등에 많이 나와 있기 때문에 여기서는 생략한다. 네이버 계정이 있는 회원은 무료로 만들 수 있으며 판매 금액에 따라 결제 수수료가 부과된다. 당신의 고객에게 녹화본 강의를 판매하고 싶다면, 아래 상품을 만들어 결제 페이지를 전달하면 된다. 결제가 되면 고객의 연락처가 판매자에게 보여지기 때문에, 연락처로 구글 드라이브 링크를 보내 녹화본 영상을 볼 수 있게 하는 것도 가능하다.

2. 포인캠퍼스

두 번째는 강의 웹사이트를 개설해서 판매할 수 있는 포인캠퍼스를 추천한다. 포인캠퍼스 외에도 라이브클래스, 에어클래스 등 다양한 서비스를 제공하는 회사들이 있다. 이 책에서는 포인캠퍼스에서 나만의 강의 사이트를 만드는 방법을 소개하겠다.

01 | 포인캠퍼스 사이트에 접속한다.

02 | 포인캠퍼스 메인 사이트에서 '무료로 시작하기'를 클릭한 후 회원 가입을 한다.

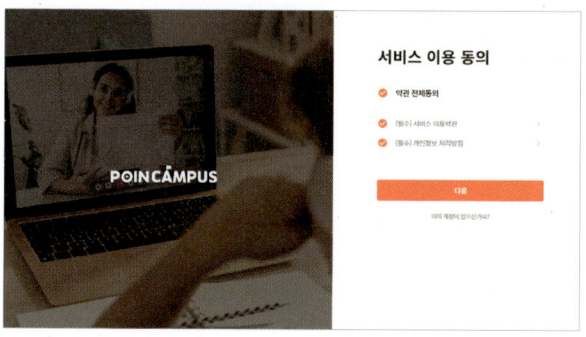

03 | 서비스 이용 동의에서 '약관 전체 동의'를 선택한 후 '다음'을 클릭한다.

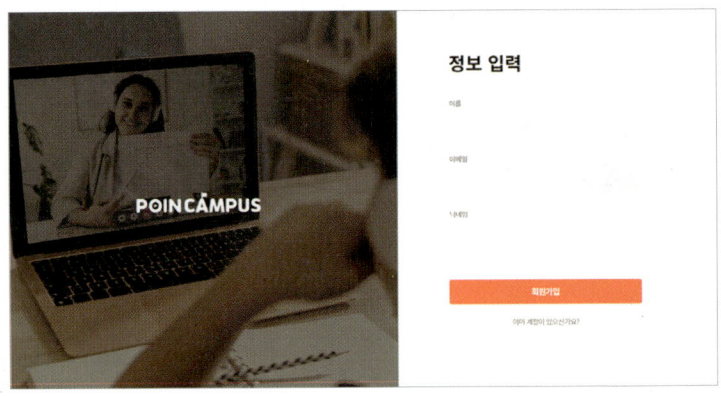

04 | 기본 정보(이름, 이메일, 닉네임)를 입력한 후 회원 가입을 완료한다.

05 | 포인캠퍼스의 강의 사이트 유형은 수익형 캠퍼스와 관리형 캠퍼스 2가지다. 수익형 캠퍼스는 누구나 접근할 수 있는 사이트로, 다양한 지식 콘텐츠 판매를 통해 수익을 창출할 수 있다. 관리형 캠퍼스는 호스트가 승인한 회원만 접근이 가능한 사이트로 회원 중심 운영으로 수익을 창출하는 사이트다. 캠퍼스 유형 및 플랜 가격에 따라 PG사 수수료, 이용 수수료 등이 다르니 사이트 내 가격 내용을 참고하기 바란다. 참고로 회원 가입 후 추천인 코드에 [EDUNS7]

을 입력하면 프로모션 요금의 20%를 추가로 할인 받을 수 있으니 활용하기 바란다. (월간 또는 연간 이용 시 최초 1회만 할인이 적용된다)

06 캠퍼스 유형을 선택한 후 이름, 연락처, 도메인 주소를 적고 사이트를 개설한다.

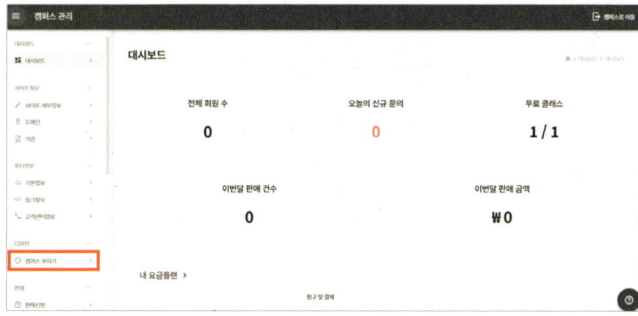

07 사이트를 개설한 후 캠퍼스 관리 메뉴에서 '캠퍼스 꾸미기' 기능을 선택한다.

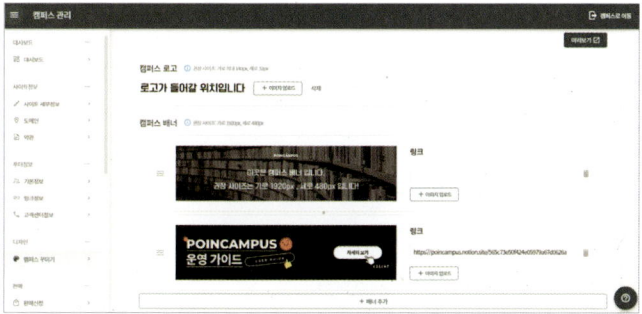

6장. 강사로 월급쟁이 탈출하기 347

08 | 여기서 메인 이미지, 로고, 배너 등을 업로드할 수 있다. (상세한 규격 사이즈는 사이트를 참고하자)

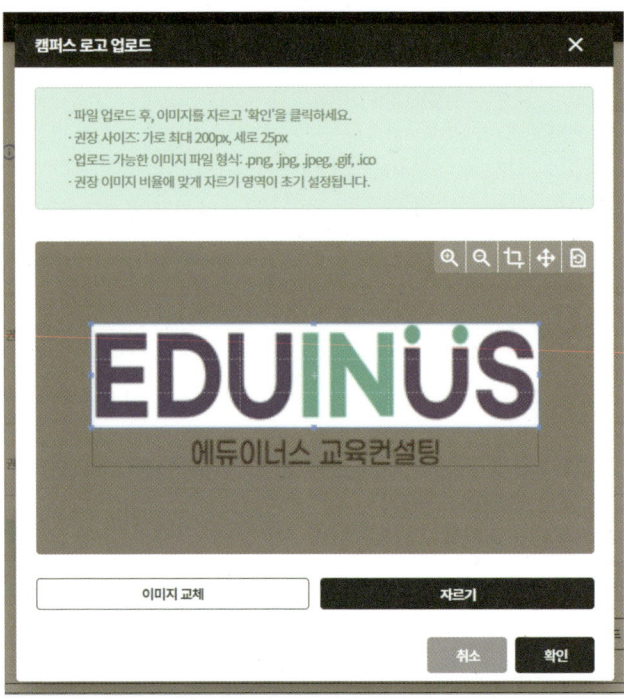

09 | 로고 이미지를 업로드할 때는 파일을 업로드한 후 원하는 부분을 선택해 확인을 클릭한다.

10 | 배너 이미지를 추가하고 싶을 경우 '배너 추가' 버튼을 클릭한다.

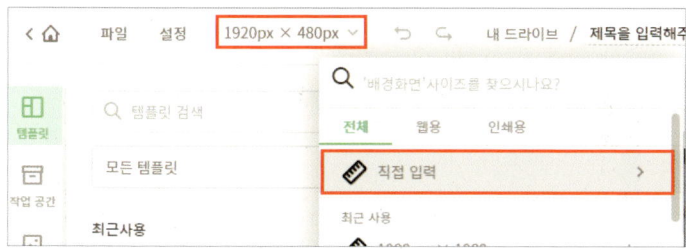

11 | 미리캔버스(www.miricanvas.com) 사이트에서 배너를 기본 배너 규격에 맞춰 무료로 제작해 파일을 저장하여 업로드한다.

12 | 미리캔버스 사이트에서 포인캠퍼스 이미지에 맞게 '직접 입력' 후 제작하는 것을 추천한다.

13 | 미리캔버스에서 이미지 작업을 완료한 후 '다운로드'를 클릭한다.

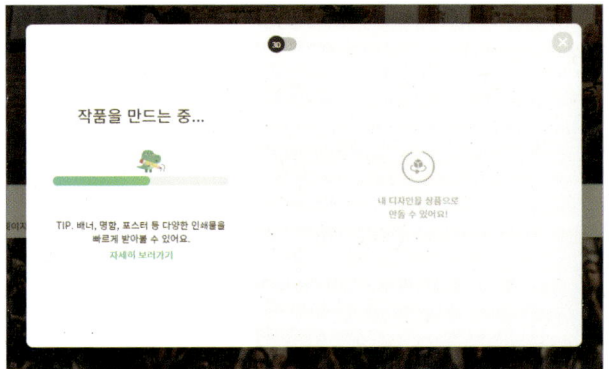

14 | 'PNG'를 선택하고 고해상도로 다운로드해 이미지를 완성한다.

15 | 미리캔버스에서 완성한 이미지 파일을 포인캠퍼스 배너 이미지 업로드로 불러온다.

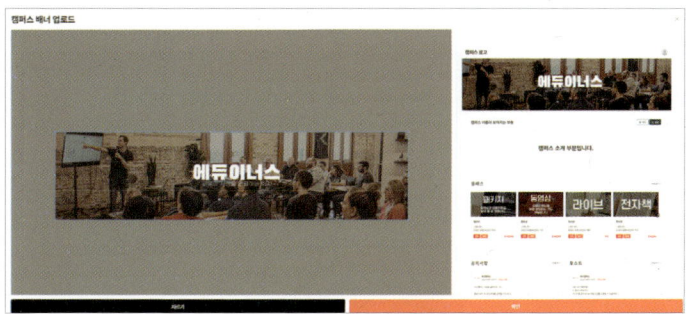

16 | 규격에 맞게 배너가 적용된 것을 확인할 수 있다.

17 | 미리 보기를 통해 이미지 위치, 투명도 등을 조정하여 완성한다.

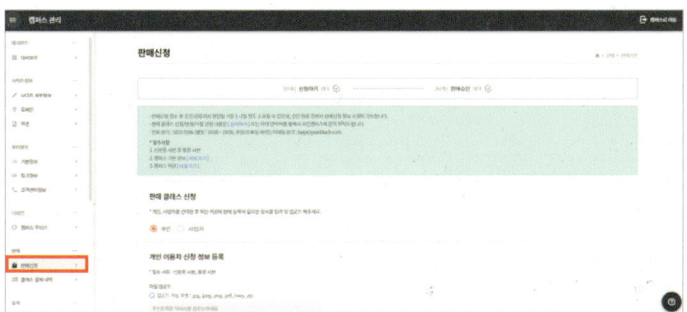

18 | 캠퍼스 꾸미기가 완료되면 '판매' 탭에서 '판매 신청'을 클릭해 개인 또는 사업자 선택 후 필요한 서류를 제출한다. 판매 승인은 신청 후 영업일 기준 1~2일 정도 소요된다.

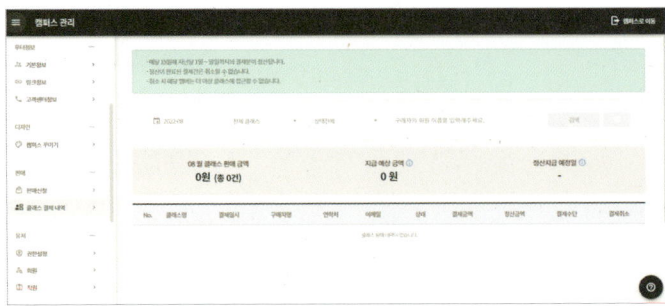

19 | 클래스 결제 내역을 보면 판매 금액, 지급 예상 금액, 정산 지급 예정일 등이 상세히 나온다.

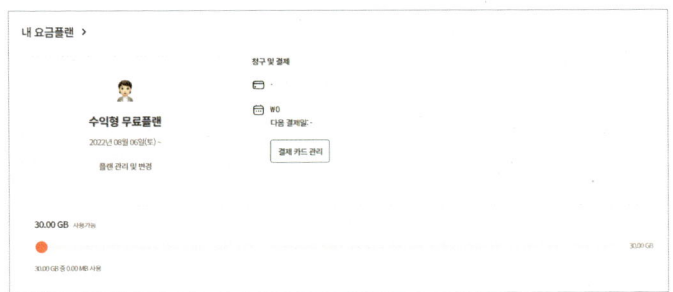

20 | 내 요금 플랜 메뉴에서는 현재 적용된 요금 플랜을 확인할 수 있다.

21 | 캠퍼스 꾸미기를 완료했다면 사이트에 나만의 VOD 녹화 강의, 실시간 라이브 강의 키트, 전자책 등을 판매하기 위해 '클래스'를 클릭한다.

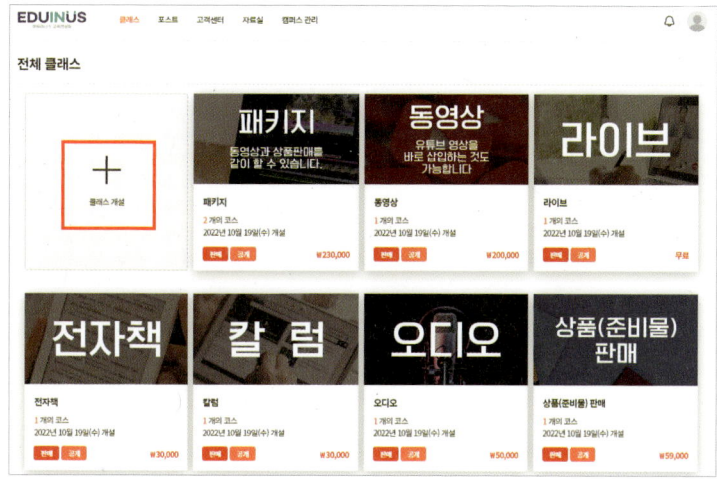

22 | '클래스' 탭을 선택하고 '클래스 개설'을 클릭한다.

23 │ '배경 이미지 업로드'를 클릭한 후 이미지를 업로드한다. (상세 규격 사이즈는 사이트에서 확인)

24 │ 나의 경우, 미리캔버스를 활용해 위와 동일한 방식으로 클래스 메인 썸네일 이미지를 작업했다.

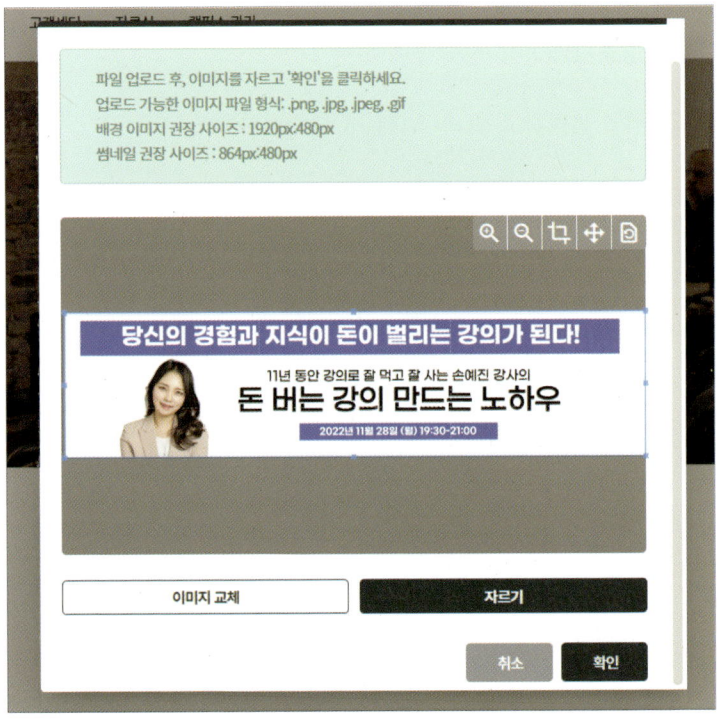

25 | 완성된 배경 이미지를 업로드했다면 클래스 이름을 입력한다.

26 | 다음으로 클래스가 무료인지, 유료인지 선택한 후 유료 클래스라면 원하는 가격을 입력한다. 그리고 수강 기간을 정한다.

27 | 모든 내용을 설정한 후 '확인' 버튼을 클릭하면 클래스가 개설된다.

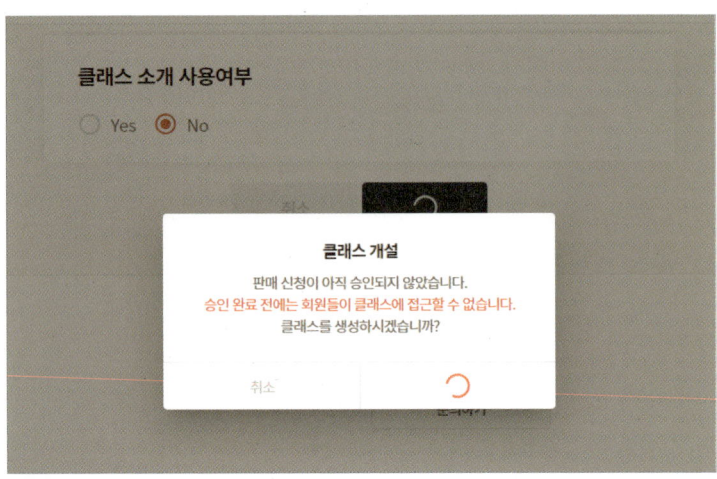

28 | 포인캠퍼스 사이트 개설과 관련하여 더 궁금한 사항이 있다면 포인캠퍼스 고객센터 1833-5396(help@poinblack.com)에 문의해 도움을 받으면 된다.

6.4.3 플랫폼을 활용한 온라인 강의 론칭하기

이번에 소개하는 방법은 잘 구축된 강의 플랫폼이나 재능 플랫폼에 강의를 판매하는 것이다. 플랫폼에 온라인 강의 론칭을 하는 것이 매일 강의를 하지 않아도 강의로 돈을 버는 방법이라고 소개하는 이유는, 플랫폼에 강의를 론칭하면 한 번 녹화한 VOD 강의로 최소 3년에서 평생 동안 강의 수익을 얻을 수 있기 때문이다. 이번 장에서는 클래스 101, 클래스유 등과 같은 다양한 온라인 클래스 플랫폼에 론칭하는 방법을 간단히 소개하겠다.

1. 플랫폼을 통한 실시간 라이브 / 녹화 강의 홍보

- 크몽(https://kmong.com/)

크몽에서 '엑셀'을 검색해보면 정말 다양한 엑셀 관련 강의를 볼 수 있다. 크몽은 강의 형식이 자유롭다. 실시간 온라인 강의, VOD 강의, 오프라인 강의, 전자책 등

제한이 없다. 당신이 제공할 수 있는 강의를 크몽에서 먼저 홍보해보기 바란다. 입점 방법과 자격 기준도 까다롭지 않다.

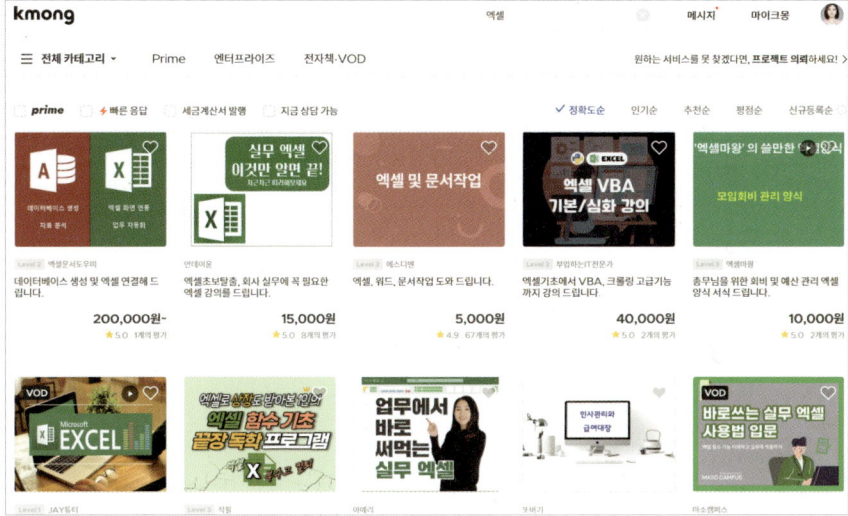

01 | 전문가 등록하는 방법

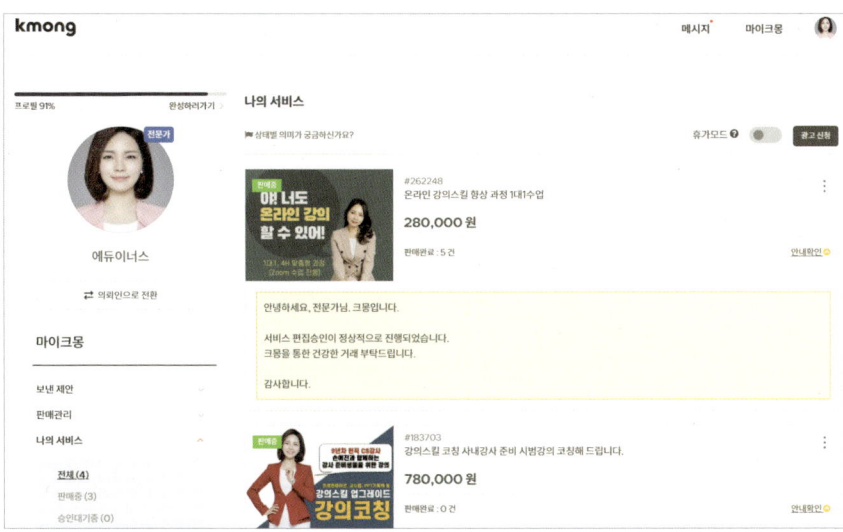

6장. 강사로 월급쟁이 탈출하기   357

02 | 크몽 사이트에 회원 가입을 한 후 '전문가로 전환'을 클릭해 전문가 등록을 완료한다.

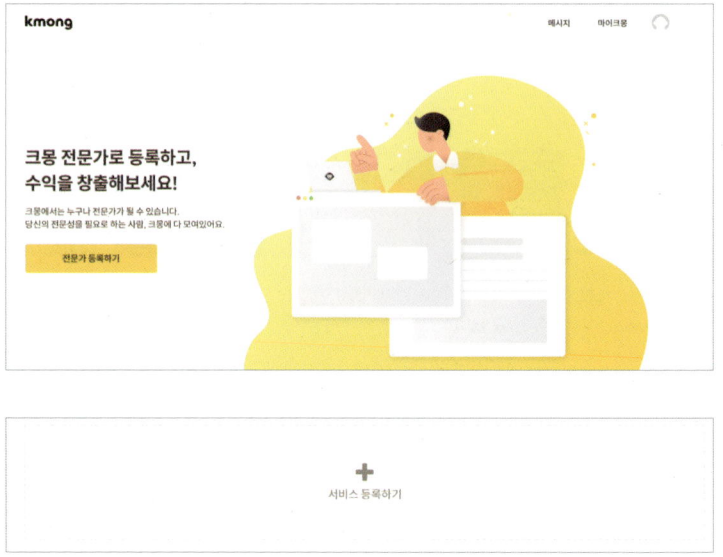

03 | 서비스 등록하기 버튼을 클릭한 후 강의 기본정보, 가격 설정, 서비스 설명, 이미지, 요청 사항 등 크몽의 규격 및 지침 사항에 맞게 모든 내용을 입력한 후 오른쪽 상단의 '제출하기' 버튼을 클릭한다. 이제 승인을 기다리면 된다.

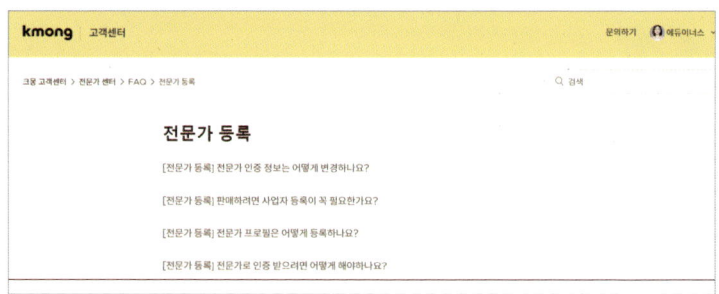

04 | 크몽 서비스 등록과 관련해 궁금한 사항은 FAQ '전문가 등록' 관련 내용에 자세히 나와 있으니 참고하기 바란다.

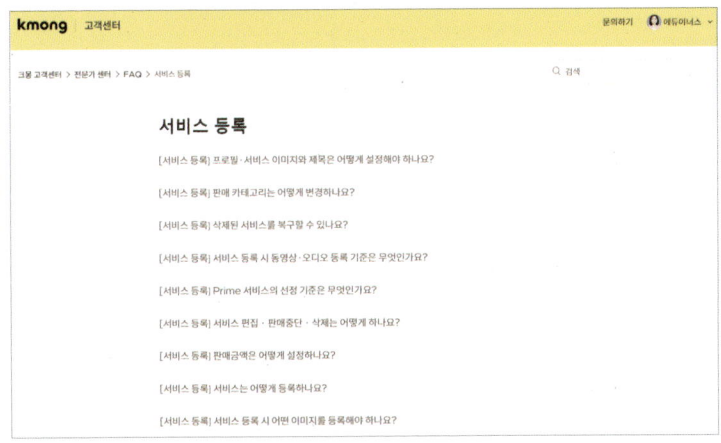

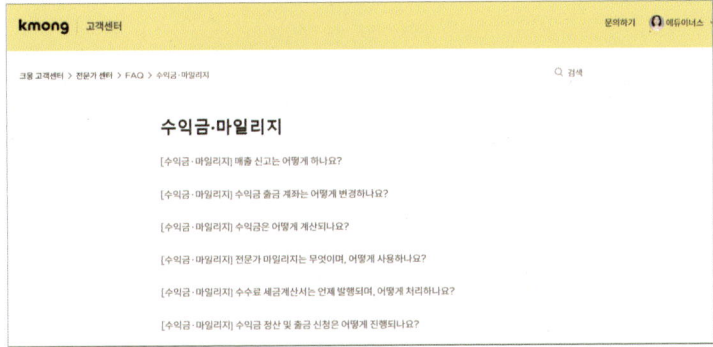

05 | 수익금, 마일리지 관련 FAQ도 고객센터에 자세히 나와 있으니 참고하면 된다.

- 온오프믹스 (https://www.onoffmix.com/)

  온오프믹스는 모임 문화 플랫폼 서비스다.

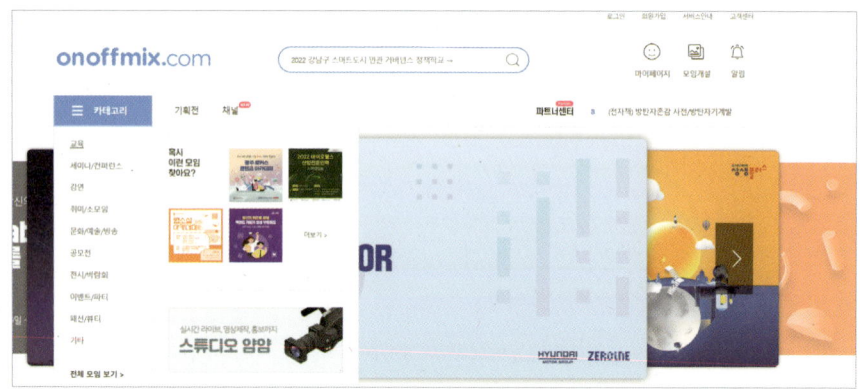

01 | 온오프믹스 사이트(https://www.onoffmix.com/)에 접속해 회원 가입을 한다.

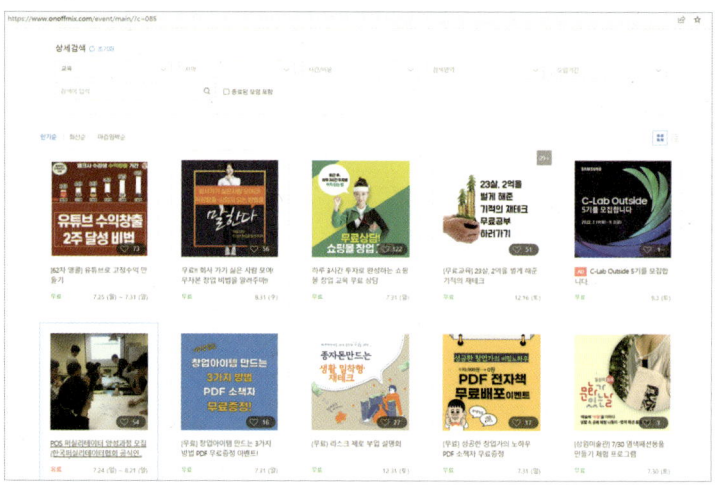

02 | 온오프믹스 사이트를 둘러보면 다양한 주제의 온, 오프라인 강연과 모임이 개설되어 있는 것을 볼 수 있다.

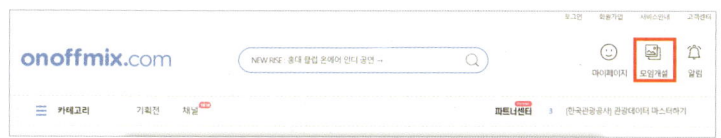

03 | 회원 가입을 마쳤다면 로그인한 후 오른쪽 상단의 '모임 개설'을 클릭해 내용을 입력한 후 개설을 완료한다.

■ 숨고 (https://soomgo.com/)

숨고사이트(https://soomgo.com/)에 '고수 가입'을 해서 강의 콘텐츠, 콘텐츠 서비스를 판매할 수 있다.

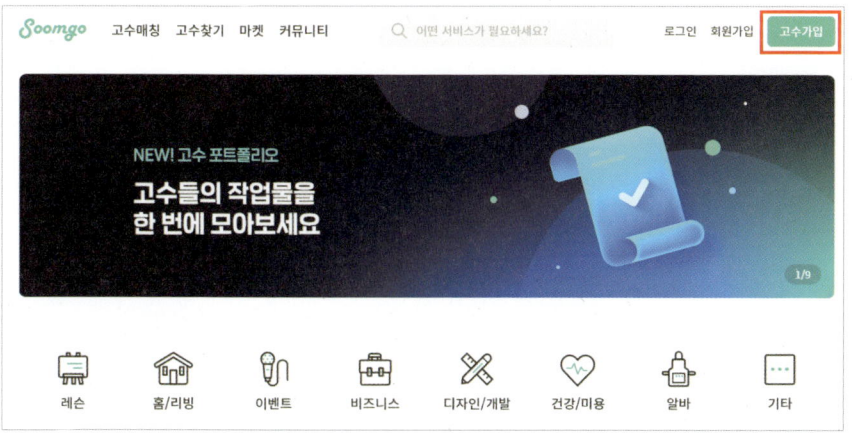

■ 프립 (https://www.frip.co.kr/)

프립(https://www.frip.co.kr/)은 몇 년 전 저자가 오프라인 강의 홍보를 위해 처음으로 사용했던 플랫폼이다. 온라인 강의뿐만 아니라 오프라인 강의 모객도 할 수 있다. 사이트에 있는 다양한 강의를 참고해 어떤 강의가 잘 팔리는지 파악하여 강의를 개설해보자.

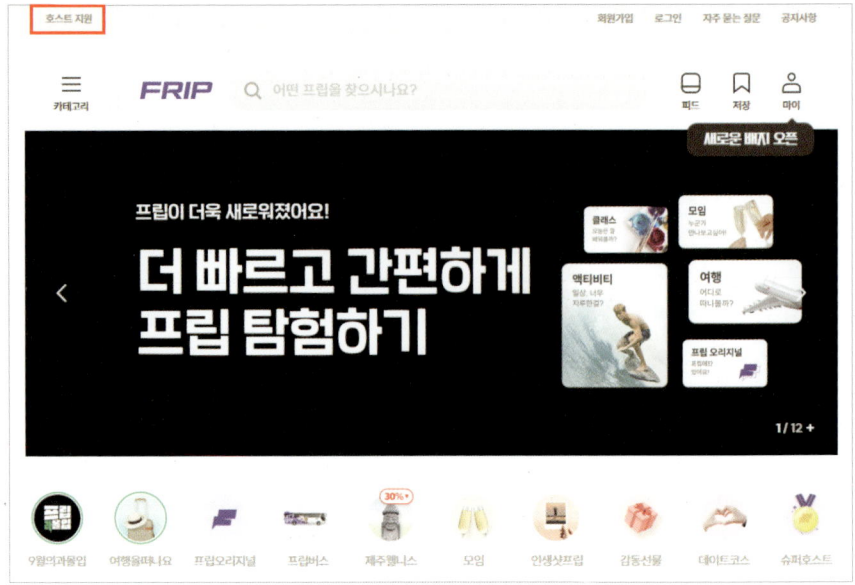

- 솜씨당 (https://www.sssd.co.kr/)

솜씨당(https://www.sssd.co.kr/)에서도 클래스를 오픈할 수 있다. 앞서 인터뷰했던 '그림그리는맘' 님의 경우 현재 솜씨당에서 본인의 온라인 드로잉 클래스를 오픈해 판매하고 있다.

2. 플랫폼을 통한 VOD 강의 홍보

플랫폼마다 교육생 타깃이 다르기 때문에 타깃에 맞는 플랫폼을 선정하는 것이 중요하다. 예를 들어, 40~50대를 대상으로 하는 건강 관리 강의 콘텐츠라면, ㈜단희캠퍼스의 '인클'이라는 플랫폼에 강의를 홍보하면 더 효과적인 마케팅 효과를 낼 수 있다. 또 경력 단절 여성, 주부들을 타깃으로 하는 강의 콘텐츠라면 김미경 대표의 'MKYU클래스'를 타깃으로 강의 홍보를 하는 것이 효과적일 것이다.

이렇듯 교육생, 즉 타깃 고객이 자주 이용하고 더 많이 모여 있는 플랫폼에 강의를 홍보하는 것이 효과적이다. 그렇다면 각 플랫폼의 고객군과 특징은 어떻게 파악할 수 있을까? 가장 간단한 방법은 각 사이트마다 가장 잘 팔리고, 인기 있는 강의 BEST 10을 꼽아보는 것이다. 그다음 BEST 10의 공통점이 무엇인지 생각해보고, 해당 강의 교육생들의 리뷰와 댓글들을 눈여겨보자. 당신의 강의 콘텐츠에 도움이 되는 중요한 힌트가 될 것이다.

인기 있는 강의를 직접 들어보는 것도 좋다. 만약 부동산 관련 강의 콘텐츠를 홍보하고자 한다면, BEST 10 강의 중 당신의 강의 콘텐츠와 가장 비슷한 것을 직접 고객의 입장으로 들어보는 것이다. 지피지기면 백전백승이다. 적을 알고 나를 알면 백 번 싸워 백 번 모두 이길 수 있다. 여기서 나와 같은 강의를 판매하고 있는 기존 강사들을 적이 아니라 같은 무기를 가지고 싸우는 사람들이라고 생각해보자. 그들은 무기를 어떻게 다루는지, 나와의 차별점은 무엇인지, 나는 어떤 차별점을 가지고 강의 콘텐츠를 구상할지 등을 고민해볼 수 있다. 단, 상대의 강의를 참고하되 그대로 모방하는 것은 금물이다. 그들과의 차이점을 계속 찾아가는 과정이라는 점을 염두하자.

그럼 이제부터 각 플랫폼의 소개 페이지를 함께 보자. 각 플랫폼의 강의 홍보와 강사 지원 방법은 다음 장에서 좀 더 자세히 다룰 예정이다. 앞으로 소개할 플랫폼들은 VOD 온라인 강의 판매를 주로 하는 플랫폼이다. 본인에게 맞는 플랫폼을 찾는 데 참고하기 바란다.

- 클래스101(https://class101.net/)

클래스101은 온라인 강의 플랫폼 중 가장 많은 회원수와 인지도를 자랑하는 플랫폼이다. 저자 또한 클래스101에서 '온라인 강사되기 A to Z'라는 클래스를 열었다. 클래스101의 전체 카테고리와 인기 강좌를 보면 신사임당(주언규)의 클래스로 유명한 재테크, 자기계발 분야의 강의가 있고 가장 두드러지는 분야는 취미나 창작 분야 클래스인 것을 알 수 있다. 클래스101에 클래스를 오픈하고 싶다면 자주 접속해 실시간, 주간 베스트 클래스를 파악해보자.

✨ CLASS101

세상의 모든 것에는 배움이 있다.

- CLASS101은 '세상의 모든 것에는 배움이 있다.'는 철학을 기반으로, 모든 배움의 시작점에 있는 플랫폼이 되겠다는 목표를 이루기 위해 노력합니다.
- 그 결과, CLASS101은 한국·미국·일본 3개국에서 350여 명의 동료들과 함께하는 팀으로 성장했습니다. 또한, 크리에이티브(취미), 머니, 커리어, 키즈 등 다채로운 클래스부터 크리에이터 커머스 서비스, 무제한 월정액 구독 서비스를 제공하고 있습니다.

CLASS101은 세상을 바꾸기 위해 도전합니다.

- 우리의 도전은 아직 절반도 도달하지 않았습니다. 더 많은 크리에이터, 클래스메이트와 함께하며 전세계 어디서든 모두가 원하는 일을 하면서 살 수 있는 세상을 만드는 날까지 CLASS101의 도전은 계속됩니다.

■ 탈잉(https://taling.me/)

탈잉(taling)은 'talent+ing'의 줄임말로 '재능은 계속된다'는 의미다. 이름처럼 누구나 강사(튜터)가 되어 자신의 취미와 재능을 공유할 수 있는 플랫폼이다. 현재 온, 오프라인을 합쳐 약 3만여 명의 튜터가 200개 분야의 강의를 진행하고 있으며 누적 회원수는 150만 명에 달한다. 탈잉은 약 5년 간의 플랫폼 운영을 통해 모은 데이터를 기반으로 타깃 교육생인 MZ세대(1980~2000년대 출생)의 관심과 트렌드에 대한 빅데이터를 구축하고 있다. 이를 기반으로 튜터들이 보다 깊이 있는 강의를 할 수 있도록 돕는 것은 물론 클래스도 다양화할 계획이다. 최근에는 부동산, 주식 등 재테크와 홈트레이닝, 뷰티 등에 관심이 높고, 스타트업과 IT 직군이 뜨면서 제품 기획, 마케팅 노하우 등을 실제 경험자에게 배우려는 수요도 많다.

■ 클래스유(https://www.classu.co.kr/)

클래스유는 ㈜모두의클래스에서 만든 온라인 강의 플랫폼으로 최근 각광을 받고 있는 플랫폼 중에 하나다.

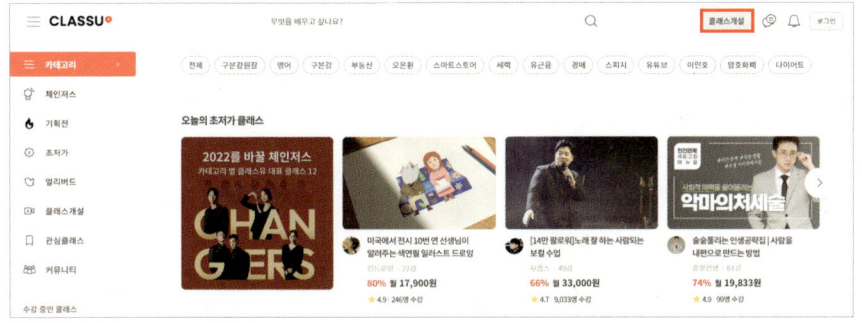

■ MKYU클래스(https://mkyu.co.kr/)

유명한 스타 강사 김미경 대표의 온, 오프라인 강의 플랫폼이다. 대학이라는 형태로 운영되는 온라인 강의 플랫폼으로, 미라클 모닝에 참여하는 사람들이 늘어나면서 유명해졌다. 특히 경력 단절 여성, 주부, 30대 이상 여성들에게 잘 알려져 있다. 다른 강의 플랫폼들과 차이점이 있다면 대학처럼 입학 시스템을 갖는다는 점이다. 교육생들은 MKYU 클래스에 입학할 때 입학비(가입비)를 한 번 내면 여러 무료, 유료 강의를 신청할 수 있다.

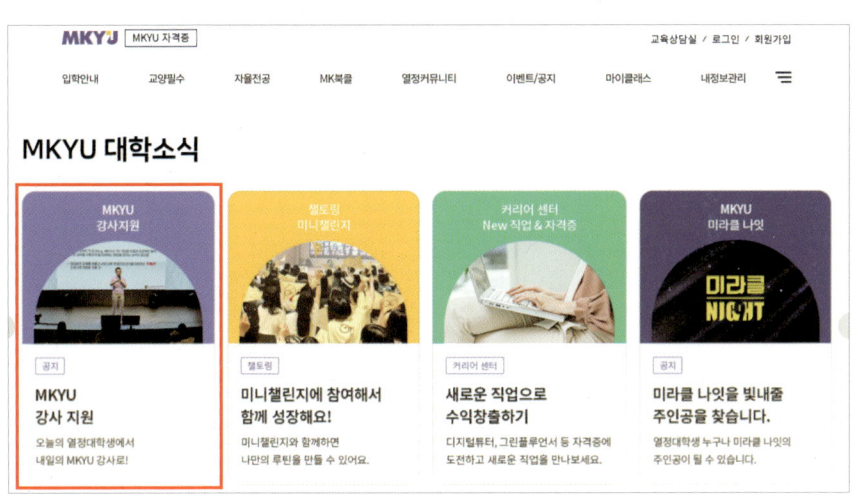

MKYU 강사로 두번째 스무살을 시작하세요

"당신의 두번째 꿈이 세상과 가치있게 연결되도록"

두번째 스무살의 꿈, MKYU와 함께해요

오늘의 열정대학생이 내일의 김미경으로!
MKYU에서 두번째 꿈을 펼칠 강사님을 찾습니다.

5만 명의 열정대학생과 함께하는 MKYU는
스몰 비즈니스, 디지털 트랜스포메이션, 커리어, 자기계발, 취미, 재테크 등 다양한 분야의 과정을 진행하고 있습니다.

MKYU의 대표 강사, 다음엔 여러분의 차례입니다.

---

1. **강사 지원**
   - ★ 여기를 클릭해 강의 제안서를 작성해 주세요.
     (※안드로이드 이용자 중 강의 제안서 폼으로 연결이 되지 않는 경우, MKYU 앱 재설치해주세요.)
   - 보내주신 강의 제안서는 영업일 기준 7일 이내 검토합니다.
   - 보내주신 강의 제안 및 개인정보는 30일 이내 파기합니다.
   - 보내주신 강의 제안은 MKYU의 기획에 참고자료로 절대로 쓰지 않습니다.

2. **수요조사 진행**
   - 작성해주신 강의제안서를 1차 검토 후 선별해 MKYU 홈페이지를 통해 수요조사를 진행합니다.
   - 수요조사는 **일주일간** 진행하며, 100개 이상의 좋아요를 받은 과정은 제작 검토 단계로 넘어갑니다.
   - 📣 수요조사 종료 후 일주일 이내 수요 조사 결과와 강의 진행 여부를 개별적으로 연락드립니다.

3. **강의 영상 제작**
   - 강의 진행 여부가 결정되면, 강사님과 일정을 조율하여 강의 영상 제작이 시작됩니다.
   - 1강의 길이는 20분 내외로 진행되고 있으며, 각 강의 당 과제를 준비해주셔야 합니다.
   - **강의 촬영 형태**
     강의 촬영은 두 가지 형태로 진행됩니다. (1) 서교동 MKYU 스튜디오에서 촬영 (2) 강사님이 직접 촬영
     - 서교동 MKYU 스튜디오에서 촬영을 진행하는 경우, 강사님과 스튜디오의 일정을 조율하여 MKYU의 전문 제작진과 함께 1회에 2~4강 분량을 촬영합니다.
     - 강사님이 직접 촬영하시는 경우 기초적인 가이드를 제공하며, 테스트 영상을 받아 본 후 남은 촬영을 진행합니다.
   - **강의료**
     강의료는 대체로 수익 셰어 형태로 진행되며, 촬영/편집 형태에 따라 비율이 달라질 수 있습니다.

4. **과정 오픈**
   - 📣 과정이 오픈되어 수강 신청이 시작됩니다!

MKYU 강의 제안서

syjn8979@naver.com (공유되지 않음) 계정 전환

* 필수항목

강사님은 어떤 분이신가요?

이름 *

내 답변

이메일 주소 *

내 답변

간단한 소개 *

내 답변

■ 인클(https://incle.co.kr)

인클은 '나의 인생2막 클래스'의 줄임말로 40~60대 구독자들에게 잘 알려진 유튜버 '단희쌤'이 만든 강의 플랫폼이다. 당신의 강의 콘텐츠가 4050세대의 주요 고민인 돈, 건강, 행복을 해결하고 고민 시간을 줄여주는 콘텐츠라면 인클을 주목해보기 바란다.

- 그로우(https://www.grow.co.kr/)

그로우(grow)는 ㈜그로우코퍼레이션에서 만든 온라인 강의 플랫폼이다. '성장'이라는 뜻인 플랫폼 명칭답게 언제 어디서나 쉽고 빠르게 지식을 나누고 배울 수 있는 플랫폼이다.

온라인 강사가 되고 싶었던 당신, 어서와요!
친절한 grow 매니저가 도와드려요!

온라인 강의를
실시간 Live로 진행할 수 있어요!

이미 만들어진 VOD컨텐츠가 있나요?
그럼 바로 시작할 수 있어요!

온라인 코칭권도 판매해보세요!
홍보는 grow가 해드려요!

교구/준비물도 판매할 수 있어요
다양한 굿즈 판매도 가능해요!

복잡한 과정, 걱정하지 마세요.
grow매니저가 준비부터 판매까지 도와드려요.

Step 1
파트너 등록 및 심사
강의에 대한 정보 확인 후
담당자가 연락 드립니다.

Step 2
강의 개설 준비
강의 개설에 필요한
전문적인 컨설팅이 진행됩니다.

Step 3
강의 오픈 및 정산
고객들이 강의를 신청하고
발생한 수익은 매달 정산됩니다.

6.4.4 강의 자료를 전자책으로 판매하기

강의를 직접 하지 않아도 이미 만든 강의 자료를 전자책으로 만들어 판매하는 것도 방법이다. 저자가 가장 많이 권유 받았던 제안이 바로 전자책이다. 전자책은 PDF로 만든 책 형태의 자료다. '전자책'이라고 하면 대단한 내용을 작성해야 할 것 같고, 양도 많아야 될 것 같은 부담이 있겠지만 미리 걱정할 필요가 없다. 특히 강사들에게는 다양한 커리큘럼과 콘텐츠 관련 강의 자료가 있기 때문에 전자책 만드는 것이 수월하다. 특히, 강의 내용을 일목요연하게 한글이나 PDF로 정리해 놓은 전자책이 있다면 강의를 듣는 것이 부담인 교육생들에게 도움이 될 것이다. 또한 크몽 같은 재능 플랫폼에 강의 자료 원본을 판매할 수도 있다. 누군가는 당신의 강의 자료가 반드시 필요할 것이다. 따라서 자료를 따로 만든다고 생각하지 말고, 지금까지 만들어 놓은 강의 자료를 정리해서 플랫폼이나 자체 사이트에서 판매해보자.

CHAPTER 07

강의로 롱런하는 법

7.1 롱런하는 강사가 되기 위한 10가지 마인드

7.1 롱런하는 강사가 되기 위한 10가지 마인드

마지막 챕터를 읽고 있는 당신, 끝까지 함께 해준 당신에게 응원의 박수를 전한다. 지금까지 1-6장에서는 당신이 현재 어떤 일을 하든 어떤 상황이든 구애 받지 않고 강의를 할 수 있는 방법을 하나씩 소개했다. 이 모든 방법은 저자가 직접 시행착오를 겪으며 깨달은 것들이다. 10년 이상 걸린 이 과정을 이 책 한 권에 담은 이유는 당신은 많은 시간과 에너지를 낭비하지 않고 강사를 시작하길 바라기 때문이다. 이번 장에서는 앞으로 지속가능한 강사가 되기 위해 필요한 마인드를 소개하며 마무리하겠다.

1. 아무것도 하지 않으면 아무 일도 일어나지 않는다.

이 책을 집어든 당신의 처음 마음을 기억하는가? 강의를 시작해보고 싶고, 강의로 돈을 벌고 싶다고 간절히 바랐던 그 마음을 잃지 않고 어느새 마지막 장을 읽고 있는 당신에게 찬사를 보내고 싶다. 정말 대단하고 멋지다. 아무것도 하지 않으면 아무 일도 일어나지 않는다. 그러나 이 책을 읽은 당신은 이제 무엇이든 할 수 있는 사람이다. 이제 당신이 해야 할 것은 '강사'에 도전하는 것이다. 두려워하지 말자. 아무도 당신에게 겁을 주거나 질책하지 않는다. 단지 나 자신이 그렇게 느낄 뿐이다. 새로운 시작의 기로에 서 있는 당신을 진심으로 응원한다. 아무것도 하지 않으면 아무 일도 일어나지 않지만, 뭐든 시작하면 기대 이상의 일이 일어날 것이다.

2. 완벽한 강의는 세상에 없다. 완성된 강의를 하라.

강의에 도전하기에 앞서 완벽한 강의를 하려는 그 마음부터 버리고 시작하자. 이 세상에 완벽한 강의는 없다. 한 번의 강의에서 만나는 교육생은 적게는 10명 내외, 많게는 수백 명이다. 당신의 강의를 듣는 모두가 완벽하게 만족하는 것이 가능할까? 불가능하다. 완벽한 강의를 하려는 것은 강사의 욕심인 것이다. 앞서 언급한 것처럼 저자 또한 강의를 시작하고 몇 년 동안은 완벽한 강의를 해내고야 말겠다는 욕심으로 했다. 그러나 그 욕심은 나를 더 괴롭게 할 뿐이었다. 그렇다면 우리는 어떤 강의를 해야 할까? '완벽한 강의'가 아닌 '완성된 강의'를 해야 한다. 완성된 강의란, 어떤 강의든 항상 최선을 다해 완성이 되는 과정의 강의를 하는 것이다. 이것이면 충분하다. 당신의 강의를 들은 교육생 중 단 한 명이라도 삶에 긍정적인 변화가 생긴다면 그것은 완성된 강의인 것이다. 완벽한 강의를 하려 하지 말고 완성된 강의를 준비하자.

3. 남과 비교하지 말자.

이것은 저자가 늘 되새기는 말이다. 자존감이 낮았던 저자는 남과 나를 비교해 내가 그들보다 부족한 점이 무엇인지를 고민했다. 그러나 나를 남과 비교하는 것만큼 시간 아까운 일이 없다. 그럼에도 참 어렵다. 저자의 주변에는 강의를 하는 사람이 많다. 그들이 어떤 강의를 하는지, 이번 달에는 강의가 얼마나 많은지 비교하며 '나는 이렇게 집에서 빈둥대는데 저 강사는 바쁘네'라고 시기 질투하며 보낸 시간이 정말 많았다. 그러나 누구나 그 자리에 오르기까지 각자의 노력과 타이밍이 있다. 보여지는 결과물만 보고 탓하고 자괴감에 빠져서는 안 된다. 남과 비교하는 건 내가 할 수 있는 최대치의 결과물을 남이 할 수 있는 정도까지로 한계를 만드는 것이라고 생각한다. 남과 비교하는 대신 '나'에 집중해보자. 내가 진짜 원하는 게 무엇인지 고민해보자. 그리고 당신이 강사로서 교육생들에게 제공할 수 있는 콘텐츠와 당신만의 매력에 더 집중하는 시간을 갖자.

4. 인풋과 아웃풋의 균형을 잘 이루자.

훌륭한 강사는 인풋과 아웃풋의 균형을 잘 이룬다. 강의하고자 하는 분야와 콘텐츠가 명확해졌다면 그 분야 전문가와의 만남, 강의 수강, 독서, 연구 논문, 이슈, 사례 공부 등 새로운 배움에 늘 귀 기울이고 손 놓지 말아야 한다. 강사도 꾸준히 배우고 익혀야 교육생들에게 유익하고 공감되는 강의를 할 수 있다. 그러나 배우는 시간에만 몰두하는 강사는 강의로 결과물을 만들어내는 것을 어려워한다. 늘 다른 사람이나 다른 전문가들의 의견에 귀기울이기만 하면 수동적일 수 밖에 없다. 그리고 이러한 시간이 길어지면 결국 본인 스스로가 지치게 된다. '나는 이렇게 열심히 배우고 투자하는데 왜 아직도 제자리지?'라는 생각이 들 것이다. 그렇기 때문에 먼저 인풋을 하는 이유와 목적, 방향성을 정하고 시작해야 한다. '요즘 트렌드이니까' 또는 '그냥 관심이 생겨서' 이것저것 배우는 과정은 장기적으로 좋지 않다. 줏대 있게 내가 정한 목적지를 향해 인풋과 아웃풋의 균형을 잘 이루면서 나가야 한다. 그리고 무조건 배움에만 몰두하면 안 된다. 너무 많은 배움은 김밥천국의 수십 가지의 메뉴가 머릿속에 있어서 뭘 먹을 지 고민하다가 결국 야채김밥 하나 달랑 먹고 마는 것과 같은 것이다. 강사로서 배운 것을 강의 콘텐츠화해 아웃풋을 내야만 비로소 나만의 강의 콘텐츠로 완성된다. 그러니 인풋과 아웃풋의 균형을 잘 이루자.

5. 교육생 모두가 나를 좋아할 수 없다는 것을 인정하자.

저자는 초보 강사 시절, 내 강의를 듣는 모두가 내 강의를 사랑하고 좋아해주길 바란적이 있었다. 그러나 이런 마음가짐은 강의 무대에 설 때마다 나를 괴롭혔다. 강의를 듣는 교육생 중에 졸거나 눈살을 찌푸리는 교육생이 단 한 명이라도 있으면 가시방석에 앉은 것마냥 강의가 불편하고 괴로워졌다. 눈치를 보기 시작했다. 누가 나에게 눈치를 준 것도, 누가 나를 지적한 것도 아니었다. 스스로가 모든 교육생에게 사랑받고 싶었고, 또 그러기 위해 노력하고 있다고 생각했다. 그러나 결국 모든 교육생이 내 강의를 좋아하고 만족할 수 없다는 것을 한참 뒤에야 깨달았다. 모두를 만족시키려는 강사의 마음은 욕심이다. 그렇다면 강사는 어떤 마음가짐을 가져야 할까? 저자가 추천하는 방법은, 오늘 강의 중 단 한 명이라도 고개를 끄덕이고 '오늘 강의 정말 좋았어요!'라는 후기를 남겨준다면 그것으로 만족하자'는 마음으로 강의에 임하는 것이다. 저자 또한 이렇게 강의를 하자 어느새 강의 무대가 편안해지고 강의를 즐길 수 있게 됐다.

그리고 좋은 사람, 좋은 강사, 좋은 모습만 보여주는 강사가 아니라 있는 그대로의 나의 모습을 보여주되 최선을 다하는 강사, 진정성 있는 강사, 편안하면서 따뜻한 강사가 되기 위해 노력했다. 처음부터 쉽지는 않다. 저자 또한 이렇게 되기까지 8년 가까이 걸렸다. 당신은 이 시행착오를 조금이라도 줄이길 바란다. 당신이 강의를 한다면 일단 모든 교육생을 만족시키겠다는 마음을 내려놓는 연습부터 해보자. 그리고 '누가 뭐라든 어때? 나는 최선을 다했어'라고 말할 수 있으면 그것으로 충분하다. 그리고 교육생들은 강사를 사랑해주러 온 사람이 아니라는 것을 명심하자. 자신에게 필요한 것을 배워서 더 나은 사람이 되기 위해, 좋은 정보를 얻기 위해 오는 것이다. 이 점을 인정하고 강의 무대를 진심으로 즐기기 바란다.

6. 교육생의 시간은 돈으로 바꿀 수 없다.

당신의 강의에 10명의 교육생이 한 시간 교육을 듣기 위해 모였다면 당신은 교육생들의 1시간이 아니라 10시간을 투자 받은 것이다. 그러니 부디 당신의 강의를 듣는 교육생이 시간을 헛되이 보내지 않도록 최선을 다하기 바란다. 교육생의 시간은 돈으로 바꿀 수 없다. 특히 지각은 절대 하지 않아야 한다. 지각하는 강사는 최악이다. 또한 교육생의 시간이 아깝지 않게 강사로서 최선의 준비를 하자. 그것이 당신을 믿고 신청한 교육생들에 대한 최소한의 예의이자 강사로서 갖춰야 할 매너이다.

7. 먼저 주는 사람이 되자.

강사는 먼저 받는 사람이 아니라 먼저 주는 사람이 돼야 한다. 당신의 강의를 듣는 교육생들이 '아니, 이 금액에 이 강의를 들을 수 있다고? 너무 저렴한거 아냐?'라는 생각이 들 정도가 되어야 한다. 먼저 퍼주자. 강의를 통해 줄 수 있는 것을 다 주는 강사가 되자. 당신의 진정성 있는 모습을 알아봐주는 교육생들이 계속해서 늘어갈 것이다. 그들은 당신의 팬이 될 것이다. 당신을 먼저 생각하고 주변 사람들에게 당신을 추천해 줄 것이다.

8. 고객의 말을 적극 반영하자

강의를 마치고 나면 그 것으로 끝내서는 안 된다. 당신의 강의를 들은 교육생들의 피드백을 꼭 들어보길 바란다. 이 피드백은 당신의 강의에 가장 도움되는 주옥 같은 의견이 될것이다. 강의를 하면 할수록 교육생들의 공감을 얻고 유익한 강의를 할 수 있는 비결은 바로 교육생의 이야기에 귀를 기울이고 적극 반영 하기 때문이다. 단순히 좋았다는 피드백을 받으라는 것이 아니다. 그리고 좋지 않은 피드백을 받는다고 해서 좌절하고 기분 나빠해서는 안 된다. 내 강의의 개선점을 알려주는 것은 정말 감사한 일이다. 고객들의 말은 또 하나의 강의 콘텐츠가 될 수도 있다는 것도 명심하자.

9. 교육생들이 무엇을 듣고 싶어 하는지, 무엇을 필요로 하는지 파악하자.

이 책에서 여러 번 강조한 내용이다. 당신은 교육생이 아니라 강의를 판매하는 판매자다. 판매자의 입장에서 교육생들이 무엇을 듣고 싶어 하고 어떤 강의가 도움이 되는지 철저히 파악하자. 강의를 듣는 교육생은 공감되지 않는 이야기는 아무리 좋은 정보여도 남의 얘기라고 생각한다. 교육생들이 어떤 상황인지, 어떤 것이 필요한지, 어떤 방법을 알려줘야 하는지 등을 사전에 파악하고 강의 준비를 해야 한다. 그리고 이것을 당신의 강의 콘텐츠에 핵심 내용으로 다뤄야 한다.

10. 빨리 가려면 혼자 가고 멀리 가려면 함께 가라.

저자는 늘 혼자서 일해왔다. 사람을 믿지 않았고, 관계로부터 상처받는 것을 두려워했다. 다른 이들과 같이 일하면서 여러 가지를 신경 쓸 바에는 혼자가 낫다는 우물 안 개구리 같은 생각에 빠져 있었다. 그러나 이 틀을 깬 건 유튜브 채널 '예티튜드'의 '전국강사자랑' 코너였다. 전국의 강사들을 소개하겠다는 기획으로 출연자를 모집하기 시작했고 놀랍게도 50명 이상의 강사들이 출연신청서를 보내왔다. 이 후

게스트로 출연한 강사들과 파트너 관계를 맺으며 다양한 기업, 기관, 강의 프로젝트를 진행할 수 있게 되었다.

이 일을 계기로 현재는 강사 에이전시 회사인 '에듀이너스'를 운영하고 있다. 여러 분야의 전문 강사 120명과 파트너 제휴를 맺고 다양한 강의 프로젝트를 수행할 수 있는 것도 혼자라면 불가능한 일이었을 것이다. 그리고 2022년 6월 지속적으로 성장하는 강사들을 위한 커뮤니티, '에듀이너스쿨' 커뮤니티를 시작할 수 있었다. 현재는 300명의 현직 강사들이 에듀이너스쿨 멤버로 함께한다.

결국 공통점을 가진 사람들이 모여 커뮤니티가 되고 더 나아가 플랫폼이 되기 시작했다. 그리고 1인으로서는 할 엄두도 생각하지 못했던 일들을 더 많이 할 수 있게 되었다. 에듀이너스쿨 멤버들에게 매월 클래스를 제공하고, 다양한 업체와의 비즈니스 제휴로 특별 할인 혜택을 제공할 수 있게 되었다. 빨리 가려면 혼자 가고 멀리 가려면 함께 가야 한다는 말이 있다. 당신도 처음에는 1인 강사로 시작하더라도 결국 사람들이 모이는 커뮤니티가 필요한 시점이 올 것이다. 먼저, 당신과 같이 강의를 하고 있거나 공통점을 가진 사람들을 찾자. 그리고 그들과 협업해 함께 강의도 해보고, 네트워킹, 모임, 세미나, 이벤트도 진행해보자. 그러면 당신이 할 수 있는 일들이 더 많아질 것이고 서로의 시너지를 느끼며 보고 배울 수 있을 것이다.

저자 또한 이 책을 읽는 당신과의 협업을 기다리고 있다. 저자가 2017년부터 운영해온 에듀이너스 교육컨설팅 회사는 다양한 분야의 파트너 강사 수백 명에게 기업, 기관, 학교에 강의할 수 있는 기회를 제공하고 있다. 당신에게도 그러한 기회가 닿길 진심으로 바란다. 기회는 주어지는 자의 몫이 아닌 잡는 자의 몫이라고 생각한다. 이제 그 기회의 주사위는 당신에게 주어졌다. 만약 저자와 함께 강사로서 날개를 달고 싶다면, 아래 QR 코드에 신청서를 작성해주길 바란다. 당신이 앞으로 어떤 강의를 할 것인지, 어떤 강의 콘텐츠를 판매할 수 있는 사람인지, 어떻게 강의를 하는 사람인지 자세히 알려줄수록 좋다. 또한 현직 강사 커뮤니티, 에듀이너스쿨 멤버로 함께 할 수 있는 기회를 선물하고 싶다. (아래 QR코드 신청서 안에 단톡방 링크와 참여 코드 참고) 에듀이너스쿨은 저자가 운영하는 강사 커뮤니티이다. 매월 무료, 유료 클래스가 개설되며, 수백 명의 강사들과 함께 성장하는 장이다. 어디서부터 어떻게 강의를 시작해야 할지 몰라 막막한 강사라면 에듀이너스쿨 클래스로 도움을 받을 수 있을 것이다.

마지막으로 아래 에듀이너스 네이버 카페에 《퇴사말고 강사》 후기와 구매 인증 사진을 남긴 독자에게 10만 원 상당의 '누구나 쉽게 시작 할 수 있는 온라인 강의 스킬' 자료 모음집을 제공할 예정이니 많은 참여 바란다.

자, 無스펙, 無인맥, 無자본으로도 월급 외 수익을 벌 수 있는 강의 비즈니스 세계에 들어온 당신, 환영한다.

그리고 퇴사 말고 강사의 길을 진심으로 응원하겠다.

퇴사 말고 강사

출간일 | 2023년 3월 6일 | 1판 1쇄

지은이 | 손예진
펴낸이 | 김범준
기획·책임편집 | 김수민, 유명한
교정교열 | 한이슬
편집디자인 | 이승미
표지디자인 | 문예찬

발행처 | 비제이퍼블릭
출판신고 | 2009년 05월 01일 제300-2009-38호
주소 | 서울시 중구 청계천로 100 시그니처타워 서관 9층 949호
주문/문의 | 02-739-0739   **팩스** | 02-6442-0739
홈페이지 | https://bjpublic.co.kr   **이메일** | bjpublic@bjpublic.co.kr

가격 | 25,000원
ISBN | 979-11-6592-206-1 (13000)
한국어판 ⓒ 2023 비제이퍼블릭

이 책은 저작권법에 따라 보호받는 저작물이므로 무단 전재와 무단 복제를 금지하며,
내용의 전부 또는 일부를 이용하려면 반드시 저작권자와 비제이퍼블릭의 서면 동의를 받아야 합니다.
잘못된 책은 구입하신 서점에서 교환해드립니다.